Du bist das Reiten von morgen. Werde zu einer positiven Inspiration für andere Reiter und bringe den Pferdesport mit deiner Einzigartigkeit zum Strahlen!

MICHAELA KRONENBERGER

INHALT

EINLEITUNG „SELBSTBEWUSST REITEN“

Vom Abreiteweltmeister zum stressfreien Erfolgsreiter, das ist der Traum vieler Reiter. In den schwierigsten Momenten die Ruhe behalten, Gelassenheit auch unter größtem Stress und Leistungsdruck, Selbstbewusstsein ausstrahlen, an deinem schlechtesten Tag besser zu performen als alle anderen an ihrem besten Tag, das wirst du mit diesem Buch erreichen.

Ich zeige allen Pferdesportbegeisterten einen Weg auf, Schritt für Schritt ihre Emotionen erfolgsbringend zu steuern, um vom Trainingsweltmeister zum Klasse-Reiter zu werden. Du lernst, wie du Leichtigkeit gewinnst, dein Selbstbewusstsein stärkst, deine emotionalen Verstrickungen beendest, den Knoten im Kopf löst, in den mentalen und emotionalen Flow kommst und emotionalen Stress wie selbstverständlich minimierst und keine Frage mehr in dem Glauben an dich selbst offenlässt, weil du nach dem Lesen des Buches eine Verabredung mit dem Erfolg hast.

Starte mit diesem Trainingsbuch auf eine inspirierende Reise zu deiner einzigartigen emotionalen Stärke, die dich ermächtigt, deine Emotionen, deinen Stress, deinen Erfolg BEWUSST zu steuern und dein Selbstbewusstsein sichtbar zu machen.

Das lernst du in vier einfachen und quer lesbaren Schritten:

Schritt 1: **Entdecke dich neu. Bemerke deine Trigger und gib deinem Kopf eine Pause.**

Schritt 2: **Verwandle deine Selbstsabotage. Deaktiviere deinen Stress und erzeuge zahlreiche Möglichkeiten, dich mental und emotional auf Erfolgskurs zu bringen.**

Schritt 3: **Steuere deine Emotionen. Lass los, was dir nicht guttut.**

Schritt 4: **Erlebe deinen mentalen und emotionalen Durchbruch! Gib dir selbst Wert und beginne, selbstbewusst zu reiten und kristallklar an dich zu glauben!**

Was du davon umsetzt, liegt ganz bei dir. Jeder Pferdemensch hat seine ureigenen emotionalen Verstrickungen auf oder neben dem Pferd. Suche heraus, was zu deinem Problem passt und beginne die Reise zu deiner Zufriedenheit bei dir selbst.

Durch das Buch führt Lara mit ihrem Pferd Ruby. Sie ist eine weibliche Figur, die dem Leser als illustriertes Beispiel dient. Sie zeigt, wie sie es geschafft hat, mit emotionaler Stärke maximal erfolgreich zu werden. Sie hat ihre Probleme gelöst und kann Top-Leistung abrufen. Lara verkörpert typische mentale und emotionale Fallstricke eines Reiters. Die Geschichten und Probleme sind wahre Begebenheiten. Die angebotenen Tools und Techniken basieren auf meinen Erfahrungen als Berufsreiterin, psychologische Beraterin, Mentaltrainerin und Emotionscoach.

Lara begleitet dich reitsportnah durch alle Stationen der Bewusstseinsaktivierungen. An einigen Stellen triffst du auch auf ihre zuweilen kritische Freundin Anna. Sie machen Übungen vor, um

Blockaden zu überwinden, bringen neue Aspekte und interessante Blickwinkel ein und geben Antworten, Anregungen, Aha-Erlebnisse. Zu jedem Thema gibt es eine oder mehrere einfache bis anspruchsvolle Übungen zur Selbstreflexion, die du selbst machen kannst. Ergänze gern Laras Tipps durch deine eigenen Erfahrungen und Hinweise, denn auch Lara kann nicht alles vollumfänglich aus der Fülle der Möglichkeiten validieren.

Der rote Faden ist, dich eigenständig mit den besten Techniken aus psychologisch basierter Persönlichkeitsentwicklung, Mentaltraining und Emotionscoaching zum emotional korrekten Reiter zu entwickeln.

Arbeite alles so ausführlich, detailreich, bildhaft wie möglich aus. Dann wird es für deine unterbewussten Prozesse und für deinen Verstand klarer, bunter, schöner und vor allem einleuchtender, dich selbst und deine Denk- und Verhaltensmuster zu erforschen.

Wenn die Zeilen nicht reichen, lege dir zusätzlich ein Notizbuch parat. Lasse dir Zeit. Es gibt kein Richtig und kein Falsch. Je ehrlicher du zu dir selbst bist, umso mehr erfährst du, wie du deine Probleme löst und wie du mehr Selbstbewusstsein und weniger Stress bekommst, um auch die mentale Fitness deines Pferdes zu stärken. Das Buch ist sozusagen eine Schatzsuche zu deiner eigenen Persönlichkeit.

Mein Buch bringt dir:

- ✔ **mehr Erfolg durch die richtige Strategie im Umgang mit deinen Emotionen**
- ✔ **mehr Lieblingsgefühle für deine innere Zufriedenheit beim Reiten**
- ✔ **mehr Selbstbewusstsein und ein gestärktes Selbstwertgefühl**
- ✔ **mehr Handlungsfähigkeit im Umgang mit deinen Ängsten**
- ✔ **mehr Durchblick statt Stress und Grübeleien**
- ✔ **emotional korrektes Reiten**

Hi. Ich bin Lara. Das ist mein Pferd Ruby. Komm mit mir auf unsere gemeinsame Reise durch das Buch. Ich zeige dir, wie ich mit emotionaler Stärke meinen Erfolg möglich mache. Das Einzige, was du dafür tun musst, ist, bereit sein, die wichtigste Person in deinem Leben kennenzulernen und dich mit ihr zu verbünden: Du selbst.

Und noch viel mehr. Es wird dein Reiterleben verändern.

Gemeinsam mit meiner Freundin Anna (ich habe sie wirklich gern, aber manchmal ist sie viel zu rational unterwegs ...) zeigen wir dir, wie wir es geschafft haben, zum emotional cleveren Glücksreiter zu werden und wie auch du für dein Pferd und für andere Reiter den selbstbewussten, stressfreien Unterschied machst.

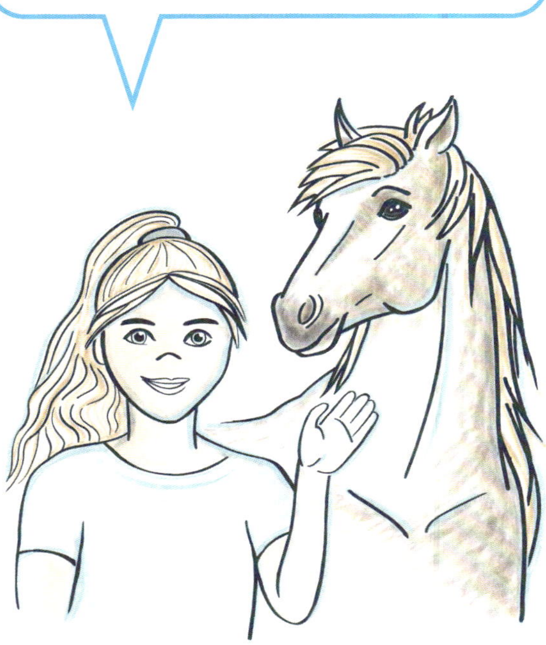

SCHRITT 1
ERTAPPE DICH

Entdecke deine Emotionen und deine Persönlichkeit neu, und du wirst Reitprobleme lösen können, von denen du vorher dachtest, sie seien unlösbar.

MICHAELA KRONENBERGER

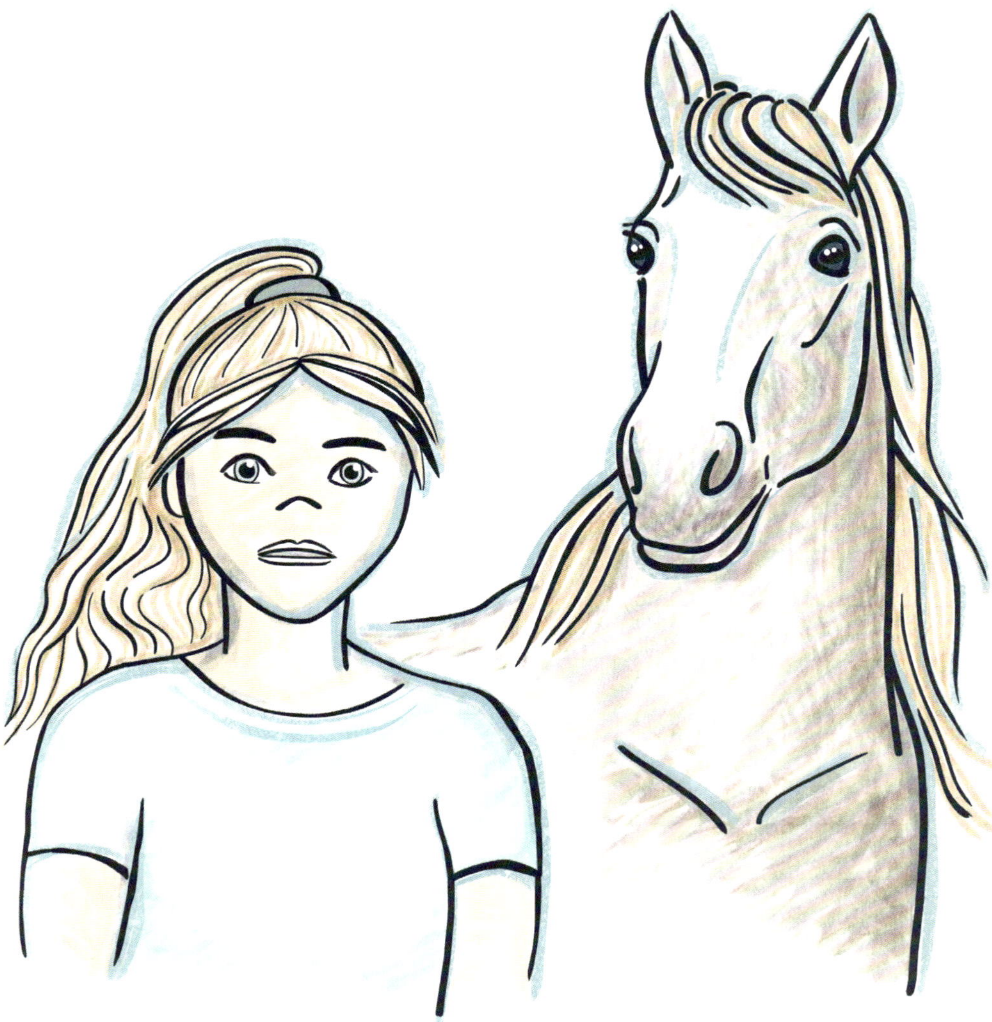

Wie bist du reiterlich unterwegs?

In den folgenden Kapiteln des ersten Schritts **Ertappe dich** kommst du deinen unterbewussten Prägungen auf die Schliche. Du ertappst dich, wie du dich durch dein Denken, deine Wahrnehmung, deine Bedürfnisse selbst triggerst und deinen Erfolg regelrecht mental und emotional verhinderst. Du lernst, deinem Kopf eine Pause zu geben. Du bekommst mehr Durchblick, wie du deinen Stress durch bewusstes Denken abstellst.

Im Leben eines Reiters gibt es zwei Wege: der Weg der Angst, der Zweifel und des Stresses und der Weg der Zufriedenheit, des Selbstbewusstseins, des Glaubens an sich selbst. Aber kaum ein Reiter ist sich über diese Wege bewusst, noch weiß er, dass er sich zu jeder Zeit entscheiden kann, welchen Weg er in seiner Reiterei gehen will. Diese Wahlfreiheit hat er. Jeden Tag kann sich Lara neu entscheiden, zu welcher Gruppe sie gehören möchte. Diese Wahl entscheidet immer über ihre emotionale Energie und ihren mentalen Fokus. Über Gelingen oder Misslingen ihrer sportlichen und privaten Ziele.

Welcher Typ Reiter bist du im Hinblick auf deinen emotionalen Weg? Wie bist du unterwegs? Kreuze an.

☐ **Angst, Selbstzweifel, Stress**

☐ **Selbstbewusst, Glaube an sich selbst, Zufriedenheit**

Die Reiter des einen Weges, der, den Anna geht, nutzen ihre Energie, um sich das Reiterleben zu erschaffen, von dem sie schon immer träumen. Die Reiter des anderen Weges, der, den Lara geht, lassen sich von ihrer inneren Stimme und von ihrem negativen Umfeld so stark beeinflussen, dass sie Energie produzieren, die eine Verwirklichung ihrer Träume verhindert, indem sie Gründe suchen, warum etwas nicht funktioniert, statt diejenige Energie zu produzieren, in der sie sich wohlfühlen. Sie erkennen die Probleme anderer, aber die eigenen sind unvorstellbar hohe, unüberwindbare Gebirgsketten. Schlimm – schlimmer – am schlimmsten. Ganz anderer Menschentyp.

Merke: Die Energie, die du für Angst und Zweifel verbrauchst, fehlt an der Stelle von Selbstbewusstsein und Zufriedenheit.

Lara ist überzeugt, keine gute Reiterin zu sein. Manchmal denkt sie, sich nicht gut genug um Ruby zu kümmern. Zusätzlich hat sie große Angst, den vorgegebenen Werten eines „guten" Reiters nicht zu entsprechen. Das löst in ihr **angstgeprägte Unsicherheit** aus, die sehr präsent ist, sobald andere Leute ihr beim Reiten zuschauen. Das wäre aber alles gar nicht so schlimm, wenn da nicht auch noch ihr Kopf wäre, der gelegentlich streikt aufgrund von akutem „Gedankenterror".

Laras **emotionales Gleichgewicht** ist instabil. Sie steht sich selbst im Weg und kann sich trotz ihres ausbalancierten, technisch weitgehend korrekten Reitens schlecht präsentieren. Sie hat Versagensängste und mächtigen emotionalen Ballast, den sie unbewusst auf ihr Reiten überträgt. Die eigenen emotionalen Blockaden und ihre Verhaltensblockaden nimmt ihr Verstand allerdings nicht bewusst wahr. Sie bleiben ihrem Verstand verborgen, solange er nicht bewusst forscht und sich selbst reflektiert.

Lara bleibt deshalb in ihrer reiterlichen Ausbildung weit hinter ihren Möglichkeiten, weil sie die Ressourcen der mentalen, emotionalen und körperlichen Ebene nicht nutzt.

Seit Jahren mache ich dieselben stressbedingten Fehler, tappe in dieselben reiterlichen Fallen und habe dieselben emotionalen Probleme. Ich habe genug davon! Jetzt will ich wissen, was das mit mir zu tun hat!

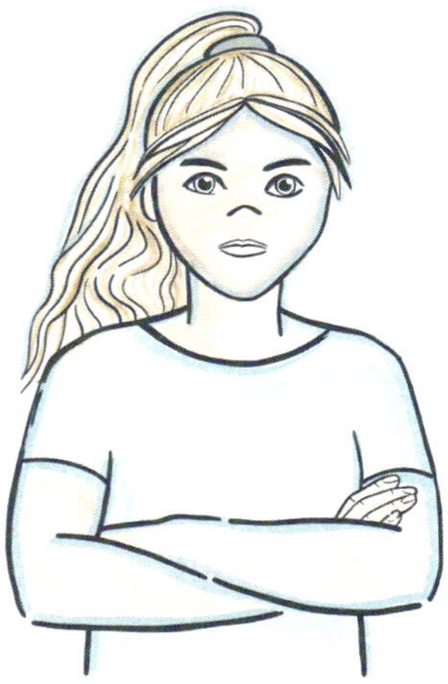

Die Reitlehre beherrscht Lara in- und auswendig. Aber es gibt Tage, an denen sie keinen klaren Kopf hat, weil eine Emotion nach der nächsten sie handlungsunfähig macht. Lara trifft eine Entscheidung. Sie macht Schluss mit Kopfkino, Stress und Emotionschaos. Sie braucht eine mentale und emotionale Richtschnur. Die bekommt sie durch **emotionale Stärke.** Lara schaut sich ihre emotionalen Verstrickungen jetzt näher an.

Emotionale Stärke löst meine emotionalen Verstrickungen und stärkt mein Selbstbewusstsein und mein Selbstwertgefühl.
Sie befähigt mich, meine Emotionen ausgeglichen zu steuern, statt mich durch die negativen Emotionen zu sabotieren und zu boykottieren. Ich lerne, **fühlbar besser zu reiten,** weil ich Bewusstheit bekomme, was in meinem Bewusstsein wirkt, während ich im Kopf gefangen bin.

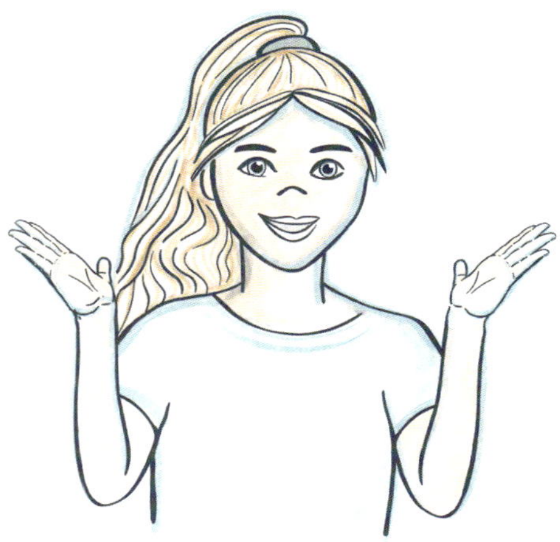

Welche Gefühle machen dir am meisten oder am häufigsten zu schaffen? Kreuze die Skala an.

1 = geringfügig 10 = sehr stark

0 gibt es nicht, weil 99,7 % aller Menschen Emotionen haben, ob sie wollen oder nicht.

SKALA DER EMOTIONEN

ANGST	①	②	③	④	⑤	⑥	⑦	⑧	⑨	⑩
ÄRGER über andere	①	②	③	④	⑤	⑥	⑦	⑧	⑨	⑩
ÄRGER auf sich	①	②	③	④	⑤	⑥	⑦	⑧	⑨	⑩
WUT	①	②	③	④	⑤	⑥	⑦	⑧	⑨	⑩
TRAURIGKEIT	①	②	③	④	⑤	⑥	⑦	⑧	⑨	⑩
SCHAM	①	②	③	④	⑤	⑥	⑦	⑧	⑨	⑩
NEID	①	②	③	④	⑤	⑥	⑦	⑧	⑨	⑩
FRUST, RESIGNATION	①	②	③	④	⑤	⑥	⑦	⑧	⑨	⑩
SELBST-ZWEIFEL	①	②	③	④	⑤	⑥	⑦	⑧	⑨	⑩
NERVOSITÄT	①	②	③	④	⑤	⑥	⑦	⑧	⑨	⑩

Zähle deine Punkte zusammen. Trage sie hier ein: ________

10–23 Punkte: Probleme haben die anderen. Du hast alles im Griff. Deine Emotionen beeinflussen dein Reiten nicht wesentlich. Dein Kopf ist lösungsorientiert und du hast Erfolge, auch wenn sie noch besser sein könnten.

24–55 Punkte: Du hast Stress und deine Emotionen und Gedanken belasten dich. Dein Reiten ist erfolgsorientiert, aber bei weitem noch nicht an deiner wahren Leistungsgrenze. Du würdest gern noch mehr deine Ziele verfolgen und an dich glauben, wenn du nur wüsstest wie.

56–100 Punkte: Dein zweiter Vorname ist Stress, deine Emotionen geben dir den Rest, dein Kopf grübelt endlos, du wertest dich ab und du nutzt das Reiten, um dir zu beweisen, dass du doch nicht gut genug bist.

Was ist wirklich dein Problem?

Im Leben eines Reiters, genau genommen in Laras Leben, gibt es drei Arten von Problemen:

1. **Probleme, die schon immer da und mentaler Natur sind. Zu erkennen sind sie daran, dass Lara sie sich nur einredet, es diese Probleme in Wirklichkeit aber gar nicht gibt, wie den berühmten Knoten im Kopf.**

2. **Probleme, von denen Lara gar nicht weiß, dass sie diese hat. Zu dieser Kategorie zählen emotionale Verstrickungen, die ihrem Pferd überraschenderweise durch ihre Spiegelung schon lange vorher bekannt sind.**

3. **Probleme, die jeden Tag neu hinzukommen, von denen Lara als stolze Pferdebesitzerin eines vierbeinigen Prachtexemplars situationsflexibel mehr als genug hat. Da genügt es schon, die Telefonnummer der Stallbesitzerin auf dem klingelnden Display zu sehen.**

Gut, Lara will ehrlich sein. Da gibt es noch einen Haufen anderer Probleme, mit denen sie sich befasst, wenn sie am Stall ist. Beispielsweise die Anwesenheit anderer Menschen; die verflixte Biomechanik; die Trainerin, die Lara allzu oft nicht versteht; die Richter, die was gegen sie haben; Turniere, bei denen ihr Stresspegel auch gern mal explodiert, so wie bei den exorbitanten Tierarztkosten; die Stalloberzicke, die ihr schlechte Laune macht, sobald Lara sie schon von weitem hört; Anna, ihre beste Freundin, die gefühlt die Reiterei erfunden hat und auf alles einen besserwisserischen Ratschlag weiß und mit ihrem Rat zielsicher trifft und Lara damit tief verletzt.

Anna ist der Typ Mensch, der erstens nichts mit dem Begriff „Seele" anfangen kann, für sie muss es „Psyche" heißen und zweitens bei Beobachtung des schlimmsten Sturzes von Lara noch schnell den Ratschlag gibt, den Sattel auf versteckte Schäden wie Sattelbaumbruch zu kontrollieren, das Pferd auf jeden Fall osteopathisch durchzuchecken, das Becken röntgen zu lassen und die nächsten Tage auf jeden Fall nur Schritt zu führen, bevor sie endlich den Krankenwagen ruft und Ruby auf Verletzungen checkt. Das ist Anna. Ganz anderer Menschentyp. Aber trotzdem liebenswert.

Was sind deine aktuellen Probleme? Welche Emotionen belasten dich? Wo treten immer wiederkehrende Probleme auf? Worüber machst du dir andauernd Gedanken? Was ist gerade los in deinem Leben, was dir Energie, Stress und Nerven abverlangt? Wie schaut es konkret aus mit deinem emotionalen Gleichgewicht? In welchen Situationen reagierst du mit negativen Emotionen? Mache eine genaue Bestandsaufnahme.

____

____

____

____

____

____

____

Gehe tiefer in deine Themen. Wo bist du mit deinen Gedanken, wenn du am Stall oder beim Reiten bist? Ergänze und füge hinzu.

Hier ist mein Körper	Hier sind meine Gedanken
Auf dem Pferd reitend	Bei den anderen, was sie über mich denken
Auf dem Abreiteplatz	Bei meiner Angst, nicht abzuliefern
Überall	Nichts richtig zu machen, genervt sein
Beim Ausritt	Bei meinem Social-Media-Profil, was alles passieren kann
Im Parcours oder im Dressurviereck	Bei meinen Versagensängsten, nicht gut genug zu sein; die oder der Beste sein zu wollen
Beim Putzen	Noch einkaufen zu müssen, pünktlich loszukommen
Beim Longieren	Mit wem ich telefonieren könnte, wann wer was gesagt hat
Auf der Stallgasse	Lästern, mobben, beobachten, jammern, neidisch sein, Stress haben
An der Bande	Sich vergleichen, Grübeleien
Eine Lektion reitend	Warum es mal wieder nicht klappt und es bei anderen immer so leicht aussieht
Grundsätzlich beim Reiten	Sich zu blamieren, sich abzuwerten, an sich selbst zu zweifeln
Im Unterricht	Den Trainer mal wieder nicht zu verstehen

Das größte Problem von Lara ist der Gedanke, nichts wirklich richtig zu machen. Sie wäre gern perfekter. Manchmal fühlt sie sich durch die Blicke anderer so verunsichert und beobachtet, dass Ruby ihren plötzlichen inneren Druck und die Körperanspannung direkt in Spannung, Taktfehler oder Lektionsfehler umwandelt. Sie ist sich sicher, von einer bestimmten Stallgruppe nicht gemocht zu werden. Denen geht sie lieber aus dem Weg. Im Grunde ist sie nur glücklich, wenn sie am Stall bei ihrem Pferd ist und keinen um sich herum weiß. Lara liebt ihr Pferd, sie hat gelernt, Verantwortung zu übernehmen und sich liebevoll um Ruby zu kümmern. Eine erfüllende Aufgabe. Zu erfüllend ..., denn ihr Kopf ist oft voll mit Grübeleien, Sorgen, Stress, Kopfchaos. Das überfordert sie manchmal. Ach ja, und ihre Emotionen, die stürzen sie regelmäßig in ein **Emotionschaos** zwischen Erfolg und Tränen, Zufriedenheit und Zweifel. Wenn sie nur perfekter wäre, dann wäre vieles sicherlich leichter. Und gelassener müsste sie sein, dann würde Lara vieles auch nicht mehr schnell nerven oder stressen. Auch auf der Stallgasse, im Alltag und im Job ist sie oft traurig, dass ihre Leistung und Hilfsbereitschaft nicht die gewünschte Anerkennung bekommen. Trost sucht sie bei Ruby. Er geht mit ihr durch dick und dünn. Naja, zumindest sind sie Zuhause ein Dreamteam. Da klappt es immer – und auf dem Turnier, dort sind sie Abreiteweltmeister. Das Glück auf dem Rücken der Pferde? Davon hat sie mal gelesen. Ihres ist gerade im Urlaub, aber das Glück der anderen beneidet sie. Zusammenfassend wäre Lara gern eine erfolgreichere Reiterin. Das Glück auf dem Rücken der Pferde käme dann zurück. Aber aktuell ist sie eher ein grübelndes Elend auf Rubys Rücken.

Laras Ego redet ihr ein, dass viele Dinge nicht funktionieren:

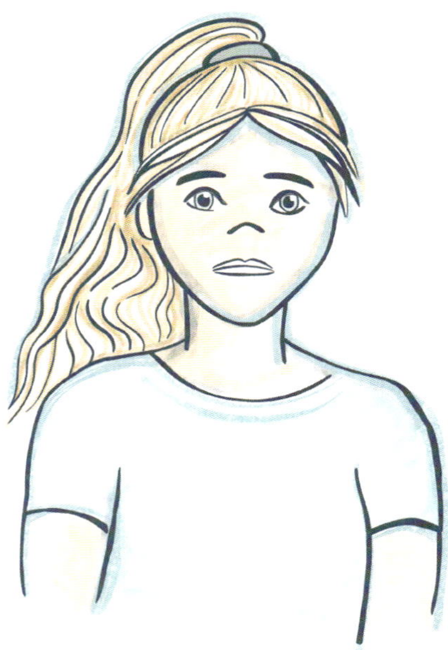

- ☹ **Sich zu platzieren, obwohl all die guten Reiter am Start sind**
- ☹ **Mit kurzen Beinen und einem zu langen Oberkörper trotzdem eine gute Reiterin zu sein**
- ☹ **Niemals fliegende Wechsel richtig reiten zu können**
- ☹ **Die Distanzen niemals mit dem richtigen Rhythmusgefühl zu reiten, im Grunde gar kein Springen reiten zu können**
- ☹ **An einer Meisterschaft oder einem Championat teilzunehmen**
- ☹ **Etwas anderes auszuprobieren**

Der einzige Glaube, den du für dich selbst brauchst, ist der an dich selbst. Wo redet dir dein Ego ein, dass es nicht geht?

Hier redet mein Ego mir ein, dass es nicht geht

Mache neue Erfahrungen, erlebe neue Ergebnisse, erlebe neue Emotionen, erhalte neue Gedanken, dann bekommst du neue Geschichten deines Egos. In der Regel sagt er dann: „Siehst du, ging ja doch!"

Hinterfrage dein Denkmuster

Die meisten Menschen werden aus unerklärlichen Gründen gedacht. Ist halt so. Hat man mal. Sie glauben tatsächlich, ihren Gedanken ausgeliefert zu sein. Dabei finden Gedanken ausschließlich im Kopf statt. Aber auch dort macht Lara sich einfach zu viele. Besonders negative. Sie kommt da einfach nicht raus. Ihre ganze Energie hängt bei ihren negativen Gedanken fest. Sie verbraucht Kraftreserven, die dann an anderer Stelle für eine erfolgversprechendere Handlung fehlen. Da Gedanken sich nicht abstellen lassen, bleibt Lara für die Zukunft nur die einzig clevere Lösung, sich was Schönes aus ihren Gedanken zu machen. Die positiven Emotionen und Gedanken fördern schließlich auch effizienteres Reiten.

Bist du dir bewusst, was du denkst? Was du beim letzten Training oder Turnier gedacht hast und beim nächsten schon wieder denkst? Erinnere dich, „wie es dich denkt":

Merke: Was du negativ denken kannst, kannst du in derselben Zeit auch positiv denken. Dann änderst du unproduktives Denken in produktives Denken.

> Will ich aufhören, an das eine zu denken, muss ich meinem Verstand eine Alternative geben, an was er stattdessen glauben soll.

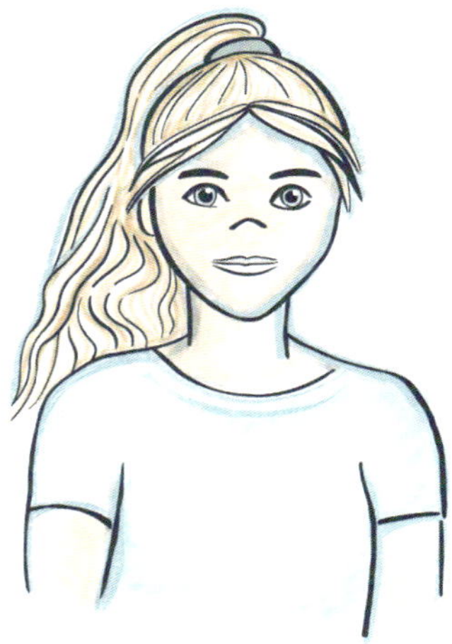

Der Kopf will denken. Der Verstand will an etwas glauben. Lara ist nicht ihr Verstand, sie hat ihn nur. Sie kann ihm jederzeit Neues geben, an das er glauben soll. Denkt sie, sie wird auf dem Turnier bestimmt wieder Prüfungsangst bekommen, dann wird sie Recht behalten. Denkt sie, sie wird auf dem Turnier dieses Mal viel gelassener und entspannter ihren Ritt genießen, dann wird sie auch darüber Recht behalten, weil der **Verstand immer Recht behalten will.** Lara kann bewusst ihre Gedanken ändern! Immer! Der Mensch kann nur einen Gedanken zur selben Zeit haben. Dabei kann er positive, schöne, stärkende Gedanken immer den negativen vorziehen.

Merke: Dein Leben repräsentiert immer deine Gedanken. Mit jedem Gedanken kann eine andere Wirklichkeit erzeugt werden. Ändere deine Gedanken und es ändert sich deine Wirklichkeit.

Erfolg beginnt im Kopf. Und dann? Wie geht es weiter, nachdem Erfolg im Kopf fertig erfolgt ist?

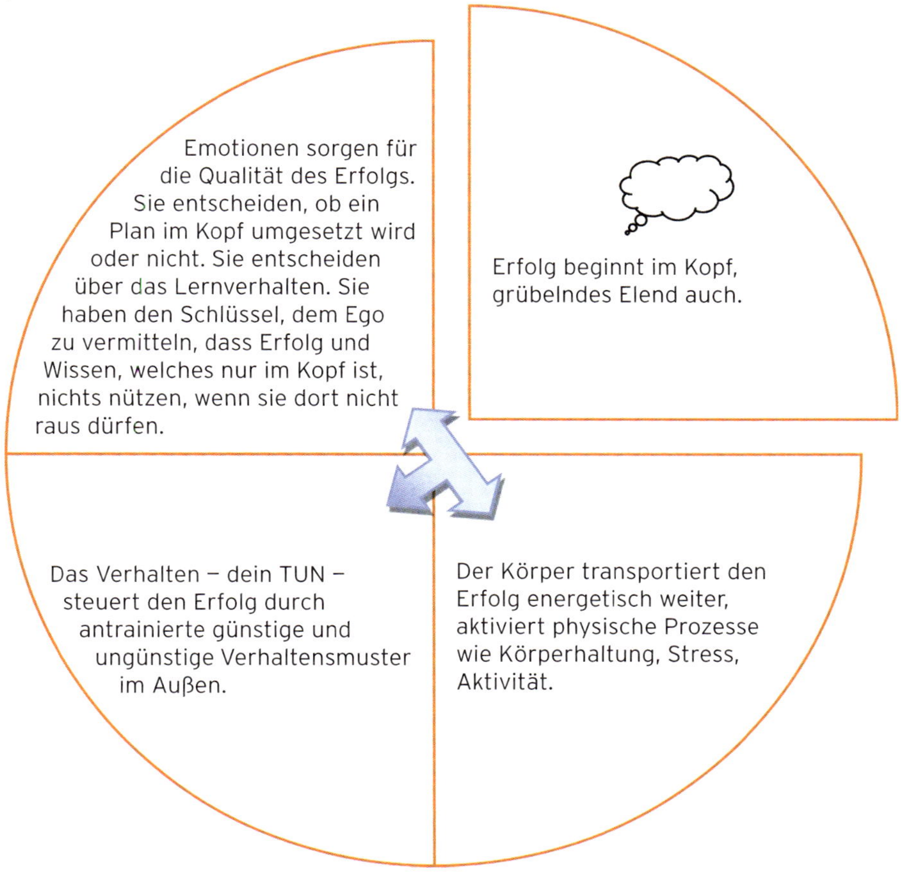

Die Vorstellungskraft, die Gedanken, unsere unterbewussten, blitzschnell ablaufenden Bewertungen, die hinzugefügten Emotionen und Erwartungen sowie unsere Körperreaktionen haben direkte Auswirkung auf unser Verhalten und den Erfolg im Kopf. Alle Prozesse beteiligen sich daran, den Erfolg aus dem Kopf herauszuholen und erfolgsbringend oder misserfolgsbringend anzuwenden.
Lara unterliegt in ihren Denkmustern oft unter Stress diesen typischen, nicht mehr rationalen Denkfehlern, die sie nicht bewusst realisiert, die aber allesamt negative Gedanken und unbewusste Verhaltensmuster (in der Psychologie „Schutzstrategien" genannt) auslösen und ihr Training unbewusst begleiten.

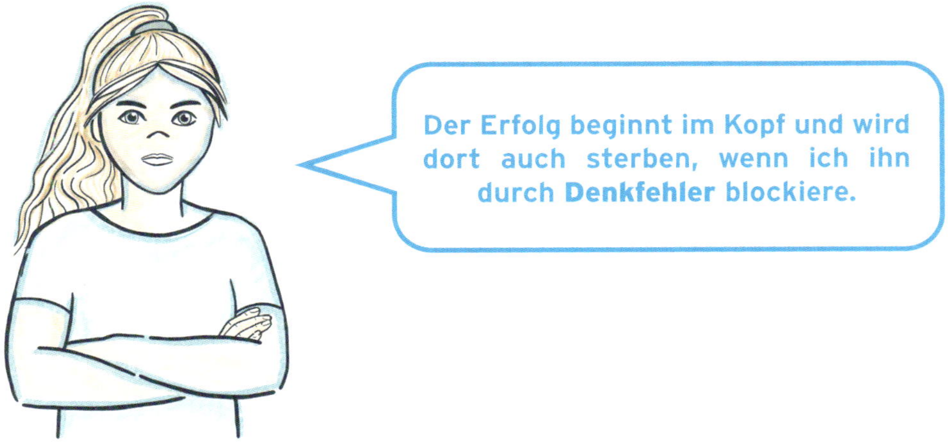

Vermeide diese 5 typischen Denkfehler, die auf keinerlei Rationalität beruhen, sondern von Emotionen und unterbewussten Prozessen geleitet werden. Markiere bunt, was dir bekannt vorkommt, und ertappe dich offen und ehrlich:

5 typische Denkfehler eines Reiters

1. **Glauben, dass alles deine Schuld ist,** du schlecht bist; du alles auf dich persönlich beziehst, wenn dein Pferd dich nicht versteht oder dein Trainer, der Richter, Freunde dich kritisieren, dir etwas nicht gelingt, du etwas nicht sofort umsetzen kannst.

    a. Unterbewusst wirken Minderwertigkeit, Scham, Selbstzweifel, Ängste. Die Schutzstrategie ist Unsicherheit und Ärger auf sich selbst.

2. **Glauben, dass alle anderen schuld sind,** wenn du schlechte Laune hast, genervt bist, gestresst bist, irgendetwas nicht so läuft, wie du das haben willst. Du machst emotionale Schuldzuweisungen; gern auch mal dem Wetter gegenüber, dem schlechten Tag und, wenn es sein muss, ist auch die Badehose schuld, wenn du nicht schwimmen kannst.

    a. Unterbewusst wirken Ärger, Wut, Frust, nicht-erfüllte Erwartungen und Bedürfnisse, Werte und Glaubenssätze. Die Schutzstrategie ist Angriff und Attacke, manchmal auch Rückzug.

3. **Rückschlüsse und voreilige Schlüsse ziehen,** ohne rationale Beweise zu haben, wenn du urteilst, verurteilst, bewertest, entwertest, eine alte Erfahrung auf eine neue Situation unreflektiert überträgst, wahrsagst, wie es kommen wird, und weil du Gedanken lesen kannst, was andere denken. Du denkst oft, du hast immer Recht und die anderen sind im Unrecht, besonders wenn es um dein eigenes Pferd geht und dir jemand reinreden will.

    a. Unterbewusst wirken negative Emotionen wie Angst vor Kontrollverlust, Angst, nicht perfekt genug zu sein und Schutzstrategien wie Recht-haben-Wollen, Besserwisserei, Hoheitsstreben, Abgrenzung, Exklusivitätsanspruch. Du willst etwas Besseres sein.

4. **Schwarz-Weiß-Denken,** dass es entweder nur die eine richtige Art zu reiten gibt ODER die gesamte Reiterei beendet werden muss. Denken, dass es ausschließlich nur die beiden Pole Plus und Minus gibt, aber nichts dazwischen. Richtig-falsch, Gut-böse, richtiges Reiten-falsches Reiten, gutes Reiten-schlechtes Reiten, Alles oder nichts, Entweder-oder. Ein „Sowohl-als-auch-Denken" erkennst du nicht.

    a. Unterbewusst wirken Werte, Moralvorstellungen, Glaubenssätze, reiterliche Erziehung und Kindheitsprägungen.

5. **Katastrophendenken und Überbewertungen, Übertreiben oder Untertreiben,** indem du immer vom schlimmsten Misserfolg, Unglück, Misslingen ausgehst oder dein Licht unter den Scheffel stellst. Du glaubst, eine Reitstunde oder ein Turnier ohne Drama gibt es nicht.

   a. Unterbewusst wirkt die Angst, machtlos zu sein, nicht wichtig zu sein; Hilflosigkeit und Opferdasein, geringes Selbstwertgefühl. Die Sucht nach Aufmerksamkeit ist der Antreiber.

Merke: Denke Gedanken, die dir Kraft geben und dir nützlich sind. Oder aber: Denke zumindest neutral.

Übung: **Ertappe dein negatives Denken und beobachte deine Denkmuster.** Bist du wirklich lösungsorientiert unterwegs? Wie denkt es dich den ganzen Tag lang? Mache dir viele Mähnengummis um die Finger und bei jedem negativen Gedanken über dich, über andere, über dein Pferd, wickele ein Gummi ab und zöpfel es in die Mähne deines Pferdes. Ist dein Pferd nicht bei dir, stecke die Mähnengummis von einer Hand auf die andere oder von einer Hosentasche in die andere bei jeder/m negativen Bewertung, Erwartung, Gedanken. Nimm mit dieser Übung deine Gedanken bewusster wahr und gib auf sie acht. Deine Gedanken bestimmen deine Gefühle, dein Verhalten, deine innere Haltung, dein Wohlbefinden, deine Wirklichkeit und zuletzt dein Trainingsverhalten, den Umgang mit deinem Pferd und anderen Menschen und mit dir selbst.

Gedanken folgen diesen 6 wichtigsten Regeln

1. Kann ich es bewältigen? Kann ich es nicht bewältigen?
2. Negative Gedanken ziehen immer mehr negative Gedanken an.
3. Positive Gedanken ziehen noch mehr positive Gedanken an.
4. Gedanken folgen dem Fokus, der Energie und der Wahrnehmung.
5. Je mehr man nicht denken will, desto mehr grübelt man.
6. Je häufiger etwas immer wiederkehrend negativ gedacht wird, desto mehr festigt sich ein Verhaltensmuster, eine Gewohnheit, ein Glaubenssatz, eine Überzeugung, die nicht wieder hinterfragt wird. Veränderst du dein Denken, kannst du anders handeln, bekommst du andere Emotionen und andere Ergebnisse.

Lara hat einen Geheimtipp für ihre Gedanken:

Nicht der Gedanke will unbedingt bei mir bleiben, sondern mir muss bewusst werden, wie sehr ich an dem Gedanken festhalte. Wenn er mir nicht guttut, lasse ich ihn einfach los.

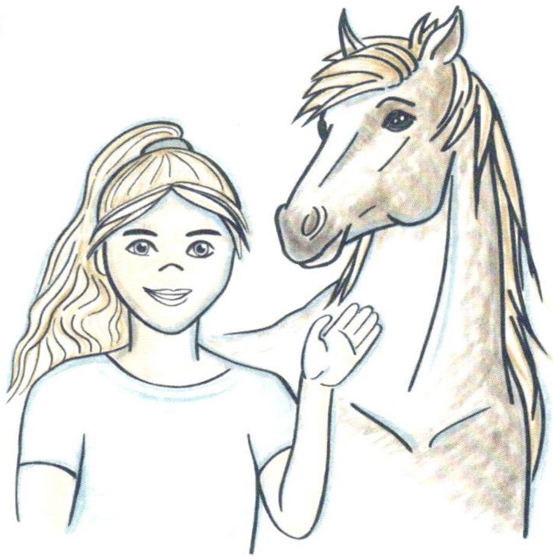

Welche Gedanken sorgen dafür, dass du direkt schlechte Laune bekommst?

____

____

____

____

____

____

Jedes Gedankenkarussell hat eine Pause-Taste. Drücke sie!

Worüber grübelst du oft nach? Schreibe es auf. Was aus deinem Kopf raus ist, schafft Platz für Neues. Kreuze an, ob dir deine Lösung geholfen hat oder ob deine Gedanken unnötig waren.

Darüber grübele ich oft	Gedanke hat geholfen	Gedanke hat nicht geholfen
	☐	☐
	☐	☐
	☐	☐
	☐	☐
	☐	☐

Merke: Deine Gedanken erzeugen die Ergebnisse deines Reitens. Auch dein Pferd ist ein Ergebnis, ein Spiegel deiner Gedanken, Überzeugungen, Gefühle, Werte, Vorstellungen, Erwartungen, Sorgen und Ängste.

Es ist, wie es ist, denkt der Verstand und ändert nichts. Warum ist es, was es ist? Schau dir deine Ergebnisse mal genauer an. Was hast du für Ergebnisse in deinem Leben? Was hast du gemacht oder unterlassen, damit du nun hast, was es ist?

Das ist mein Ergebnis	Warum es ist, WAS es ist
Keine Schleife auf dem Turnier	Weil ich keine Lust habe, meine Angst wirklich zu besiegen; weil ich die Bedingungen für eine Schleife nicht gern erfülle.
Prüfungsangst	Ohne Drama fehlt mir etwas in meinem Leben; ich stehe nicht zu dem, was mir wichtig ist und ziehe es nicht voll durch, um die Freude dabei zu genießen; ich bin es nicht wert, erfolgreich zu sein.
Pferd ist nicht vor der treibenden Hilfe	Ich gestalte mein Training nicht abwechslungsreich; ich vermeide, dass mein Pferd Spaß hat; ich bin unsicher und nicht transparent genug in meiner Hilfengebung.

Schaue nun bewusst in die rechte Spalte. Alle deine Ergebnisse haben etwas konkret mit dir und deinen Gedanken zu tun. Dein Pferd ist, wie es ist, weil du es zu dem gemacht hast. Es sind deine Vorstellungen, Werte, Bedürfnisse, die du deinem Pferd spiegelst. **Schaue also immer zu allererst bei dir selbst und frage dich: Was hat das Verhalten meines Pferdes mit mir zu tun? Was haben meine Ergebnisse im Außen mit mir und meinen mentalen und emotionalen Prozessen zu tun?**

Verzerrte Wahrnehmung

Die rosarote Brille kennt jeder. Sie ist eine Form der verzerrten Wahrnehmung. Wir tragen ständig eine unsichtbare Brille auf unserer Nase. Manchmal ist sie durch eine Emotion rosarot und die Welt ist schön. Dann nehmen wir den Wahrnehmungsfilter bewusst wahr. Aber in der restlichen Zeit, in der nicht alles rosarot ist, nehmen wir die zahlreichen anderen **Brillen und emotionalen Verfärbungen** gar nicht wahr. Die Brille des einen ist NICHT zwangsläufig die Brille des anderen. Sprich: Die Wirklichkeit des einen entspricht nicht der des anderen. Die interpretierten Emotionen des einen sind nicht zwangsläufig die tatsächlichen Gefühlszustände des anderen. Trotzdem glauben viele Menschen, dass der andere Mensch die Welt durch dieselbe Brille sieht. Typisch dafür sind die Situationen in Laras Reitunterricht. Die Trainerin sagt gefühlt 250-mal dasselbe. Aber Lara versteht es nicht. Es sind andere Brillen aktiv. Auch auf dem Turnier hat Lara das bereits beobachtet. Die Notenvergabe der Richter ist nie identisch. Sie alle filtern andere Wahrnehmungen. Keiner trägt dieselbe Brille.

Merke: Nur weil du die Erfahrung schon einmal gemacht hast, fällt es dir auf. Was dich nicht interessiert, worin du keinen Sinn erkennst oder einfach keine Vorerfahrung hast, nimmst du nicht wahr.

Was für Lara in ihrer Welt ein Drama ist, wird von Anna gar nicht registriert. Was Laras neue Trainerin sieht, hat ihr alter Trainer gar nicht wahrgenommen. Wo Lara Gespenster sieht und Ruby ansteckt, hat Anna mit Ruby an derselben Stelle plötzlich überhaupt keine Probleme. Hört Anna im Gespräch mal wieder nur die Hälfte, kann Lara die ihr wichtigen Details in fünf Jahren noch wortwörtlich wiedergeben. Es sind also die höchstpersönlichen, ganz individuellen, kein zweites Mal auf der Welt existierenden, absolut unterschiedlichen **Wahrnehmungsfilter,** also aktive Brillen, die emotionale Probleme auslösen können. Sobald durch negative Emotionen gesteuert nur Negatives wahrnehmen wird, bewerten wir auch alles nur negativ! Die Reaktion des Pferdes ist negativ. Deine Laune kippt.

Übung: **Gehe gedanklich deinen Reitunterricht durch.** Immer dann, wenn du dich über dich selbst ärgerst oder etwas nicht verstehst oder wieder kurz vor dem Error stehst, ist eine verzerrte Wahrnehmung aktiv. Du hast dann nur die falsche Brille auf. Wechsle sie. Ertappe deine eigenen emotionalen Interpretationen. Finde, was du überhört hast. Finde, was du denkst oder glaubst. Ertappe deine Verallgemeinerungen. Hinterfrage deine Wirklichkeit. Was verzerrst du so sehr, dass die eigenen Glaubenssätze wahr bleiben?

Bei Lara ist das meistens die Brille: SCHLECHTE TAGE MUSS ES GEBEN. Auch Ruby kann mal einen schlechten Tag haben. Es ist nur Laras Interpretation. Es gibt keine Tage, die schlecht sind. Lara macht sie zu solchen. Jeder Tag ist neutral. Sie sieht ihre Welt durch die Brille: MANGELNDES SELBSTBEWUSSTSEIN. Wechselt sie aber die Brille und setzt die auf, die heißt, „SCHAUE MAL NICHT AUF DAS PROBLEM, KONZENTRIERE DICH MAL AUF DIE LÖSUNG“, dann gibt sie nicht mehr dem Tag die Schuld, sondern kann ihren Anteil finden, wie sie es geschafft hat, unzufrieden zu werden.

Merke: Über deine Wahrnehmung entscheidest du. Liegt dein Fokus nur auf Negativem, heißt deine aktive Brille: „negative Sicht“. Du wirst dich selbst in deinem Wohlbefinden runterziehen und die Leistung mit deinem Pferd blockieren.

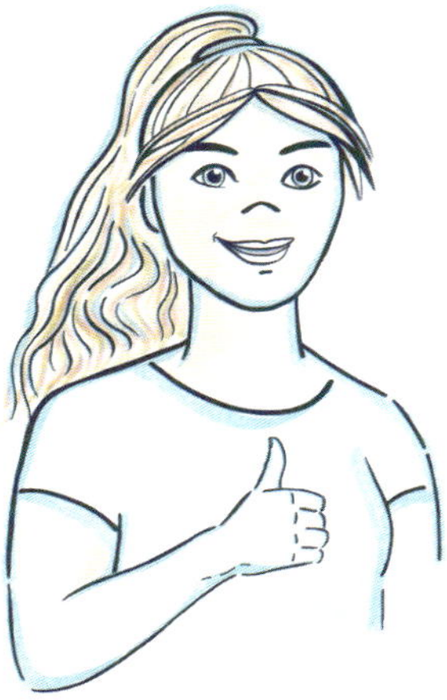

Mein Gehirn filtert aus Millionen von Reizen nur die heraus, auf die ich fokussiert bin und die bereits als neuronale Bahnen in mir existieren. Meine Wahrnehmung ist also sehr flexibel und immer durch meine Prägungen, subjektive Empfindungen, Erfahrungen, Bewertungen, Überzeugungen, Bedürfnisse, Werte und gekoppelte Emotionen verzerrt.

Lara hat gelernt, ihre unbewussten Urteile, Verurteilungen, Bewertungen, Vorwürfe, Annahmen, Überzeugungen und Erwartungen zu hinterfragen. So ertappt sie ihren interpretierten Anteil und ihre verzerrte Wahrnehmung. Lara legt nun ihre Aufmerksamkeit immer auf das, was gut funktioniert und stärkt ihre Stärken. Seitdem ist sie viel zufriedener, weil sie sich selbst und ihre Wirklichkeit besser kennt.

Notiere: Wo hast du vielleicht mal die falschen Schlüsse gezogen? Welche Brille war da aktiv?

In der Welt des anderen ist auch alles wahr, so wie er die Welt durch seine Wahrnehmungsfilter sieht.

Notiere: Wo kannst du auf keinen Fall die Wirklichkeit eines anderen respektieren? Erhöhe mit dem Wissen über die Wahrnehmungsbrillen deine eigene Frustrationstoleranz, senke deinen Stresspegel und lasse Andersartigkeiten zu. Du musst sie nicht gut finden. Lasse sie nur zu oder setze eine andere Brille auf.

____

____

____

____

Merke: Die Sicht des anderen unterscheidet sich von deiner Sicht. Keiner ist so wie du und nimmt 100 % so wahr wie du!

Jammern, Klagen, Opfer spielen

Jammer und Klagen ist das Gegenteil von Zufriedenheit, Freundlichkeit, innerer Ruhe und Zuversicht. Es gibt Menschen, die leben in der Opferhaltung nach dem Opferprinzip. Sie fühlen sich ständig in der Opferposition. Sie fühlen sich immer als Opfer der Umstände, machen alles schlecht und sehen in allem einen Mangel, Unerhörtes, einen Kritikpunkt. Zufriedenheit kennen sie nur aus dem Duden. Und wenn andere Glück haben, dann ist davon die logische Konsequenz, selbst Pech haben zu müssen. Gemeinsame Momente können sie nicht als Geschenk, als Inspiration, als Entwicklung und Wachstum sehen. Sie lassen an nichts und niemandem ein gutes Haar. In ihnen wirkt tiefe Verbitterung für das eigene Leben. Sie können nicht warmherzig mit sich selbst sein und Wertschätzung und Mitgefühl zeigen.

4 Dinge, die du über Jammern, Nörgeln, Klagen wissen solltest:

- ☹ **Du bist, du machst, du hast, du hättest besser** sind Wertungen und Bewertungen.
- ☹ **Immer, nie, alle, alles, keiner, jeder, überall, gar nichts,** sind absolutistische Dramaworte und irrationale Verallgemeinerungen.
- ☹ Die Königin unter den Bewertungen und Erwartungen ist das Wort **müssen.**
- ☹ **„Ja, aber“** drückt den inneren Widerstand und Unzufriedenheit aus. „Ja-aber-Menschen“ wollen nichts verändern.

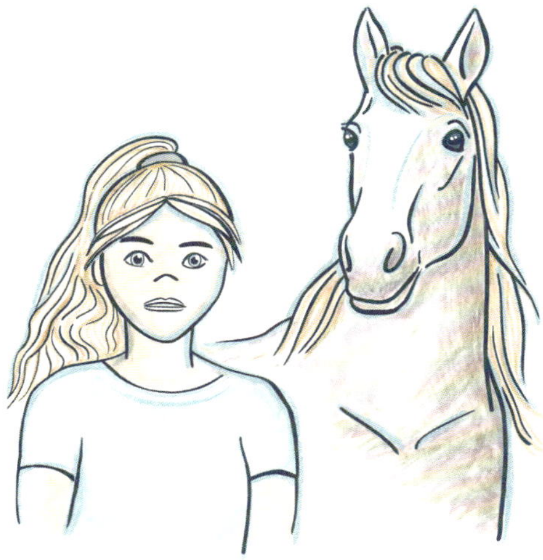

Wie bist du unterwegs? Kreuze an.

☐ Vorwürfe	☐ Kritik	☐ Rechthaberei
☐ Besserwisserei	☐ Über-alles-bestimmen	☐ Kontrollwahn
☐ Strafen	☐ Meckern	☐ Hättest du mal besser …
☐ Ja-aber-Sager	☐ Emotionale Erpressung	☐ Du bist immer …
☐ Du hast wieder …	☐ Immer machst du …	☐ Du musst …
☐ Wann kapierst du das denn endlich?	☐ Warum hast du nicht …?	☐ Warum hörst du nicht auf mich?
☐ Warum tust du das bloß?	☐ Du wirst ja wohl hoffentlich …?!	☐ Wenn du nicht …, dann wäre nicht …, dann hätte ich nicht …
☐ Warum hab ich nicht?	☐ Hätte ich mal lieber …	☐ Hätte ich das mal vorher gewusst.

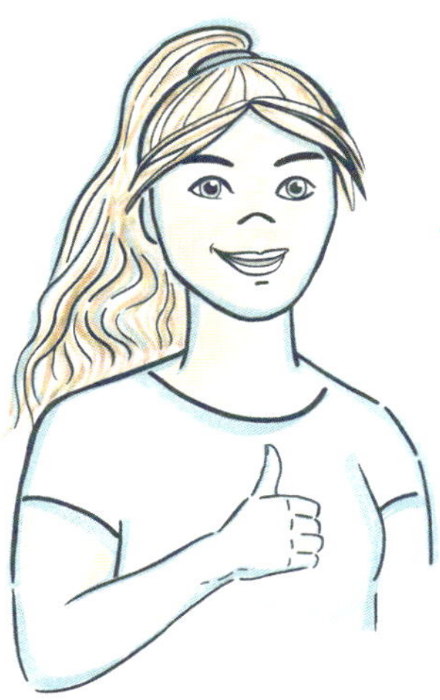

An diesen 7 Dingen erkennst du ein Reiten im Opferprinzip

1. Du hast Angst vor bestimmten Lektionen, Aufgaben, Herausforderungen und zweifelst an deinem Können.
2. Du musst dein Reiten, deine Entscheidungen, deine Erfolge, deine Misserfolge immer rechtfertigen, gehst lieber mit deinen Misserfolgen jammern, als deine Erfolge zu feiern.
3. Dir passieren nur Katastrophen und du empfindest alles als Drama, unzumutbar, unmöglich.
4. Du fühlst dich deinem Pferd und deinem Trainer oft ausgeliefert, hilflos, ärgerst dich über dich selbst, bemitleidest dich oder dein Pferd, dich zu ertragen.
5. Du klagst und lästerst über andere Menschen, bist entweder neidisch oder missgünstig.
6. Du stehst dir selbst im Weg und bist Meister deiner eigenen Selbstsabotage.
7. Du ziehst dich still zurück, weil du nicht an dich selbst glaubst.

Im **Opferprinzip** ist der Mensch immer seinen Emotionen ausgeliefert und auf der Suche nach einem Schuldigen. Aber im Reiten geht es nicht um die Schuldfrage. **Es geht um die Verantwortung.** Ein Reiter trägt Verantwortung für seine eigenen Emotionen und sein eigenes Verhalten oder Nicht-Verhalten.

Worüber jammerst du? Nimm dir die obigen Erkenntnisse zu Hilfe und ertappe dein Opferprinzip.

☹ ______________________________

☹ ______________________________

☹ ______________________________

☹ ______________________________

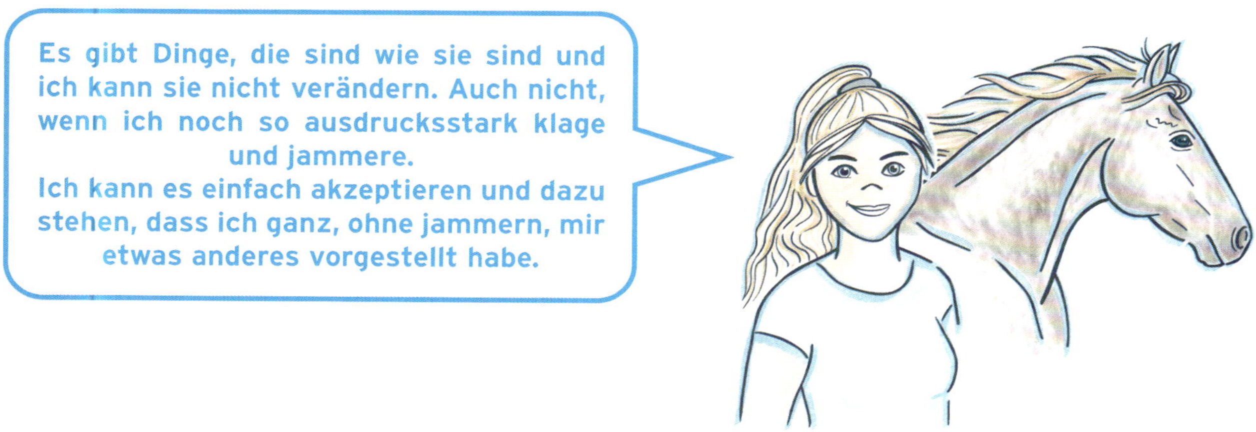

Lara mag dieses Wort „Opfer" gar nicht. Sie klagt lieber, dass es einen schlechten Tag gibt, dass das Schicksal Schuld hat, die unerklärlichen Umstände oder eine geheimnisvolle höhere Macht ihre Hand im Spiel hat. Sie bekommt viel Aufmerksamkeit dadurch und kann mit ihren Leidensgeschichten hausieren gehen.
Anna redet lieber Klartext: Die anderen haben Schuld! Alles andere ist schuld! Die Richter, die bösen Mitmenschen, der Trainer, das Pferd, die Plätze, das Turnier. Alles andere – jedenfalls nicht sie selbst. Basta. Das Ergebnis beider Haltungen ist identisch. Beide Mädels sind in der Opferrolle. Anna spielt in dieser Rolle Tätersein, weil sie sich als Opfer ihrer Umstände sieht. Beide sorgen nicht selbst für ihren Erfolg und reflektieren nicht, was ihr Umfeld, ihre Umstände mit ihnen selbst zu tun haben, welchen Anteil sie an ihren Ergebnissen haben, wo und wie und mit welchen Gedanken und Emotionen sie sich selbst sabotieren. Sie verstricken sich in Jammern, Klagen, Lästern, Leiden.
In der Opferposition wird die Problemhaltung eingenommen und Ziele werden nicht erreicht. Der Gegenpol ist die **Lösungshaltung.** Nur müssen beide dazu das Jammern und Klagen aufgegeben.

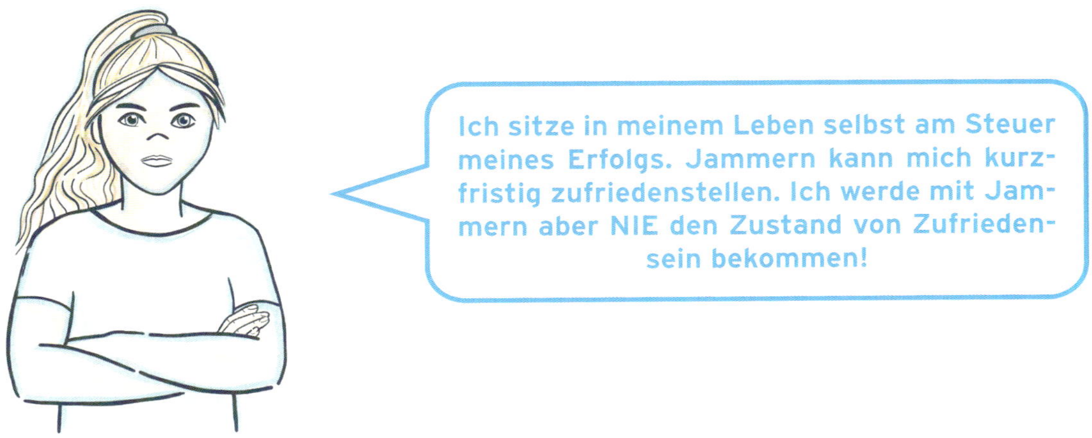

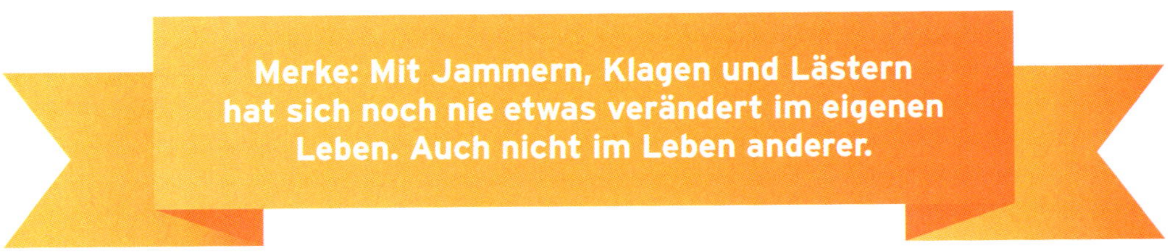

Lara wurde zur Profi-Jammerline und schwächte ihr Selbstbewusstsein, sich dafür einzusetzen, Dinge zu ändern, die ihr nicht gefielen. Konnte sie es nicht ändern, weil sie außerhalb ihres Einflussbereichs lagen, veränderte ihr Jammern auch nichts, außer ihrer eigenen Zufriedenheit.
Lara entwickelte ein Mangelbewusstsein. Sie jammerte eines Tages sogar auch über sich selbst und nahm sich noch mehr Selbstwertgefühl. Sie produzierte mit negativen Emotionen negative Energie. Blöd, weiß sie heute. Sie war mehr bei anderen als bei sich. Viele Menschen glauben, kein Problem mit dem Selbstwert zu haben. So auch Anna. Sie lästert für ihr Leben gern und sagt ja nur ihre Meinung. Annas Ego erkennt nicht: Wer sich **selbst wert ist,** achtet auf seine negativen Emotionen, die mit dem eigenen Körper etwas machen, Stress auslösen, biochemische Prozesse einleiten, Widerstand

auslösen. Menschen mit Selbstwert sind weder profilierend narzisstisch noch selbstabwertend. Sie wissen, dass auch andere Menschen gleich viel wert sind und haben ihre Meinung **und** behandeln andere gleichwertig. Es sind ganz andere Emotionen, die hier wirken.

☹ Womit habe ich das verdient?
☹ Nie gelingt mir etwas!
☹ Immer lasse ich es mit mir machen!
☹ Ich gebe lieber auf!
☹ Was sollen denn die anderen nun über mich denken?
☹ Das lerne ich nie!

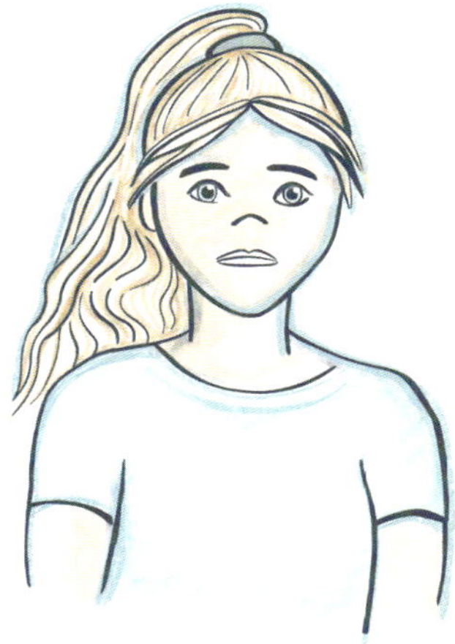

Merke: Ein Opfer- oder Angriffsbewusstsein lässt sich ein Leben lang durch Bewusstseinsaktivierung in ein Lösungsbewusstsein ändern; machbar durch Fleiß, Selbsterkenntnis und erschaffene Glücksmomente mit produzierten Glückshormonen.

Lara hat Bewusstheit über ihr eigenes Jammern bekommen. Sie macht den Stall zu einer jammerfreien Zone. Kein Klagen, kein Lästern, kein Jammern, keine Vorurteile. Wer jammert und klagt, glaubt, nichts ausrichten zu können. Derjenige übernimmt keine Verantwortung für seine eigenen Wünsche, Bedürfnisse und negativen Emotionen. Stattdessen wägt er sich in der Opferrolle und sucht Zuspruch, Bedauern, Hetze bei anderen. Wer von oben herab lästert, weil er sich in einer vermeidlich überlegeneren Position fühlt, spielt Machtspiele.

Was brauchst du, damit es dir besser geht, wenn du das Gefühl hast, du bist im Jammer- oder Lästermodus? Nutze deine Energie für die Erfüllung deiner Bedürfnisse, nicht fürs Jammern.

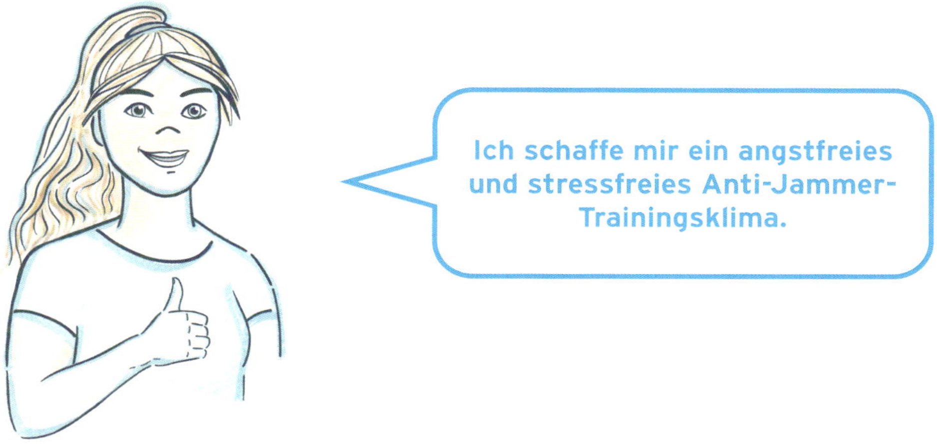

Jammern löst keine Probleme. Anna behauptet, nach dem Jammern geht es ihr viel besser. Jammern müsse man dürfen. Das ist ein **Denkirrtum!** Anna hat sich das Jammern als Schutzstrategie angeeignet, aber sie darf auch jammern. Es ist nur die andere Komponente von Jammern: Selbst- und Fremdmitleid sind eine Seite des Jammerns; Vorwürfe, Rechtfertigung und Schuldzuweisung die andere. Beides sind keine Positionen mit denen Verantwortung übernommen wird. Entweder man sabotiert sich durch sein Jammern selbst, oder man richtet sein Jammern nach außen und sabotiert damit andere. Würde Anna ihre Bedürfnisse umsetzen, hätte sie weder Zeit noch einen Grund zu jammern. Wer jammert ist unzufrieden, traut sich aber nicht, es offen ohne Vorwürfe auszusprechen und seine Bedürfnisse neutral und wertfrei zu kommunizieren.

Merke: Du hast immer die Wahl, als Opfer zu reiten oder als selbstbewusster Reiter zu reiten. Beides zeitgleich geht nicht. Triff eine Entscheidung!

Wenn du wirklich jammern willst, dich niedermachen willst, über alles nörgeln und klagen willst, dann frage dich warum. Warum willst du Opfer bleiben? Ertappe deine Schutzstrategie OPFER SPIELEN. Welche Vorteile hast du dadurch? Niemand kann dich in die Opferhaltung zwingen. Egal, was dir widerfahren sein mag, sie existiert nur in deinem Kopf, und du hast immer die Wahl, wie du mit deinen Erlebnissen mental und emotional in der Gegenwart umgehen willst, selbst dann, wenn du die Vergangenheit nicht mehr ändern kannst. Warum spielst du wirklich Opfer? Mitleid bekommen? Trost bekommen? Scham verstecken? Ärger deckeln? Traurigkeit oder Angst verstecken? Menschen manipulieren?

Übung: Bewusstseinsaktivierung. Ertappe das bei vielen Reitern „normalisierte" Jammern und die Rechtfertigungsgeschichten in dem Monolog zwischen Anna und Lara bei der Betrachtung ihres Videorittes nach der Dressurprüfung. Unterstreiche oder markiere die Opferhaltung. Ertappe dich, was auch du für völlig normal hältst, wenn du dein Reiten reflektierst. Solange du nicht bewusst wahrnimmst, dass es sich hier um eine Selbstabwertung handelt, ist dir auch nicht bewusst, was die positive und realistische, fachlich neutrale lösungsfokussierte Selbstreflektion ist.
„Hier sieht man gut, wie er sich heraushebt und leider etwas glotzt. Und ja, er glotzt nach der Absperrung. Es war einfach nicht so einfach, ihn auf den Hufschlag zu bekommen. Dann aber direkt wieder loben. Und weiter. Und wieder loben und Ruhe reinbringen. Auch hier glotzt er wieder. Ich habe es einfach passieren lassen. Aber hier ..., hier war es deutlich besser, zumindest eine Sekunde. Ich muss ..., da merkt man, wie schlecht ich eigentlich bin ... Jetzt wird er lose. Einfach äußeren Schenkel vergessen. Entschuldige meinen schlechten Sitz. Halten war mega: Zwar mit unruhigen Händen, Ruby hinten raus, aber ich habe ihn auch immer gekrault links, deshalb waren die Hände unruhig, und deshalb ging er mir gegen das Gebiss. Auch hier ... wieder herausgehoben. Aber nur etwas. Und wieder die Hufschlaglinie, die ist Feuer. An der Stelle komme ich, wie so oft, nicht weiter. Er könnte frischer traben ..., aber ohne lockeren Rücken schwer möglich. Mitteltrab kam leider nichts, da er wieder geglotzt hat. Das war optisch nicht das Schönste. Und der feste Rücken halt. Jetzt Mittelschritt ..., den können wir auch besser, aber war ok. Obwohl, der Kopf ist auch viel zu weit unten. Antraben bestimmter, aber dafür war das Angaloppieren besser, naja ... ok, mehr bergauf und hier zu flach, ja ich weiß, sag nichts, zu wenig Zug nach vorn. Hier muss ich einfach noch mehr und besser reiten. Übergang schlecht vorbereitet, sag nichts, ich sehe es. Hier hatte ich dann wieder zu kämpfen, weil er nichts annahm, auch die Galopphilfe nicht. Und hier sieht man schön, wie er lange glotzt und ich höre auf zu reiten. Mal wieder. Zügel-aus-der-Hand-kauen-Lassen können wir auch deutlich besser. Jetzt kommt nichts mehr von ihm, kein Go, und jetzt der dicke Patzer: er stockt. Das muss einfach noch flüssiger werden und ich muss mich echt noch mehr konzentrieren, richtig zu reiten. Das Halten war dann nicht so gut. Hier sieht man, wie enttäuscht ich von mir war. Deshalb habe ich nur kurz gelobt ..."

Die innere, kritische Stimme

Jeder Mensch hat sie. Die fiese, innere Stimme im Kopf, mit der er zuweilen stundenlang Dialoge und Selbstgespräche führt, warum etwas nicht geht, warum es schiefgeht, warum wir es lieber lassen sollten. Sie findet äußerst kreative Ausreden und ist Meister im Rückzug. Ergebnis: Wir trauen uns nicht. Fühlen uns nicht gut genug, nicht bereit genug, nicht perfekt genug. Es ist einfach noch nicht der richtige Augenblick, sagt die innere Stimme.

Merke: Deine innere Stimme wird niemals mit der Selbstkritik schweigen. Warte nicht auf den perfekten Moment. Erschaffe dir deinen Moment selbst und stärke die andere Stimme in dir, mit der du für deinen eigenen reiterlichen Weg losgehst.

Laras kritische Stimme macht ihr richtig Probleme. Inbrünstig und zusammenhanglos dramatisiert sie Laras selbstkritische Gedanken, sodass diese rein gar nichts mehr mit der Realität zu tun haben. Diese Gedanken sind so wirr, dass sie Erfolg verhindern und Laras Selbstbewusstsein sabotieren. Würde Lara sie zu Papier bringen oder laut aussprechen, müsste das Wirrwarr erst in ein rationales, semantisches Gefüge gebracht werden. Das ist durchaus mit Hilfe ihres Verstandes möglich. Wichtiger ist aber hier die Erkenntnis, dass Laras innere Stimme nicht ihr Verstand ist! Die innere Stimme ist nicht die Wahrheit. Auch sie kann mal falsch liegen und Unrecht haben.

Ich habe eine innere Stimme. Ich bin aber nicht meine innere Stimme. Ich bin der Koordinator, der Regisseur meiner inneren Stimme.

Die innere Stimme suggeriert Lara, alles über sie zu wissen: Was sie kann, wer sie ist, wozu sie zu blöd ist. Lara zollt ihr Respekt und glaubt ihr alles. All die Gemeinheiten lässt sie über sich ergehen. Das ist wirklich nicht clever.
Anna ist da anders. Sie jammert lieber alle Leute auf der Stallgasse voll und gibt der inneren Stimme noch mehr Ausdruck. Keine von beiden setzt sich mit der inneren Stimme auseinander. Und das ist der Grund, warum die Stimme sich immer wieder zu Wort meldet und mit Vorliebe sabotiert, kritisiert, tadelt, straft, mahnt und mit Vorliebe Inkompetenz einredet. Am Ende lassen beide von ihrem Vorhaben ab, weil sie sich selbst nicht zutrauen, ins **Tun** zu kommen.

Wie steht es um deine innere Stimme? Kreuze an, was deine innere Stimme dir einredet, warum du für deine Zufriedenheit nicht losgehen solltest. Laras innere Stimme flüstert typische Sätze wie:

- ☐ Das lernst du nie.
- ☐ Das geht nicht.
- ☐ Du Idiot, du kannst das nicht.
- ☐ Das hättest du doch viel besser machen können.
- ☐ Du hättest viel besser reagieren können.
- ☐ Du schaffst das nicht.
- ☐ Das kannst du gar nicht schaffen.
- ☐ Du bist nicht gut genug.
- ☐ Die anderen sind besser als du.
- ☐ Versuche es erst gar nicht.
- ☐ So etwas kann auch nur dir passieren.
- ☐ So blöd kannst aber auch nur du sein.
- ☐ Ich habe es ja gewusst, es geht nicht.
- ☐ Du hast schon wieder versagt.
- ☐ Ich bin zu dick, zu faul, zu dumm, zu unsportlich, zu grobmotorisch, zu untalentiert, zu unrhythmisch, zu unfähig, zu undiszipliniert, zu allerlei und überhaut alles ... vielleicht sollte ich mit dem Reiten aufhören.
- ☐ Kein Wunder, dass dein Pferd das bei anderen macht, nur nicht bei dir.
- ☐ Was machst du bloß für dumme Sachen?
- ☐ Warum kannst du dich nicht einmal richtig anstrengen oder konzentrieren?
- ☐ Du hast nur Quatsch im Kopf. So kann nichts aus dir werden.

Ergänze hier weitere Sätze deiner inneren, kritischen Stimme. Mit welchen Sätzen blockiert oder sabotiert sie dein Vorwärtskommen? Denke an typische Konfliktsituationen, bei denen du hin- und hergerissen bist oder die an deinem Selbstwert nagen.

☹ ______________________________

☹ ______________________________

☹ ______________________________

Merke: Vorwürfe und Beschimpfungen gegen dich selbst helfen weder dir noch deinem Pferd. Sie demotivieren. Achte auf das, was deine innere Stimme dir einreden will und hinterfrage sie, denn du darfst nicht alles glauben, was deine Stimme dir einreden will. Sie will nur nicht auf die andere Seite der Komfortzone.

Innere Stimme bändigen

Halte dir stets dein Ziel vor Augen. Solange deine innere Stimme dich auf dem Weg zu deinem Ziel unterstützt, ist sie hilfreich. Sobald sie mit Vorwürfen, Beschimpfungen, Ärger und Zweifeln beginnt und dich von deinem Ziel entfernt, gebiete ihr Einhalt. **Limitiere dich nicht selbst. Glaube an dich,** auch dann, wenn noch kein anderer an deine Vision glaubt. Auch dann, wenn dieser andere deine innere Stimme sein sollte. Du wirst merken, die innere Stimme kann extrem schnell ihre Meinung ändern und plötzlich stolz auf dich sein, vielleicht auch überheblich anmerken, warum du nicht schon früher damit angefangen hast, dir deine Träume zu erfüllen. Vielleicht sagt sie auch, dass sie ja schon lange wusste, dass es klappt ...

Wenn du deine innere Stimme bewusst wahrnimmst und erkennst, dass sie unentwegt Probleme sieht, wo oftmals keine sind, du aber so oft blockiert bist, dass auch die negativen Emotionen dir ein schlechtes Gefühl machen, dann schalte um auf die innere Freundin/den inneren Unterstützer. Dann erkennst du nämlich schnell, wo eine Lösung dich viel schneller ans Ziel führen könnte, statt in Selbstkritik am Problem zu hadern.

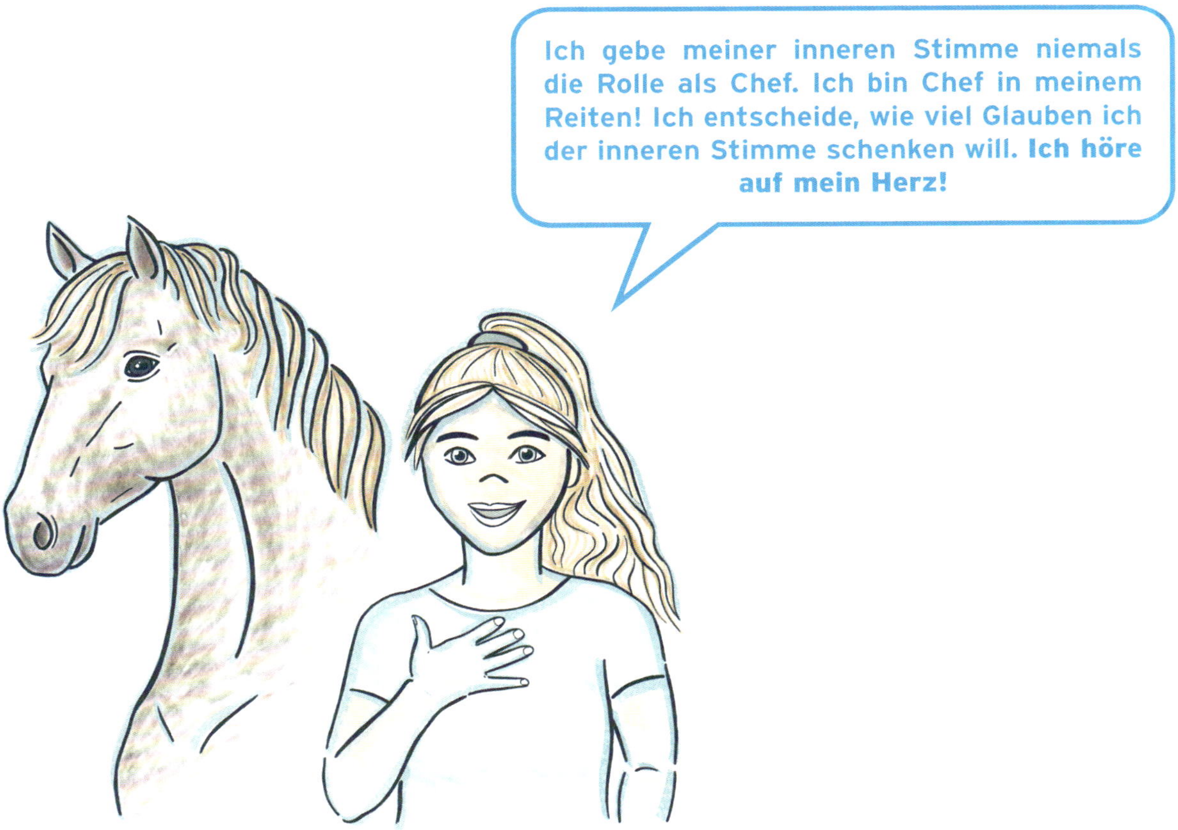

Mit diesen 7 wichtigen Tipps kannst du Koordinator deiner inneren Stimme werden und bist ihr nicht mehr hilflos ausgeliefert. Markiere, was für dich geeignet erscheint:

Tipp 1. **Frage dich:** Erkenne ich meine Mutter oder meinen Vater in der inneren Stimme wieder? Lasse das Echo verstummen, indem du diese Stimme einfach durch dich durchgleiten lässt und ihr kein Echo bietest.

Tipp 2. **Sage laut zu dir:** Ich bin nicht die innere Stimme, ich höre sie nur. Schön, dass du etwas zu sagen hast. Nun kannst du auch wieder gehen.

Tipp 3. **Ich beobachte meine innere Stimme,** aber ich bin mir bewusst, dass sie nur ein Teil von mir ist, die das Beste für mich will. Ich muss nur die Lösungsidee dahinter finden. Und manchmal passen meine Probleme einfach nicht zu ihrer Lösung.

Tipp 4. **Schreibe dir die Kritiken der inneren Stimme auf** und verschließe sie in einem Kästchen. (Das hilft Lara nur vorübergehend. Aber für den Moment ist es durch die Niederschrift raus aus ihrem Kopf.)

Tipp 5. **Stelle dir vor, deine innere Stimme hängt an einem Rauchschwaden.** Halte deine Finger an deinen Kopf und ziehe den Schwaden einfach heraus. Er hängt nun zappelnd zwischen deinem Zeigefinger und deinem Daumen. Lege ihn in deinem Denk-Aquarium ab. Dort fühlt er sich wie ein Fisch in einem Teich mit anderen Rauchschwaden wohl und kann weiterplappern. Und wenn du den Gedanken wieder aufgreifen möchtest, gehe zu deinem Denk-Aquarium und fische die Stimme wieder heraus ...

Tipp 6. **Klatsche dich überall am ganzen Körper im Stand mit beiden Handflächen schnell und kurz ab.** So wird die gesammelte Energie im Kopf auf den restlichen Körper verteilt. Zusätzlich hast du deinen Körper zur Regulation genutzt. Das bringt dich schnell auf andere Gedanken.

Tipp 7. **Deine Stimme darf nicht alles mit dir machen.** Eine Freundin oder ein Freund darf das auch nicht. Auch deine innere Stimme braucht Grenzen. Setze sie!

Merke: Die innere Stimme begleitet dich ein Leben lang. Erwarte nicht, dass sie für immer verschwindet. Sie kommt zurück. Deshalb ist ein sinnvoller Umgang mit dieser kritischen Stimme derjenige aus der Sicht eines inneren Ratgebers.

Der innere Unterstützer/die innere Freundin

Der innere Unterstützer, den Lara innere Freundin nennt, ist der kraftvolle Gegenspieler zu Laras innerem Kritiker. Laras innere Freundin kann den inneren Kritiker, die Selbstsabotage, die Grübeleien, das Kopfkino zum Schweigen bringen. Diese Stimme ist immer wertschätzend und liebevoll, verständnisvoll und positiv. Lara hat der inneren Freundin eine Form gegeben. Sie weiß genau, wie sie aussieht, wie sie spricht, wie sie sich bewegt. Sie gibt ihr dadurch mehr Raum in ihren Gedanken. Je größer der Raum wird, indem die innere Freundin sich bis in alle Ecken ausdehnen kann, desto kleiner wird der Raum des inneren Kritikers. So trainiert Lara, mit sich selbst freundlicher zu sprechen und realisiert, dass es in ihr selbst immer jemanden gibt, der zu ihr steht und Verständnis hat. Sie kann mit der inneren Freundin lösungsorientiert bleiben, statt stundenlang Probleme mit dem Kritiker zu wälzen.

Der innere Unterstützer gibt Kraft für die nächsten Herausforderungen und ist immer lösungsorientiert.

Die innere Freundin von Lara sagt zu ihr Dinge wie:

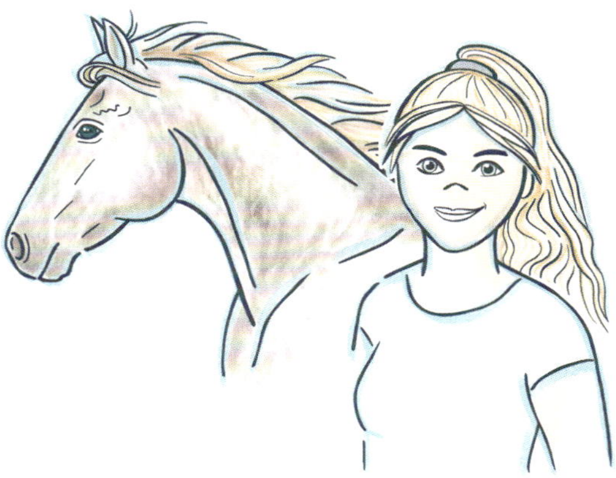

- ✓ Du bist gut, so wie du bist.
- ✓ Das kannst du.
- ✓ Zusammen schaffen wir das.
- ✓ Das schaffst du ganz bestimmt.
- ✓ Ruby braucht dich.
- ✓ Ich verstehe dich.
- ✓ Ich vertraue dir.
- ✓ Ich glaube an dich.
- ✓ Du bist völlig ok, so wie du bist.
- ✓ Du bist geliebt, so wie du bist.

Markiere, welche Sätze von Laras innerer Freundin deinem inneren Unterstützer gefallen. Notiere dir, was dir noch helfen kann.

✓ ______________________________

✓ ______________________________

✓ ______________________________

✓ ______________________________

✓ ______________________________

Warum wir streiten, kritisieren und unzufrieden sind

Reiter streben nach **ich-bezogener Bedürfnisbefriedigung.** Sie suchen bei den Pferden Sinnhaftigkeit und ein Leben nach den eigenen Wert-, Moral- und Ethikvorstellungen. Danach handeln und verhalten sie sich und richten ihr Denken, ihren Umgang und die gesamte Reiterei aus. Sie bieten Orientierung und haben Anteil an der Persönlichkeitsbildung. Sind die Bedürfnisse und Werte erfüllt, ist der Mensch zufrieden. Sind sie es nicht, ist er frustriert.
An die Erfüllung des Bedürfnisses knüpft Lara mit ihrem schwachen Selbstwertgefühl fälschlicherweise ihren persönlichen Wert. Diese Wertvorstellungen lösen deshalb schnell Ärger, Wut, Frust, Widerstand, Traurigkeit aus, wenn die Erfüllung ausbleibt. Steht ein Wert der Erfüllung eines Bedürfnisses im Weg, wird eher das Bedürfnis fallen gelassen als ein Wert geändert.
Bedürfnisse sind auch unter dem Begriff Gewohnheiten bekannt. Werte sind das, wofür Lara kämpfen würde. Sie verändern sich je nach Lebensphase und Lebensalter.

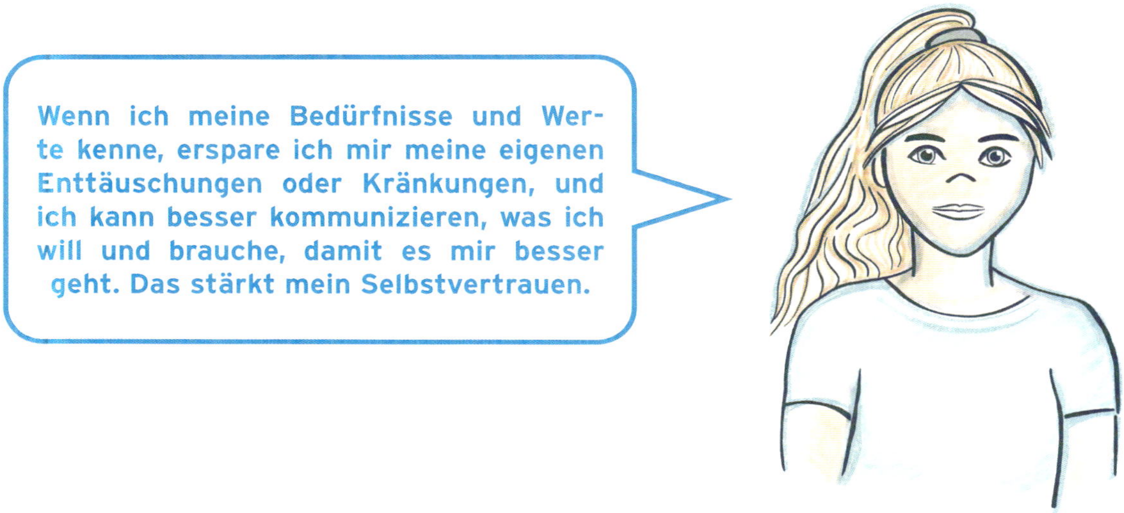

Die **eigenen Bedürfnisse und Werte zu kennen,** ist die Voraussetzung dafür, seine Emotionen zu ertappen und für sein Wohlbefinden zu sorgen. Mangelndes Selbstwertgefühl und mangelnder Glaube an sich selbst sind beispielsweise das Ergebnis eines über Jahre nicht erfüllten Grundbedürfnisses. Es heißt: **Autonomie.**

Das sind die 4 wichtigsten psychologischen Grundbedürfnisse, die du kennen solltest, um zu hinterfragen, warum du so funktionierst, wie du bist:

1. **Selbstverwirklichung, Autonomie und Kontrolle** (selbständiges Denken und Handeln, eigene Entscheidungen treffen, Selbstbestimmung, Business mit Pferd, Business mit Pferdeartikeln, Kontrollstreben rund um das eigene Pferd, selbstbestimmte Wahl der Reitweise, der Trainer, persönliche Freiheiten)

2. **Dazugehörigkeit, Bindung und Nähe** (Grund- oder auch Urvertrauen entsteht in der Phase der Bindung zu den Eltern. Diese allererste Beziehungserfahrung prägt uns für unser ganzes Leben und für unsere späteren sozialen und Paarbeziehungen. Beispiele: Pferd als Familienmitglied, Pferd als Kind-, Partner-, Beziehungsersatz, Gruppenzugehörigkeit, Zufluchtsort, emotionaler Rückzug, emotionale Bindung und Vermenschlichung)

3. **Anerkennung und Selbstwerterhöhung** (Wachstum, Persönlichkeitsentwicklung in allen Lebensphasen, Lebensziele verwirklichen, reiterliche Erfolge, Turnierteilnahmen, Championate und Meisterschaften, Aktivitäten auf Social Media rund um Pferdethemen, Macht, Prestige, Status)

4. **Lustbefriedigung und Unlustvermeidung** (Lebenslust, Lebensfreude, Hobbyreiten, Events, Messen, Galaabende, Ehrungen, Titelverleihungen, Shows, Reiten zur Erholung, Reiterreisen, Motivationserhalt, Erhalt der Sinnhaftigkeit, Reiten macht Spaß)

Viele Streitigkeiten lassen sich vermeiden, klären oder mit Verständnis für das Bedürfnis des anderen lösen, wenn diese Bedürfnisse bei sich selbst hinterfragt werden. Damit findet sich der eigene Trigger schneller.

Anna hat ein sehr starkes Selbstbestimmungsbedürfnis. Sie will selbst entscheiden, wie, wann, wo, was mit ihrem Pferd passiert. Will ihr jemand ungebeten in ihre Pläne und Vorstellungen hineinreden, ungefragt Tipps oder Ratschläge geben oder gar Belehrungen anbringen, wie „sie müsse ihr Pferd erstmal richtig erziehen", wird ihr Grundbedürfnis Autonomie so stark angegriffen, dass sie sich unter Löwenstress verteidigt und total genervt ist. Übergriffig! Was anderes fällt Anna dazu nicht ein. Kann auch nicht, denn jedes frustrierte Bedürfnis löst starke negative Emotionen aus, die eine neutrale Sicht unmöglich machen. Annas Wahrnehmungsfilter mit der Brille ÜBERGRIFFIG ist aktiv. Er liefert die Emotion Ärger, Wut, Hass. Ihr Verhaltensmuster ist es auszuflippen, harsch zu werden. Anna zeigt Zähne.
Negative Gefühle sagen zuverlässig, ob ein Bedürfnis oder Wert nicht erfüllt ist. Lara hat sich Schutzstrategien und Vermeidungstechniken angeeignet. Hinter diesen Schutzstrategien wie Machtstreben, Kontrollwahn, Perfektionismus versteckt Lara, wer sie wirklich ist, was sie wirklich fühlt, und zeigt nur das Bild von sich, von dem sie glaubt,

dass es mehr anerkannt ist. Will sie selbstbewusster werden, müssen diese Schutzstrategien näher durchleuchtet und ertappt werden. Lara fragt sich bei jeder negativen Emotion, was sie braucht, um sich wohler zu fühlen. Schnell findet sie so das ungestillte Bedürfnis oder den verletzten Wert wie **Annäherung oder Abgrenzung.**

Merke: Sind deine Bedürfnisse gestillt, fühlst du dich gut. Sind sie es nicht, produzierst du negative Emotionen. Deine Emotionen geben dir also immer einen zuverlässigen Hinweis auf deine verletzten Werte und Bedürfnisse.

Wenn ich das Bedürfnis Wachstum habe und am Reitunterricht teilnehmen will, es aber zeitgleich plötzlich mit dem Bedürfnis Lustgewinn kollidiert, weil ich viel lieber bei dem schönen Wetter in den Wald reiten will, dann wäge ich nach Wichtigkeit ab. Das hat nichts mit Faulheit zu tun.

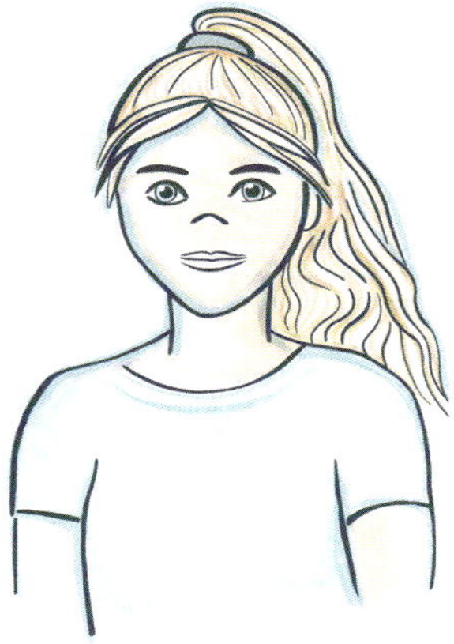

Ähnlich ist es bei den Werten. Über sie definiert sich der Mensch, nach ihnen lebt er. Reiter haben beispielsweise den **Wert Tierschutz** verinnerlicht. Hier kollidiert oft der Wert Tierschutz mit dem Wert sportliche Selbstverwirklichung. Lara entscheidet dann immer pro Pferd.

Übung: **Werte und Bedürfnisse.** Werte und Bedürfnisse sind der Maßstab für alle Entscheidungen. Werte bestimmen die getriggerten Emotionen. Achte mal bewusst auf deine Trigger. Käme ein Verzicht auf dein Bedürfnis in Frage? Wie wichtig ist es, dass sich das Bedürfnis erfüllt? Gehe deine einzelnen Bedürfnisse durch und skaliere sie. Wann immer du in einer Emotion stecken bleibst, skaliere dein Bedürfnis und reflektiere, ob es wirklich wichtiger ist, als deine Zufriedenheit. Mache dir einen Spaß und reflektiere, auf was du bereits auf den Social-Media-Kanälen negativ anspringst. Kommt eine Emotion, hinterfrage, welcher deiner Werte berührt ist. Findest du eine Ansicht eines anderen Reiters irritierend, erforsche seine aktiven Werte- und Bedürfnisbrillen, erkenne, wie sie sich von deiner Brille unterscheiden, bevor du lospolterst, beleidigt bist oder andere verletzt. Jeder ist richtig! Keiner muss so sein wie du! **Niemand muss** die gleichen Ansichten haben! **Du darfst so bleiben wie du bist – der andere aber auch!** Beides geht: **Sowohl-als-auch.**

Finde deine Werte und Bedürfnisse. Kreuze die 12 wichtigsten an, nach denen du dein Leben, dein ICH, dein Reiten definierst. Wenn sie dir bewusst sind, weißt du viel genauer, wann dein Mamaherz oder Löwenherz für oder gegen etwas kämpft, und du kannst entscheiden, ob der Kampf jetzt lebensnotwendig ist, du etwas ändern oder nicht ändern kannst oder deine Energie lieber für andere Dinge nutzt.

Liste typischer Werte und Bedürfnisse bei Pferdemenschen
Kreuze die 12 wichtigsten an

- ☐ Struktur und System
- ☐ Fleiß, Disziplin
- ☐ Fachwissen
- ☐ Pläne und Ziele
- ☐ Leistung
- ☐ Perfektion
- ☐ Sicherheit
- ☐ Anerkennung
- ☐ Ordnung und Regeln
- ☐ Liebe und Glück
- ☐ Fairness
- ☐ Gemeinschaft
- ☐ Teamarbeit
- ☐ Wertschätzung
- ☐ Partnerschaft
- ☐ Harmonie
- ☐ Dankbarkeit
- ☐ Unterstützung
- ☐ Freiheit
- ☐ Spaß und Freude
- ☐ Zufriedenheit
- ☐ Kreativität
- ☐ Authentizität
- ☐ Abenteuer
- ☐ Herausforderung
- ☐ Gelassenheit
- ☐ Humor
- ☐ Erfolg
- ☐ Einfluss
- ☐ Kontrolle
- ☐ Potenzial
- ☐ Unabhängigkeit
- ☐ Sport
- ☐ Macht und Prestige
- ☐ Respekt
- ☐ Vertrauen

(Anmerkung: Tierschutz setzen wir an Stelle 01. Er ist gesetzt und wird hier jetzt nicht weiter einbezogen, weil ich ihn als obersten Wert bei jedem Pferdemenschen voraussetze.) **Mache deine Rangierung:**

1.
2.
3.
4.
5.

Diese Werte und Bedürfnisse, die du an Rang 1 bis 5 hast, bestimmen deine Wahrnehmung, deine Gefühle, deine Gedanken, deine Handlungen und dein Verhalten am meisten. **Wenn dich also etwas in deinem Umfeld stört, dann tut es das erst, weil eines dieser Werte oder Bedürfnisse getriggert ist.** Je wichtiger der Wert, desto stärker fühlst du dich involviert. Jeder Mensch hat andere Werte, andere Rangierungen, andere Emotionen und Gedanken. Wüsste jeder um dieses Prinzip, gäbe es keinen Streit, kein Recht-haben-Wollen und keine Kränkungen mehr.

Merke: Wir alle haben ein Recht auf unsere Bedürfnisse. Keiner hat das Recht, dass ein anderer sie erfüllen muss.

Diese Bedürfnisse stecken hinter deinen Emotionen

Lara hat sich Notizen gemacht, wie sie mehr Verantwortung für sich übernehmen kann. Füge in die dritte Spalte hinzu, wie es bei dir ist. Welches Bedürfnis ist nicht erfüllt? Ergänze mit weiteren Emotionen, die du auf der Skala der Emotionen ≥3 eingekreist hast. Was steht bei dir persönlich wirklich hinter deiner Emotion? Stelle dir typische Situationen vor.

Was steht bei dir hinter deinen Emotionen?		
EMOTION	**VERLETZTES BEDÜRFNIS bei Lara**	**Mein verletztes Bedürfnis ist**
Ärger, Wut	Bedürfnis nach Unterstützung	
Sich angegriffen fühlen	Bedürfnis nach Zugehörigkeit	
Respektlos behandelt fühlen	Bedürfnis nach Anerkennung und Wertschätzung	
Angst, Unsicherheit	Unterstützung, Verständnis, Klarheit, Aufmerksamkeit	
Druck, Stress	Ruhe, Entspannung, Leichtigkeit, Gelassenheit, Aufmerksamkeit	

Trigger

Ein Trigger ist ein Reiz im Außen, der in dir alte emotionale Verletzungen wachrüttelt und emotionale Verhaltensmuster auslöst. Manche Menschen reagieren emotional flexibler auf diverse Trigger, andere gar nicht. Trigger sind weder rational noch sachlich; sie sind **hoch emotional.** Treffen sie auf den Trigger eines anderen Menschen, lösen sie ein Triggerfeuerwerk aus. Der Mensch reagiert über. Im Streit wird sich gegenseitig eine Emotion, ein Schmerz, eine alte Verletzung nach der nächsten um die Ohren gefeuert. Grundsätzlich ist jeder Mensch triggerbar, weil jeder einen sogenannten **wunden Punkt** hat. Dieser wunde Punkt besteht aus alten, schmerzhaften Erfahrungen, frustrierten Enttäuschungsreaktionen, nicht ausgelebten Wutansammlungen, früheren Kränkungen und kann jederzeit neu explodieren. Auf dem Pferd, neben dem Pferd, vor der Prüfung, in der Prüfung. Der Ort und die Zeit sind der Trigger-Emotion egal.

Trigger lieben wunde Punkte:

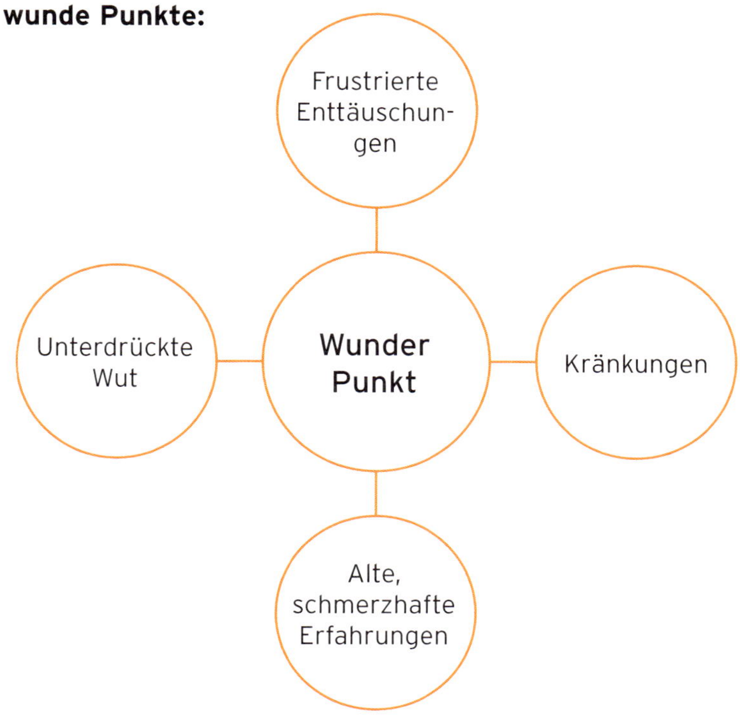

Wunde Punkte in der Seele müssen von innen heilen. Es genügt nicht, ein Pflaster darüber zu kleben oder mal kurz zu pusten.

Merke: Trigger und Spiegelneuronen sind deine Interpretation und deine Wahrnehmungsfilter, mit denen du den Reiz im Außen bewertest.

Welche wunden Punkte sind bei dir wie ein Pulverfass? Wann treten die Trigger auf?

Diese wunden Punkte habe ich	In dieser Situation treten meine Trigger auf

Sobald dir diese Verbindung bewusst wird, kannst du bereits viel emotionales Drama rausnehmen, weil du erkennst, dass du für deine Emotionen verantwortlich bist. Stimme zu, wie es ist. Ja, ich habe diesen Trigger, und jetzt suche ich nach einer Lösung! Würdest du diesen Schritt übergehen, würdest du vor lauter negativen Emotionen im Problem stecken bleiben.
Wenn Lara sich beim Reiten über sich selbst ärgert, weil sie die Trainerin einfach nicht versteht, dann ist das ein Trigger aus längst verdrängten Tagen. Die Schutzstrategie, sich mit dem Trigger und der Emotion nicht auseinanderzusetzen, ist die Brille NORMAL. Das ist normal, die Trainerin im Reitunterricht nicht zu verstehen. Das ist normal, sich über sich selbst zu ärgern. Sowas kommt vor. Lara glaubt es und setzt sich dadurch nicht mit ihrem Ärger auseinander. Täte sie das, würde sie den wunden Punkt „Ich glaube nicht an mich" finden.
Dann erst könnte sie eine emotionale Neubewertung oder Lösung für ihr immer wiederkehrendes Problem finden. Die Lösung ist, sich selbst lächelnd zu vertrauen und die wahre Freude (nicht die ironische, oder das Weglachen) am Reiten bei jeder Technikblockade in den Vordergrund stellen. Tut sie es nicht, wird ihr Verhaltensmuster und ihr Ärger zu einer Dauerschleife. Es wird sich im Unterricht nichts ändern. Lara wird wieder und wieder Probleme bekommen, weil sie davon überzeugt ist, zu dumm zum Verstehen zu sein. Lara kann den **Trigger unterbrechen,** wenn sie die Situation mit neuen, positiven Emotionen durchlebt. Erst die positiven Emotionen öffnen ihr **neue Entwicklungsmöglichkeiten,** weil das Kopfkino unterbrochen wird.

TRIGGER

WICHTIG: Wenn du den Unterschied nicht kennst, glaubst du, es ist normal. Immer wiederkehrende Probleme sind aber nicht normal. Sie haben etwas mit dir zu tun. Weil du glaubst, es ist normal, hast du noch nicht nach einer Lösung gesucht für ein Problem, von dem du glaubst, es sei normal.

Überlege, was du im Streit, bei Wut, Frust, Selbstzweifeln, bei aktiven Triggern am liebsten machen würdest. Was passiert da mit dir, wenn dein Pferd in der Nähe ist? Wie verhältst du dich? Ertappe dich. Kreise ein und füge hinzu:

Das sind meine emotionalen Verhaltensmuster bei aktiven Triggern			
Weglaufen oder wegreiten	Erstarren und sprachlos sein	Weinen, hysterisch werden	Etwas zerstören
Alle Menschen aus meinem Leben eliminieren	Mich selbst bemitleiden	Mich in der Mähne meines Pferdes verstecken	Mich in der Box an mein Pferd klammern, weil es der Einzige ist, der mich versteht
Um mich schlagen, Beschimpfen	Hilflos und unsicher auf Unterstützung erwarten	Ignorieren	Trost suchen, Mitleid wollen
Mich schämen	Nicht sagen zu können, was ich will; gelähmt sein	Den Stall wechseln	Unklar werden, ausweichen, gute Miene machen

Rätsel A: Es klingelt. Vor der Tür steht ein Trigger. Lara öffnet die Tür. Der Trigger übersät sie mit Triggern. Lara schlägt kurzum die Tür zu. Anna fragt neugierig, was denn war? Was antwortet Lara clever?

Gehe deine einzelnen, typischen Triggerreaktionen gedanklich noch einmal durch. Ertappe deine innere Verletzung. Was wurde tief in dir vor vielen Jahren verletzt oder gekränkt? Wo hattest du damals keine andere Lösung gesehen, als dich so zu verhalten?

Entkräfte Trigger, indem du die gegenwärtige Situation mit der vergangenen Situation vergleichst und deine Interpretationen aufdeckst und feststellst, dass sich die neue Situation unterscheidet. **Heute** kannst du dich anders verhalten. **Heute** kannst du sagen, was du willst, was du brauchst, was gut für dich ist und was dich stört. Heute hast du viel mehr Handlungsspielraum. **Heute** erkennst du deine Trigger und kannst sie einem Check unterziehen, ob es nicht noch eine andere Reaktionsmöglichkeit gibt. **Heute** weißt du, wann dich etwas triggert und wie du denken musst, damit du dich noch weiter in den Trigger hineinsteigerst. Jetzt kannst du in Ruhe überlegen, wie du denken musst, um gelassen zu bleiben.

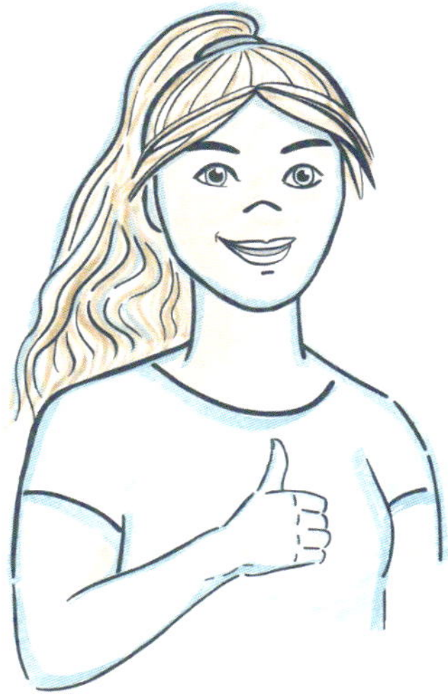

Seitdem ich meine Trigger kenne, weiß ich, wie ich im Training und auf dem Turnier gelassen bleiben kann und wieder Ruhe in mich und Ruby bekomme.

Übung: **Schreibe ein Trigger-Tagebuch.** Identifiziere die auslösenden Reize. Notiere dir die Situation, den Reiz und wie du dich gefühlt hast. Welche körperliche Reaktion hattest du und wie hast du dich verhalten? Welche Gedanken hattest du und was waren deine Bewertungen über den Reiz?

Trigger-Tagebuch					
Reiz	Emotionen	Körperliche Reaktion	Mein Verhalten	Gedanken	Bewertungen

Entlarve deine Erwartungen und Enttäuschungen

Erwartungen existieren nur im Kopf. Es sind die eigenen Gedankengeschichten. Vielfach stehen hinter Erwartungen Prägungen aus der eigenen Erziehung, weil man als Kind die Erwartungen der Eltern und Lehrer und Bezugspersonen erfüllen musste und tat man es nicht, Vorwürfen ausgesetzt war.
Auch Lara wuchs auf mit dem Glauben, Erwartungen, Enttäuschungen und Vorwürfe seien normal. **Ein Irrglaube**! Es sind Geschichten des eigenen Egos über die eigene Erwartungshaltung.
Lara und Anna wünschen sich mehr Beachtung von anderen. Sie haben eine Kontrollerwartung, dass andere auf eine bestimmte Art reagieren, antworten, sich verhalten müssen. Zeitgleich hassen sie es, wenn sie von anderen bevormundet, zurechtgewiesen, kontrolliert, erzogen, ermahnt, unterdrückt, kritisiert werden, strammstehen oder Rede und Antwort stehen müssen. Ein **Erwartungsdilemma.**

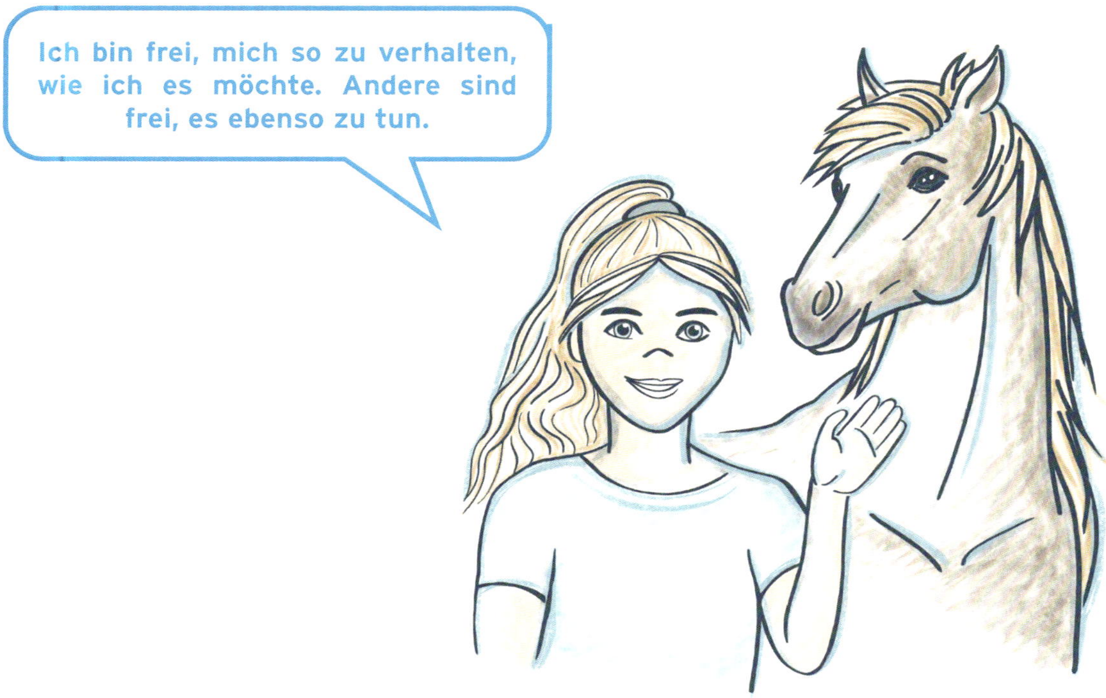

Die 5 häufigsten Fehler, die Lara ihr Leben lang gemacht hat und Enttäuschung erntete:

1. **Sich über sich selbst zu ärgern**
2. **Erwarten, dass jemand anderes sie glücklich macht oder ihre Bedürfnisse erfüllt**
3. **Erwartungen anderer entsprechen zu wollen oder sich selbst unter Druck setzen**
4. **Andere Menschen verändern zu wollen, sodass sie Laras Erwartungen und Vorstellungen entsprechen**
5. **Erwarten, dass das Pferd funktioniert, wie es im Buch steht – ohne eigene Persönlichkeit**

Merke: Vorwürfe sind Bewertungen und die Folge von nicht erfüllten Erwartungen. Erwartungen drücken immer nur die eigene innere Haltung aus. Erwartungen sind der eigene Stress.

Das Ergebnis dieser fünf häufigsten Fehler ist immer die Enttäuschung. Der kostenlose Nebeneffekt von Enttäuschungen ist Misstrauen, Angst und Ärger. Die Folge, Lara bildet die Schutzstrategie MISSTRAUEN. Misstrauen soll sie vor allen kommenden Enttäuschungen bewahren. Sie misstraute sich selbst, mit Ruby ihre Ziele zu erreichen; sie ärgerte sich über ihre Fehler, sie ärgerte sich maßlos über andere Menschen und gab ihnen die Schuld an ihrem Emotionschaos; sie setzte viel Energie und Kraft ein, andere Menschen zu belehren. Leider hat ihr Ego da etwas Entscheidendes vergessen: Weder das Misstrauen noch negative Emotionen eliminieren Enttäuschungen. Misstrauen macht die Erfahrung von Enttäuschung leider auch nicht weniger schmerzhaft.
Misstrauen schleicht sich auch nach einem Sturz oder nach Unfällen mit dem Pferd ein. Es übernimmt sofort die Führung. Der Verstand glaubt, dass es für Lara mit Misstrauen sicherer ist als mit naivem Vertrauen. Es erscheint ihm die cleverste Lösung, Lara vor weiteren körperlichen und emotionalen Verletzungen zu schützen. Ein Gedankenirrtum! Diese Schutzstrategie schützt nicht vor neuer Angst oder weiteren Enttäuschungen. Weder Vertrauen noch akribisches Misstrauen schützen den Reiter vor Sturz, Verletzungen, Ärger, unerfüllten Erwartungen, Erfahrungen, Unglück oder Stress. Lara kann die fünf häufigsten Fehler abstellen, indem sie wieder vertraut – sich selbst, ihren Reitkünsten, ihrem Pferd. Mit Vertrauen können negative Emotionen nicht existieren und im Vertrauen liegt der Fokus bei den eigenen Stärken, nicht bei den Schwächen, Ängsten, Sorgen. Auch wenn das Vertrauen nicht vor einem Sturz oder einer Enttäuschung schützt, so kann die gemeinsame Zeit mit Vertrauen weitaus attraktiver, effektiver und zielführender gestaltet werden. Im Vertrauen eignet Lara sich schneller neues Wissen an. Je größer die Fachkompetenz, desto geringer werden Enttäuschungen.

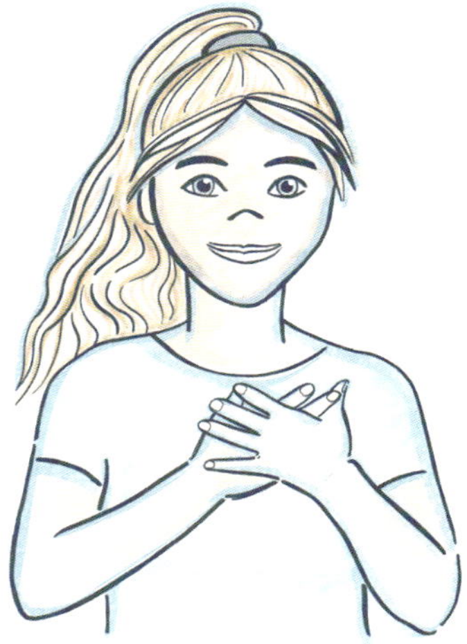

Merke: Wenn du vertraust, wirst du genauso enttäuscht, wie wenn du misstraust. Beides schützt nicht vor einer Enttäuschung. Die gemeinsame Zeit mit Vertrauen zu gestalten, ist weitaus effektiver und emotional erfüllender als sie durch die Qualität von Misstrauen in eine rückläufige Lernkurve zu lenken.

Laras Erwartungen an sich selbst sind ihre Messlatte für Erfolg oder Scheitern. Sie will sich etwas beweisen. Wenn das, was tatsächlich eintritt, nicht das ist, was sie erwartet hatte, ist Lara enttäuscht. Auch dann, wenn niemand irgendwelche Erwartungen an sie hatte.
Lara empfindet die Bewertung, zum Beispiel auf einem Turnier, immer als Urteil, wie gut sie und Ruby zusammenpassen. Je mehr sie sich anstrengt, desto sensibler reagiert sie auf jede einzelne Notenvergabe. Sie nimmt vieles als persönliche Abwertung wahr. Diese Wahrnehmungsbrille verschlechterte ihr Selbstbewusstsein. Sie hatte die Distanz verloren, dass die Benotung nur ein Fremdwert, eine Zahl, eine subjektive, nicht allgemeingültige Einschätzung war, die nichts, aber auch rein gar nichts über ihren Selbstwert oder den Wert von Ruby aussagte. Der eigene Druck brachte sie in die emotionale Achterbahn. Gefühle von persönlichem Versagen entflammten. Sie hatte Angst, nicht platziert zu werden, nach Hause zu fahren, sich schon beim Abladen rechtfertigen zu müssen, obwohl doch eh schon alle die Noten im Internet gestalkt hatten. Ihre Gedanken brachten sie nur noch tiefer in das Emotionschaos. Und der Stress nach der Prüfung durch das Zittern um eine Schleife war mindestens genauso stark wie die Anspannung vor der Prüfung!

Womit ziehst du dich runter? Welche Erwartungen stellst du an dich selbst und machst dir dadurch nur selbst Stress?

Prüfe, ob deine Erwartungen an dich realistisch sind. Lasse Enttäuschungen nicht deine Reitqualität beeinflussen. Wie lange du enttäuscht sein möchtest, bestimmst du selbst. Lasse die Enttäuschung weiterziehen. Sie hält dich nur auf. Du kannst Vergangenes nicht mehr ändern. Du kannst nur den Umgang mit deiner Enttäuschung ändern und dein Reiten optimieren, weil du jetzt weißt, was nicht funktioniert hat.

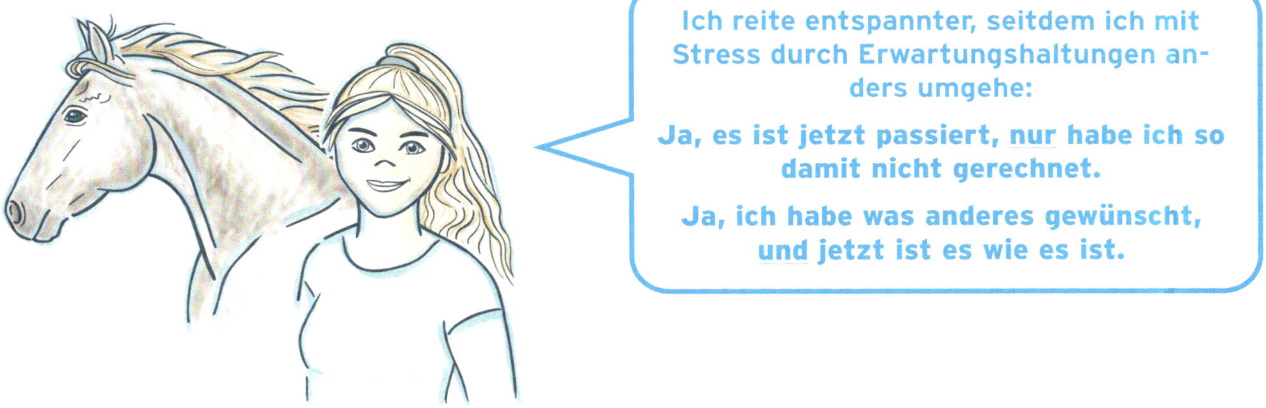

Wie erreichbar sind deine eigenen Erwartungen?
Es kommt vor, dass Lara ihre Vorhaben oder den Anspruch an ihre Ziele zu hoch gesteckt hat. Das weiß sie aber immer erst hinterher, wenn die Enttäuschung groß ist. Irgendwann war sie es leid, sich ständig über sich selbst und ihre nicht erreichten Erwartungen zu enttäuschen und sich selbst die Freude zu nehmen. Sie änderte etwas. Heute notiert Lara sich kleine Schritte, manchmal auch Mini-Schritte, die sie erreichen will. Plötzlich kann sie die Erfahrung machen, dass auch die kleinsten Schritte große Wirkungen bei Ruby erzielen und alle in die richtige Richtung führen. Ihre neue Richtung ist: Erfolg durch Zufriedenheit.

Übung: **Notiere dir in deinem Notizbuch kleine Schritte und minikleine Schritte für dein Training oder deine Turniere. Fokussiere dich auf das Erreichen dieser Mini-Schritte.** Feiere dich für jeden noch so unscheinbar wirkenden Teilerfolg. Es ist am Ende das Ganze mit deinem persönlichen Weg dorthin, das dein Selbstbewusstsein und dein Selbstvertrauen stärkt. Andere mögen andere Wege gehen. Bleibe du deinem Weg treu. Es ist nicht wichtig, ob sie deine Teilerfolge wahrnehmen. Wichtig ist, dass dein Herz und dein Pferd sie spüren. Mini-Schritte waren für Lara ein **Icebreaker.** Sie lernte, ihren Fokus nicht ständig auf die Erwartung zu legen, alles müsse gelingen. **Mini-Ziele** wurden für sie ein **Anker:** Mal waren es nur die Übergänge, mal waren es nur die korrekten Bahnlinien, mal war es nur die Losgelassenheit, mal nur das ruhige Halten, mal nur das eigene Atmen oder die eigene aktive Einwirkung. Irgendwann fügte sich alles wie ein Puzzle, weil ihr Pferd atmen lernte und sie **gemeinsam** im Viereck ankamen.

Merke: Enttäuschung kann nur stattfinden, wenn du eine Erwartung hattest.

Übung: Welche Mini-Schritte haben dir den Erfolg deiner eigenen Richtung schon bestätigt? Schreibe sie in dein Notizbuch. Füge über mehrere Wochen jeden neu erreichten Schritt hinzu. Falls du irgendwann entmutigt bist und dich dem Gefühl einer Enttäuschung hingibst, erinnere sich an diese Liste und schaue, was du schon alles erreicht hast.

Prüfe, ob deine Erwartungen etwas mit anderen Menschen zu tun haben. Wo willst du die Erwartungen anderer erfüllen, sie stolz machen? Weil du unterbewusst glaubst, nur geliebt zu werden, den Job zu behalten, das Pferd reiten zu dürfen, im Kader zu sein, jemandem zu gefallen, am Stall anerkannt zu sein, wenn du etwas Tolles leistest. Wer freut sich, wenn du seine Erwartungen erfüllst?

☐ Mama	☐ Papa	☐ Trainer
☐ Chef	☐ Besitzer	☐ Kaufinteressent
☐ Richter	☐ Zuschauer	☐ Sponsor
☐ Geschwister	☐ Freunde	☐ andere

Nimm dir den Stress raus, nach Zustimmung und Anerkennung zu hecheln. Es gibt Menschen, die sind hocherfolgreich, weil sie nicht auf der Welt sind, die Erwartungen anderer zu erfüllen. Sie kümmern sich um sich selbst. Um ihre Träume. Um ihr Glück. Sie stehen hinter ihrer eigenen Philosophie und stärken damit ihr Selbstbewusstsein. Sie enttäuschen sich nicht selbst und setzen sich auch nicht so unter Druck, dass sie selbst ihre eigenen Ziele nicht erreichen. Das ist clever. Du bist liebenswert, auch ohne Erwartungsdruck. Von deinem Pferd bekommst du immer Liebe, du musst dafür nicht erst etwas leisten. Tauche ein in dieses wahre Gefühl bedingungsloser Liebe.

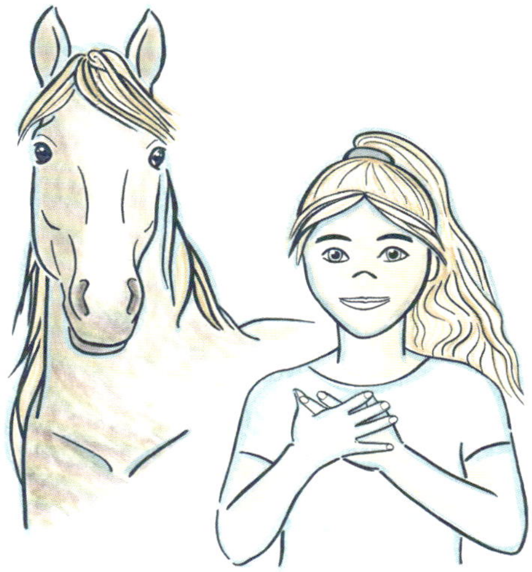

Ich bin OK, so wie ich bin. Ich kann niemanden enttäuschen. Es ist nur eine Form der emotionalen Erpressung. Der andere enttäuscht sich selbst, weil es seine Erwartungen waren, die sich nicht erfüllten.

Welche Erwartungen, wie andere Menschen sich verhalten sollen, gehen deinen Enttäuschungen typischerweise voran? Gehe deine Vorwürfe durch. Wem gibst du die Schuld, wenn du enttäuscht bist?

____

____

____

____

____

____

Warum dürfen andere nicht sein, wie sie sind? Finde konkret heraus, was deine Enttäuschungen mit deinen Gedanken und Werten zu tun haben. Lara beispielsweise lehnt Menschen ab, die ihr Pferd einfach so verkaufen. Für sie ist das moralisch inakzeptabel. Es wirkt der **Wert Familie.** Solche Menschen dürfen nicht sein. Lara würde lieber sterben, anstatt sich von ihrem Pferd zu trennen. Anna findet diese Einstellung absolut übertrieben. Ihr **Wert Partnerschaft** ist aktiv: Es gibt in einer Partnerschaft keine Sicherheit, Garantie oder rechtsgültige Forderung, sich niemals zu trennen. Anna muss nicht erst sterben, um sich von einem Pferd zu trennen. Bevor sie finanziell, materiell, physisch oder psychisch zugrunde geht, ihr Pferd die Qualität ihres Lebens untragbar macht, trennt sie sich von ihrem Pferd ganz ohne Rechenschaft. Denn wenn es ihr schlecht geht, dann trägt sie zu allererst Verantwortung für sich selbst. Denn wenn es ihr schlecht geht, trägt sie keine mehr für das Pferd.

Warum dürfen bei dir andere nicht sein, wie sie sind? Tipp: Meistens sind es moralische Instanzen.

____

____

____

____

Gestaltest du dein Umfeld vorwurfsfrei? Fülle die Skala nach der Übung „Ein Tag ohne Bewerten" aus:

Skala zur Einschätzung des eigenen Sammelsuriums an Vorwürfen

1 = Ich mache niemals Vorwürfe.
10 = Ich mache mehrmals täglich unzählige Vorwürfe.

① ② ③ ④ ⑤ ⑥ ⑦ ⑧ ⑨ ⑩

Übung: Ein Tag ohne Bewerten. Wer nicht bewertet, hat keinen Stress. Ertappe mal deine Bewertungen, die du für und über alles und jeden hast. Achte 12 Stunden lang bewusst darauf, was du alles für kritikwürdig hältst. Mache eine Strichliste. Am nächsten Tag achte 12 Stunden bewusst darauf, was du alles für selbstverständlich hältst. Notiere es. Lara ist aufgefallen, dass sie mehr kritisiert und bewertet, Vorwürfe und Erwartungen hat. Das ist ihre Brille. Die Brille am zweiten Tag zu wechseln und wahrzunehmen, was gut läuft, war herausfordernd. Die volle Strichliste war ebenfalls erschreckend. Ab sofort will Lara mehr innere Ruhe und Freundlichkeit zeigen, besonders sich selbst gegenüber. Ohne Bewertungen kann sie nämlich Fehler verzeihen.

Ohne Erwartung gibt es keinen Stress, keine Täuschung über die Erwartung, keine Enttäuschung.

Hat Lara Erwartungen und treten diese nicht ein oder gehen nicht in Erfüllung, erliegt sie ihrer eigenen Täuschung über ihre eigene Illusion. **Sie hat sich in ihrer Erwartung getäuscht und selbst wieder ent-täuscht.** Das will Laras Ego natürlich nicht zugeben und schiebt die Schuld auf jemand anderen, der für die Enttäuschung verantwortlich sein muss. **Der Denkirrtum ist:** Niemals kann ein anderer Mensch oder Ruby schuld an deiner Enttäuschung sein. Es ist Laras Illusion, ihre fiktive Erwartung, nur sie kann sich darüber täuschen und auch wieder ent-täuschen. Ein anderer hat damit nichts zu tun. Auch dann nicht, wenn ihre Eltern ihr etwas anderes eingeredet haben, ihr allzu oft Schuldgefühle infiltriert haben, die zur Folge hatten, dass sie wirklich glaubte, an der Enttäuschung ihrer Eltern schuld zu sein. Dass sie wirklich glaubte, eine Enttäuschung für andere Menschen zu sein. Dass sie wirklich glaubte, Menschen müssen Erwartungen anderer Menschen erfüllen. Es sind aber nur Gedanken ausgelöst durch manipulative Emotionen in Kombination mit psychologischen Machtspielen (Es nennt sich: „Solange du die Füße unter meinen Tisch stellst …", „Solange ich dein Pferd finanziere …", „… solange machst du das, was ich dir sage!") Löse sie auf. Sie funktionieren nur in der inneren Haltung: Eltern-Ich zu Kind-Ich.

Merke: Die eigenen Erwartungen entscheiden immer über deine Enttäuschungen! Deine Täuschungen bestimmen deine Zufriedenheit! Ein anderer Mensch kann dich nicht enttäuschen. Das machst du selbst. Die Wahrheit liegt bereits im Wort: ent täuschen = sich der Täuschung seiner eigenen Illusion entledigen.

Rätsel B: Was ist die stärkste Folge von langanhaltender Enttäuschung?

Wie kannst du das nächste Mal gelassener reagieren, wenn sich jemand nicht so verhält, wie du es gern möchtest?

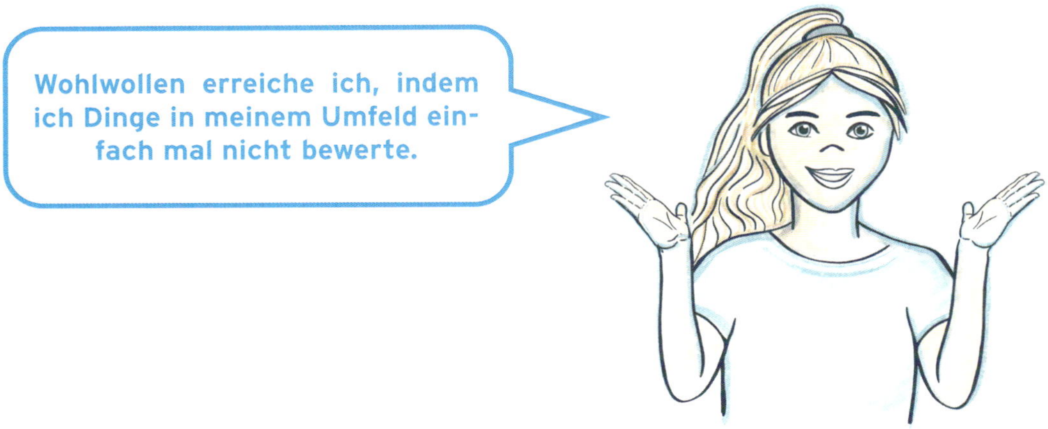

Übung: **Trainiere dich gelassen, wenn Menschen dich nerven.** Das machst du in zwei Teilen.

Teil 1: Unterstelle mental allen Menschen in deinem Umfeld etwas Wohlwollendes. Denen, die dich ärgern oder nerven, unterstelle doppelt wohlwollende Absichten. Alle wollen das Allerbeste für dich. Stelle es dir gut vor. Wenn du fertig bist, spüre deinem Wohlbefinden kurz nach. **Wie fühlt sich das an, wenn alle Menschen dir wohlgesonnen sind?**

Teil 2: Dieselben Menschen, dieselbe Situation. Unterstelle allen Menschen in deinem Umfeld nun böse Absichten. Spüre auch hier deinen neuen Gefühlen nach.

Du wirst merken, dass der einzige Unterschied in der Art deiner Emotionen besteht. Test 1 und Test 2 beweisen deine Gedankenkonstrukte. Dein Körper reagiert, deine Emotionen folgen. Veränderst du deine innere Haltung, verändert sich dein Wohlbefinden.

Merke: Wie du über Menschen denkst, welche Erwartungen du hast, welche Urteile du vornimmst, erschafft deine eigenen Emotionen und beeinflusst dein Wohlbefinden.

Ertappe deine Erfolgs-Verhinderer-Glaubenssätze

Gedanken, Redewendungen, Merksätze, Sprüche, Moralvorstellungen, Prinzipien und Regeln haben großen Einfluss auf die Reitqualität. Lara müsste sich nur mal bewusst werden, was so alles an hinderlichen Glaubenssätzen in ihrem Kopf herumschwirrt. Positive Glaubenssätze beflügeln, machen selbstbewusst und selbstsicher und unterstützen das Erreichen von Zielen. Negative Glaubenssätze verhindern die Verwirklichung von Zielen und liefern zudem negative Erfahrungen. Würde Lara sie ertappen, würde vermutlich kaum einer der **rationalen Überprüfung** auf Wahrheitsgehalt oder Allgemeingültigkeit standhalten. Ein Beispiel ist der Glaubenssatz, immer nur von links aufsteigen zu müssen.

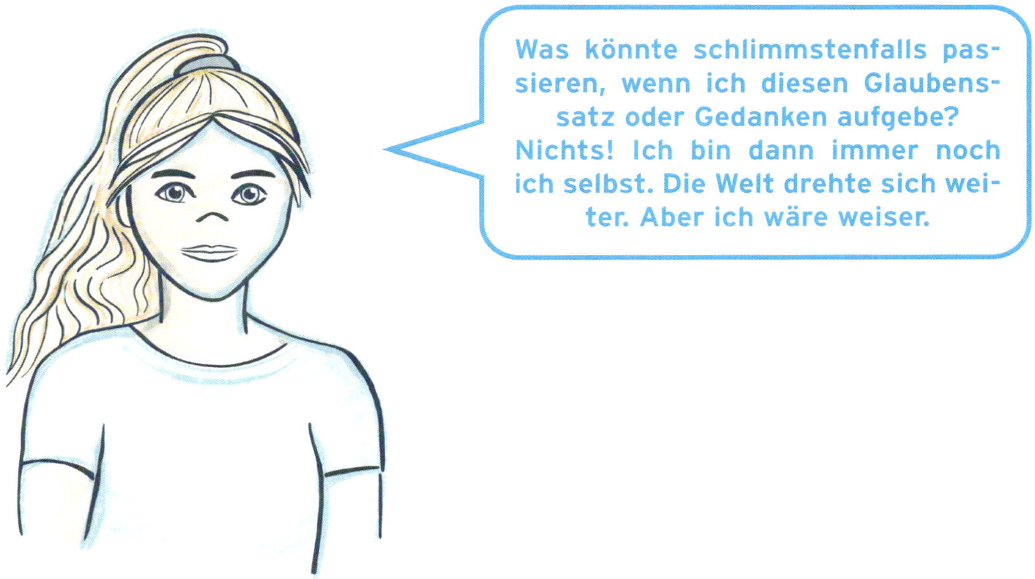

Je häufiger Lara ihr Gehirn mit **Denkirrtümern** füttert, desto größer und stärker wirken sie in ihr, weil sie ihnen eine neuronale Autobahn baut und immer wieder von Prinzipien spricht. Im neuronalen System wird nur integriert, was sich immer und immer wieder verstärkt und einen Platz in der Gehirnlandkarte bekommt. Sind Glaubenssätze mit starken Emotionen abgespeichert, verschwinden sie nie ganz, denn dann werden sie im Unterbewusstsein gespeichert. Sie warten nur auf den Moment durch einen Trigger aktiv zu werden.

Merke: Je häufiger etwas wiederholt wird, desto vertrauter wird es, desto mehr liebt das Gehirn es. Wenn du also etwas mögen lernen willst, musst du es dir nur vertraut machen.

Lara stellt fest, dass sie manchmal gar nicht weiß, dass sie von einem **Glaubenssatz** geleitet wird. Sie glaubt so fest an etwas, was ihr auf rationaler Ebene, also mit Gegenargumenten, nicht ausgeredet werden kann. **Glaubenssätze sind aber wandelbar. Sie haben etwas mit Zeitgeist zu tun und sind somit flexibel wandelbar.**

Kreuze an, wenn auch du diese typischen unbewussten Überzeugungen wie Lara hast und sie noch nie hinterfragt hast.
Laras Erfolgs-Verhinderer-Glaubenssätze (warum sie nichts mit Rationalität zu tun haben und wie das Hinterfragen von Glaubenssätzen funktioniert, erfährst du im Anhang ab S. 188):

- ☐ **Man unterbricht Erwachsene beim Reden nicht.**
- ☐ **Das passiert halt mal/das passiert einfach.**
- ☐ **Mit der Zeit lebt man einfach damit.**
- ☐ **Morgen ist wieder alles beim Alten.**
- ☐ **Schlechte Tage muss es geben.**
- ☐ **Das war schon immer so.**
- ☐ **Das ist ganz normal.**

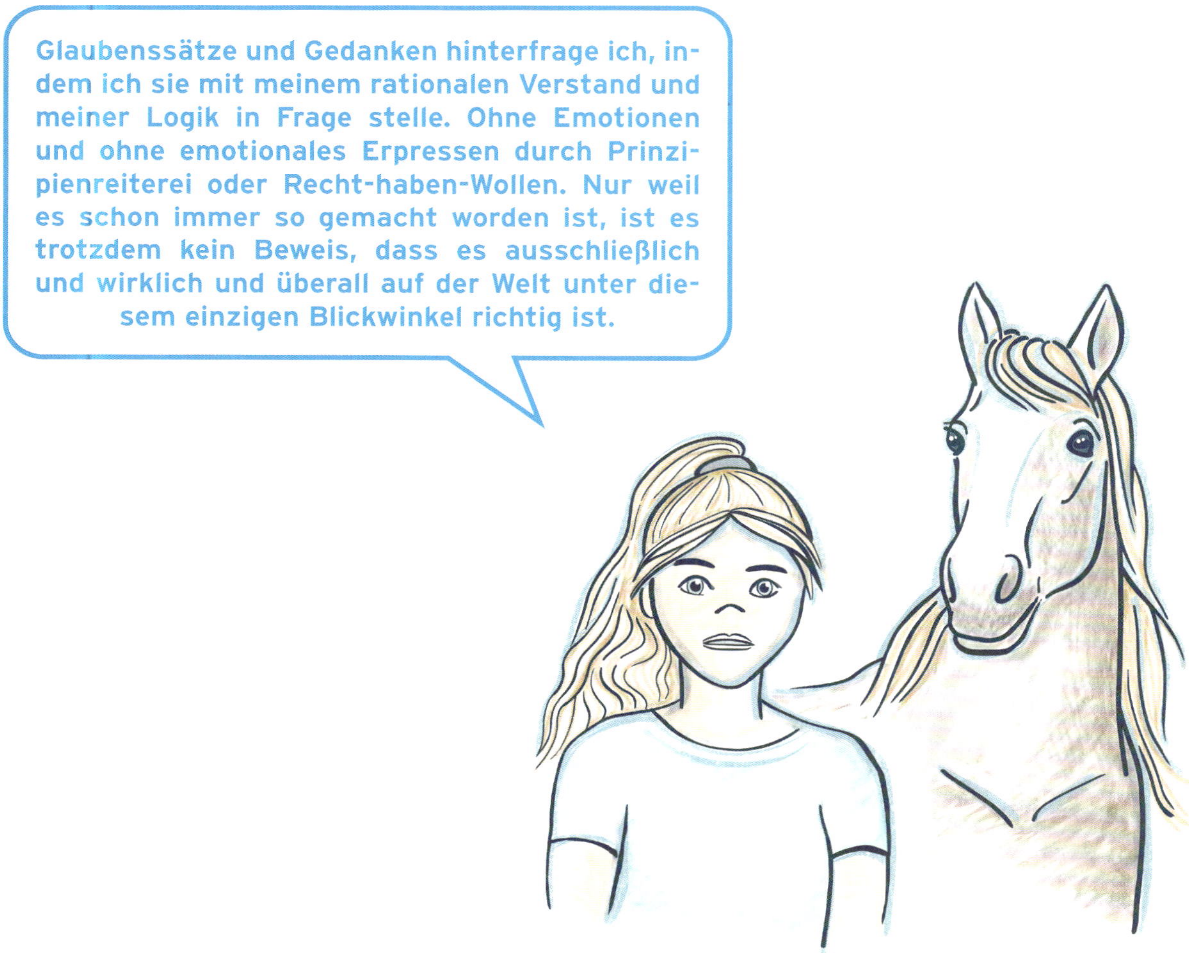

Lara hat einige positive und negative Glaubenssätze. Beachte die Menge der negativen! Kreuze deine an und ergänze.

Positive Glaubenssätze	Negative Glaubenssätze
☐ Frauen sind Superheldinnen.	☐ Ich bin nicht gut genug.
☐ Frauen sind einfach wunderbar.	☐ Ich bin dumm.
☐ Reiten ist eine tägliche Freude.	☐ Ich muss perfekt sein.
☐ Reiten ist erfüllend.	☐ Ich lerne das nie.
☐ Ich darf Gefühle zeigen.	☐ Ich bin ein Fehler.
☐ Misserfolg ist eine wertvolle Lernerfahrung	☐ Ich bin ein Pechvogel.
☐	☐ Ich muss gehorchen.
☐	☐ Ich bin nicht wichtig.
☐	☐ Ich bin nicht liebenswert.
☐	☐ Ich störe.
☐	☐ Ich darf nicht verlieren
☐	☐ Erfolg haben immer nur die anderen.
☐	☐ Fehler beweisen, dass ich immer alles falsch mache.
☐	☐ Reiten ist nur was für Reiche.
☐	☐ Ich bin weniger wert als andere.
☐	☐
☐	☐
☐	☐
☐	☐

Übung: Tut der Glaubenssatz dir gut oder hindert er dich an deinem Vorankommen? Frage dich, ob der Glaubenssatz wahr ist. Stimmt das wirklich, was du gerade denkst? Stelle dir vor, du schließt deine Augen und nachdem du sie wieder geöffnet hast, gibt es keine Regeln, keine Glaubenssätze, keine Prinzipien mehr. Alles, von dem du glaubtest, wie das Leben und das Reiten funktionieren, was sein darf und was nicht sein darf, was angeblich nur funktioniert, weil die Regeln dazu da sind, wären alle nicht mehr da. Ausgelöscht, niemals erfunden. Stelle dir nun vor, du siehst all die Möglichkeiten, die dein Reiten bietet. Welche Vision von dir und deinem Pferd würdest du dann erfüllen?

Fühle, welche Macht deine Gedanken auf dich und deine Entwicklung haben. Fühle, wie viel mehr du sein kannst, wenn du positiv denkst und dich emotional positiv ausrichtest.

Suche unterstützende Glaubenssätze

Bist du bereit, ungünstige Glaubenssätze loszulassen?

Wandle deine ungünstigen Glaubenssätze. Markiere und schreibe dir deine neuen Glaubenssätze in dein Notizbuch.

Unterstützende Glaubenssätze finden	
Alter, blockierender Glaubenssatz	**Gewandelter, neuer Glaubenssatz**
Wenn ich glaube ...	**Dann denke ich ab sofort ...**
Mein Chef nutzt mich aus.	Ich achte mich, ich werde geachtet und ich sorge für meine Achtung.
Meine Arbeit ist zu stressig.	Heute beweise ich mir, meine Arbeit entspannt zu machen.
Die anderen nerven mich.	Ich schaue mir das Beste von ihnen ab.
Ich bin nicht gut genug.	Ich bin es wert, reiten zu lernen, mich zu verbessern.
Ich schaffe das nicht.	Es wird mir gelingen.
Ich werde nie Erfolg haben.	Ich bin bereits ein Erfolg und alles, was ich unternehme, wird ab sofort ein Erfolg.
Ich muss mich um alles kümmern.	Jeder sorgt für sich selbst am besten.
Der Richter mag mich nicht.	Ich weiß, dass ich wertvoll bin.
Ohne Kritik ändert sich nie was.	Ich bin allen Meinungen gegenüber aufgeschlossen und kann gleichzeitig meine Meinung behalten.
Ich muss alles so machen, wie andere es wollen.	Wir sind gleichwertig und auf Augenhöhe darf jeder machen, was für ihn richtig ist
Wer anderen schadet, muss Sühne tun.	Ich habe gehandelt, wie es mein damaliges Wissen für richtig hielt.
Ich habe Angst, abgelehnt zu werden.	Ich liebe und akzeptiere mich selbst.
Ich weiß nicht, wie es richtig geht.	Reiten wird von Tag zu Tag leichter.
Ich kann nicht Nein sagen.	Die anderen werden meine Entscheidung respektieren.
Ich habe Angst vor Ausritten.	In völliger mentaler Sicherheit erkunde ich mit meinem Pferd meine Umgebung.
Ich schäme mich meiner selbst.	Ich löse mich von einschränkenden Glaubenssätzen. Ich bin ein Wunder und einzigartig.
Ich kann meine Bedürfnisse nicht sagen.	Ich drücke meine Bedürfnisse mit Freude aus.
Ich habe Angst.	Ich gebe mir die Erlaubnis, Reiten zu genießen.
Ich habe Recht und du hast Unrecht.	Richtig und falsch sind subjektive Urteile und Bewertungen. Jeder hat Recht. Und jeder hat Unrecht. Nur, manchmal ist das andere besser geeignet.
Das ist alles deine Schuld.	Jeder trägt zu seinen Teilen Verantwortung für sein Handeln und sein Nicht-Handeln.
Rache ist süß.	Ich vergebe, damit ich mich besser fühle, ob sie es verdienen oder nicht.
Du/das/es stresst mich.	Ich löse mich mühelos von meinem Stress.
Ich muss perfekt sein.	Ich liebe Wachstum und persönliche Entwicklung.
Ich bin so ein Trottel.	Ich werde von Tag zu Tag besser.
Es gibt so viele dumme Menschen.	Ich liebe es, wie Menschen ihre Einzigartigkeit ausdrücken.
Ich bin unsicher.	Ich treffe stets die für mich richtigen Entscheidungen.
Keiner achtet auf meine Bedürfnisse.	Ich lasse mich nicht mehr stören.
Prüfungen reiten macht Angst.	Ich entspanne mich und reite mit Freude.

SCHRITT 2
ENT-SABOTIERE DICH GLÜCKLICH

Erinnere dich, dass du deinen emotionalen Misthaufen und deine mentalen Bergmonster selbst zu unüberwindbaren Gebirgen angehäuft hast. Du selbst kannst sie auch wieder abtragen oder Brücken bauen, damit dein Glück dich sieht.

MICHAELA KRONENBERGER

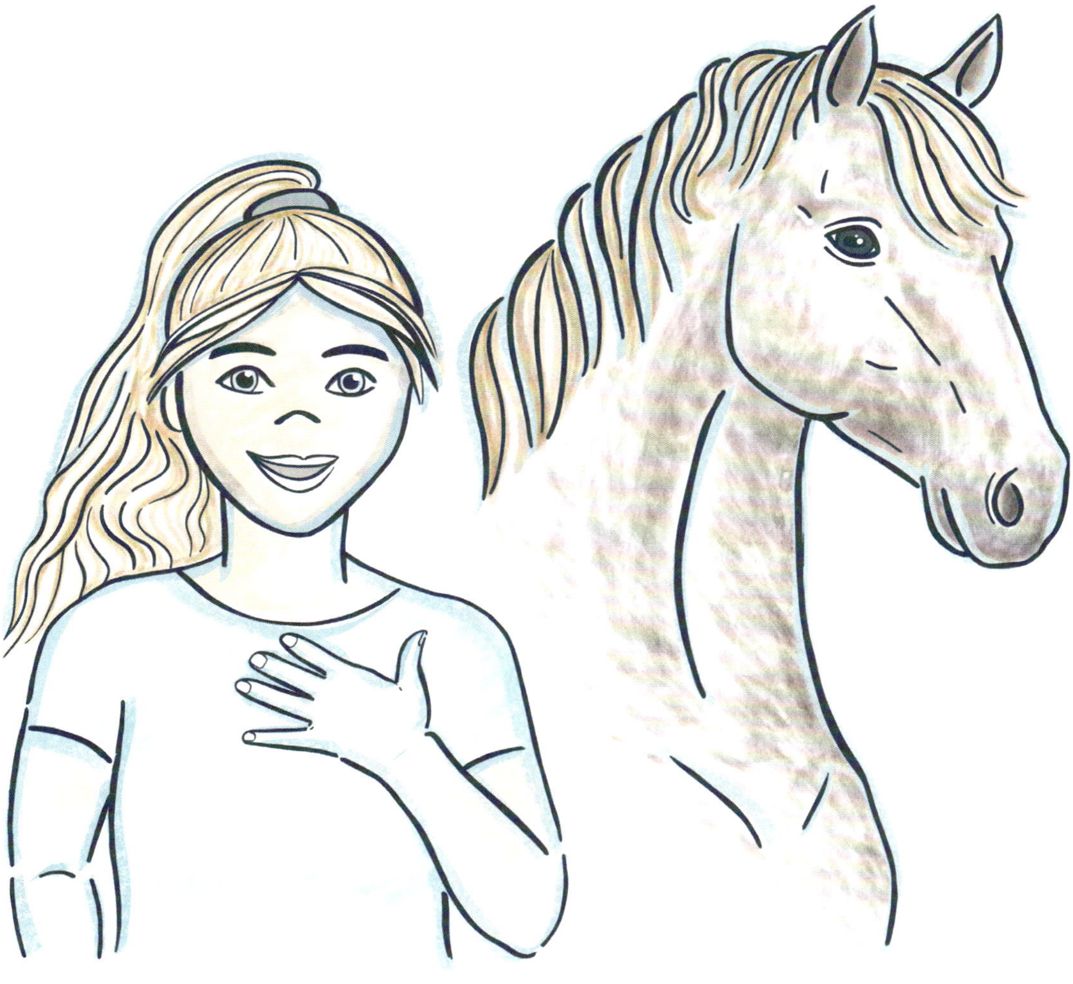

Finde deine ungünstigen Verhaltensmuster

In diesem zweiten Schritt **Ent-sabotiere dich glücklich** lernst du, deine ungünstigen Verhaltensmuster zu erkennen und sie zu unterbrechen, damit neues Verhalten entstehen kann. Du erfindest dich neu und richtest dich mental und emotional auf Erfolgskurs ein. Das Ergebnis: Deine Selbstsabotage, hervorgerufen durch deine angewöhnten Verhaltensmuster, hört auf. Du nimmst dein Glück ab sofort selbst in die Hand

Alle Menschen sind anders. Grundverschieden. Trotzdem Gewohnheitswesen. Jeder träumt von anderen Dingen aber alle sind Prachtexemplare und keiner mag gern Veränderungen. Pferdemenschen sind wie Menschen. Einzig auf der Welt. Wie Pferde. Beide lehnen Veränderungen erst einmal ab. Beide suchen Sicherheit. Beide gewöhnen sich Verhaltensmuster an. Aus Gewohnheit.
Ungünstige Verhaltensmuster sind diejenigen, mit denen Lara sich Spaß, Freude, Leichtigkeit, Dankbarkeit und Gelassenheit verbietet oder einschränkt. Meistens will sie dann etwas beweisen. Zum Problem wird das beim Reiten, wenn die Emotionen so negativ sind, dass sie ein ungünstiges Verhaltensmuster auch beim Pferd auslösen oder Lara sich mental und emotional selbst im Weg steht.

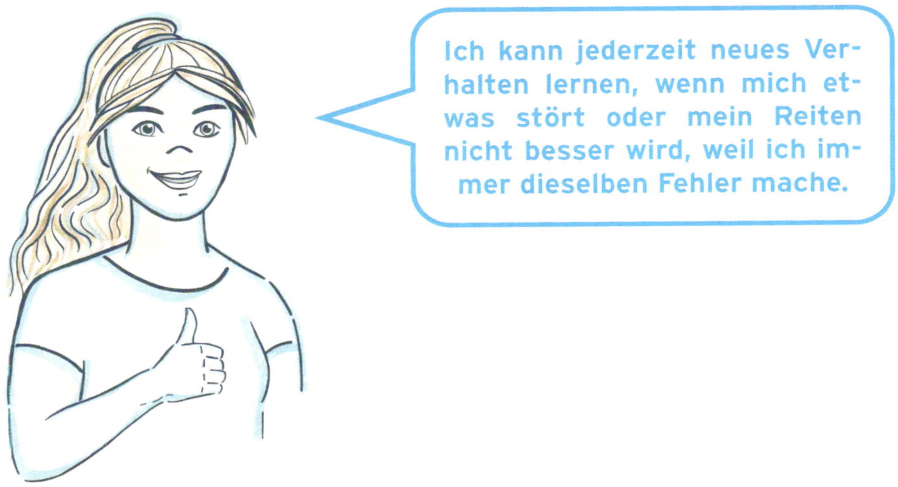

Neues Verhalten entsteht immer mit neuen Gedanken und positiven Emotionen. Bei allen mentalen und emotionalen Veränderungen hilft es, sich selbst zu ertappen, in welchem unbewussten Muster man sich gerade befindet, den Gedanken dahinter findet, ihn neu bewertet und anschließend besser reitet. Jeden Tag kann Lara sich also neu entscheiden, welchen Weg sie in ihrer Reiterei und in ihrem gesamten Leben gehen möchte.

Dazu macht Lara sich grundsätzlich klar und bewusst, wie es zu einem Verhalten kommt.

Jeder Reiz wird gedanklich bewertet. → Emotionen und Gefühle koppeln sich an die Gedanken. → Der Körper reagiert. → Es kommt zu einer Handlung, einem Verhalten.

Da alles miteinander verbunden ist, bedingt es sich wechselseitig. Emotionen beeinflussen die Gedanken und das Verhalten. Das Verhalten beeinflusst die Emotionen und die Gedanken. Die Gedanken beeinflussen die Emotionen und das Verhalten. Der Körper beeinflusst alles. Eine Erfahrung entsteht. Sie wird im Unterbewusstsein abgespeichert. Kommt ein neuer Reiz, wird erst diese alte Erfahrung zu Rate gezogen, weil der Verstand denkfaul ist und ungern neue Erfahrungen machen möchte. Neues bedeutet Stress für ihn. Daher greift er auf Altgewohntes zurück. Tut er das immer wieder, entsteht ein Verhaltensmuster. Blöd ist, wenn die alte Erfahrung nicht zum neuen Problem passt. Lara merkt diese Misere aber erst, wenn ihr Verhalten nicht zum Erfolg führt. Den Prozess dahinter erkennt sie nicht. Es muss ihr erst BEWUSST werden, indem sie aktiv reflektiert.

Merke: In alle 4 Prozesse kannst du, egal wo beginnend, einschreiten, um positivere Ergebnisse zu bekommen.

Lara vergleicht ihren Kreislauf vom Reiz bis zum Verhalten mit dem von Anna. Finde auch du heraus, welcher Typ du bist:

- ☐ Anna fährt immer motiviert zum Turnier. Sie denkt, dass es richtig gut wird und kommt mit positiver Energie direkt in eine powervolle Körpersprache. Sie produziert noch mehr Energie und beliefert sich mit Freude und Zuversicht. Sie reitet gut und weiß aus Erfahrung, dass sie gut ist. Ihr Reiten ist erfolgsorientiert, sie wird platziert und denkt sich: Wusste ich es doch! Ich habe es einfach drauf! Ihr Selbstvertrauen stärkt sich durch den sportlichen Erfolg, ihre Handlungsfähigkeit wird durch die mentalen, emotionalen und körperlichen Prozesse positiv gespeichert und der Glaube an sich selbst, das Bewusstsein über die eigene Selbstwirksamkeit (Selbstbewusstsein) wird gestärkt. Anna ist ein Siegertyp. Das weiß sie. Sie fährt auf das nächste Turnier und ist noch motivierter...

- ☐ Lara hat schon Tage vor dem Turnier Bedenken, ob sie überhaupt losfahren soll. Sie denkt: Das wird nichts! Ich bin noch nicht soweit, die anderen sind besser als ich, ich muss erst noch perfekter werden. Ihr Körper erstarrt, die Atmung ist angestrengt, der Gang zur Toilette wechselt sich mit ganzen Gedankenkaskaden ab. Sie kommt vor lauter Denken nicht ins Handeln. Energielos fährt sie zum Turnier, begleitet von Angst, Selbstzweifeln, mangelndem Selbstvertrauen. Lara weiß aus Erfahrung, wie anstrengend Ruby auf dem Turnier sein kann. Ihr Denken ist problemorientiert. Das Ergebnis spiegelt ihre innere Einstellung: Sie platziert sich nicht. Ihr erster Gedanke: Wusste ich es doch! Habe ich doch gesagt! Ich hatte Recht, das wird nichts! Sie bestätigt sich ihr Misstrauen in sich selbst, gräbt es tief in ihr Unterbewusstsein ein, macht keine neuen Erfahrungen, kann ihr Selbstvertrauen nicht stärken, gewinnt kein höheres Selbstbewusstsein, weil sie aus ihrem Kreislauf die ungünstigen, alten, negativen Emotionen und Erfahrungen abruft. Ihre ganze Energiefrequenz ist negativ. Ruby kann aufgrund der Spiegelung gar keine positive Leistung bringen. Lara denkt, der Grund ist, nicht gut genug zu sein: Ich muss perfekter werden! Lara ist ein Verlierertyp. Das weiß sie. Sie fährt auf das nächste Turnier und ist noch demotivierter. Der Kreislauf beginnt von vorn, solange sie ihr Mindset nicht ändert.

Schaue einmal in deine Verhaltensmuster. Fülle die Liste weiter aus. Was passiert dir immer wieder? Wo und wann? Was denkst du? Was fühlst du? Wie verhältst du dich?

So erkenne ich meine Verhaltensmuster			
Reiz	**Gedanke**	**Emotion**	**Verhalten**
Ruby springt am Richtertisch weg.	Schaffe ich nicht!	Angst, nicht gut genug zu sein; Selbstzweifel	Unsichere Hilfengebung
Ruby macht Taktfehler im Mitteltrab, immer in derselben Diagonalen.	Bitte nicht schon wieder was falsch machen. Das lerne ich nie. Ich kann nicht aussitzen.	Angst, Fehler zu machen; Versagensangst	Feste Mittelpositur, Luft anhalten, sich am Zügel festhalten, genervt sein, Stress
Die Trainerin gibt eine Reitanweisung für das Kurzkehrt.	Ich kapiere es nicht. Ich bin zu blöd.	Ärger, Verzweiflung, Frust, Unlust	Resignation, Selbstabwertung, unfaires Verhalten Ruby gegenüber
Keine Platzierung	Ich muss härter trainieren.	Enttäuschung, Traurigkeit, Scham, Wut, Ärger	Überehrgeiz, Perfektionsstreben, Leistungsdruck, Selbstkritik
Zuschauer an der Bande	Ich bin nicht gut genug, was denken die jetzt von mir?	Angst, sich zu blamieren; Ärger, Selbstzweifel	Stress, Unkonzentriertheit, Sitzprobleme, Ruby wird fest, Anlehnungsfehler
JETZT DU:			

Merke: Reiz, Gedanken, Emotionen, Verhalten stehen in Wechselwirkung.

Perfektion, Perfektionismus oder der Druck, überzeugen zu müssen

Eine weit verbreitete Form von Erwartungen im Reitsport ist der Perfektionismus. Stressaufbau zur Leistungsschau. Leistung steigert bekanntlich das Selbstwertgefühl. Nur zu welchem Preis? Da steht sich der Reiter gern mal selbst im Weg und bekundet dann auch noch, dass er einfach zu perfektionistisch ist. Warum stellt er den Perfektionismus dann nicht einfach ab, wenn er weiß, dass es ihn blockiert? Weil wir früher in der Kindheit perfekt sein mussten und als Erwachsener glauben, wer hart trainiert, der verdient den Erfolg. Perfektionismus erscheint uns „normal" in der deutschen Leistungsgesellschaft.

Es geht im Reiten aber nicht darum, perfekt zu sein, sondern darum, mitfühlend mit seinem Pferd eine sportliche Symbiose zweier unterschiedlicher Lebewesen einzugehen, bei der beide mit Freude und Freiwilligkeit Bestleistung zeigen **wollen** und **können.** Es geht darum, einen für sich und sein Pferd geeigneten Weg zu finden. Dieser Weg ist flexibel.

Merke: Perfektion kann nur aus einem psychologischen Bedürfnis heraus entstehen und ihm untergestellt sein. Perfektion richtet sich IMMER an die eigenen Ansprüche und eigenen Erwartungen. Ändern sich die Ansprüche und Erwartungen, ändert sich die Perfektion. Der Reiter hingegen ist starr und statisch verkopft vor lauter Perfektion und erfasst nicht, wie flexibel und wandelbar Perfektion in Wahrheit ist. Sie verwechseln Perfektion mit Präzision.

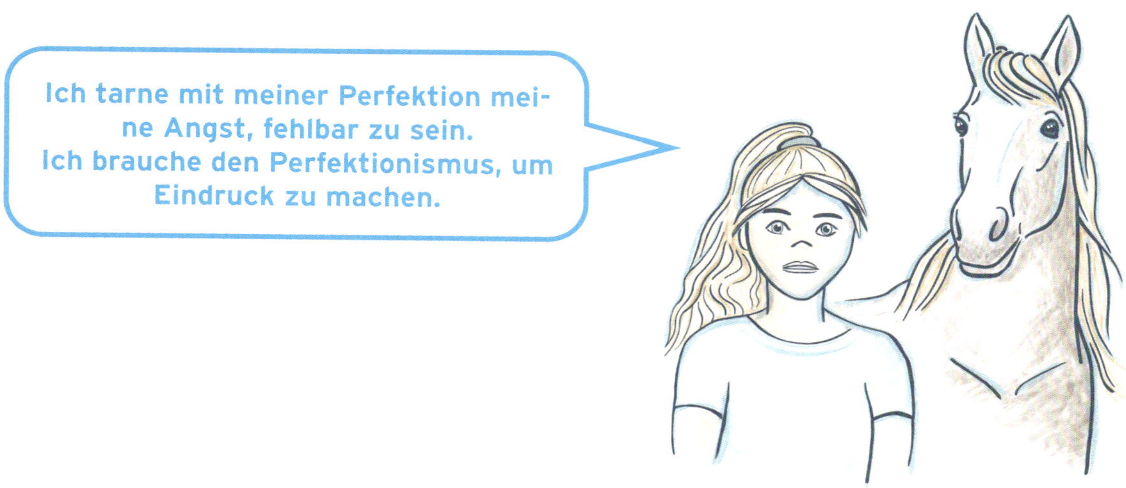

Welche Bedürfnisse willst du durch Perfektion erreichen?

☐ Anerkennung bekommen	☐ Aufmerksamkeit erhalten	☐ Angst tarnen	☐ Bewunderung erhalten
☐ Zuverlässigkeit präsentieren	☐ Zugehörigkeit	☐ Erfolgschancen erhöhen	☐ Leistung antreiben
☐ Gewinngelder kassieren	☐ Jobsicherheit	☐ Kompetenzen erweitern	☐ Exklusivität, was Besseres sein
☐ Sich Wert geben	☐ Selbstvertrauen steigern	☐ Macht haben	☐ Wichtig sein
☐ Geistige Höherstellung	☐ Belehrende und moralische Instanz sein	☐ Wertschätzung erhalten	☐ Daseinsberechtigung bekommen
☐ Anpassung	☐ Selbstverwirklichung	☐ Abgrenzung	☐ Identifikation
☐ Genauso perfekt zu sein wie die Eltern	☐ Belohnung bekommen	☐ Strafe vermeiden	☐ Überzeugen wollen
☐	☐	☐	☐
☐	☐	☐	☐

Perfektion bedeutet für jeden Menschen, für jede Situation, für jedes Paar, für jede Bedingung etwas anderes. Grundsätzlich darfst du an dir arbeiten und all die Dinge lernen, die dich weiterbringen, warte nicht auf den vermeidlich richtigen oder perfekten Moment, bei dem alles komplett perfekt läuft. Er kommt nicht. Du kannst ihn dir nur selbst erreiten und deinen Ritt zu einem gefühlten perfekten Moment machen.

Merke: Pferde sind Individualisten und ebenfalls nicht perfekt. Mag die äußere Hülle vielleicht optisch einem perfekten Zuchtprodukt gleichkommen, so ist Biomechanik und Biomotorik, Physiologie und Psyche immer ein Sowohl-als-auch. Pferde und Menschen gibt es nur mit allen Möglichkeiten und Beschränkungen.

Markiere, was bei dir passiert, wenn du perfektionistisch bist. Das ist Laras Perfektionismus. Sie scheitert an sich selbst und sieht ihren Perfektionismus im eigenen Spiegel:

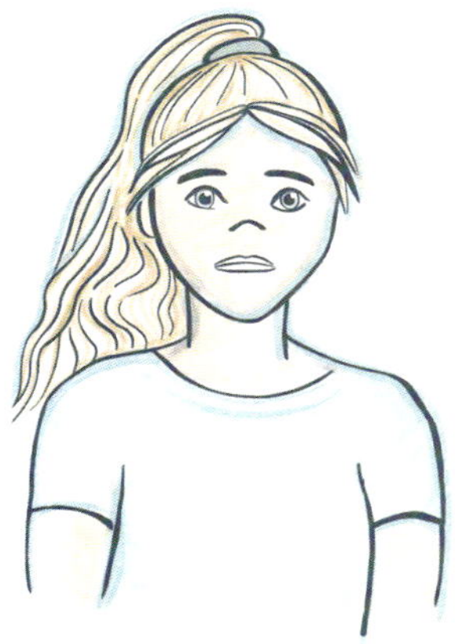

- ✓ Wenn sich das unter den Richtern herumspricht, bin ich reiterlich geliefert. Dann brauche ich gar kein Turnier mehr starten.
- ✓ Jeder hat es gesehen.
- ✓ Das ist das Ende.
- ✓ Unverzeihlich!
- ✓ Einem Fehler grübele ich ewig lange nach.
- ✓ Ich habe Angst zu versagen, nicht abzuliefern, zu scheitern.
- ✓ Ich fühle mich minderwertig und mir dient der Perfektionismus zum Schutz.

Das ist Annas Perfektionismus. Sie scheitert am Spiegel der anderen. Bei ihr müssen alle anderen perfekt sein:

- ✔ Darf die das? Das darf die doch gar nicht!
- ✔ Was macht der denn da? So geht das doch nicht!
- ✔ Was fällt der ein? Das ist ja unmöglich! Ich mache es ihr recht und dann das!
- ✔ Ich liefere hier ab, reite die perfekte Nullrunde und du guckst gar nicht hin? Noch nicht einmal Applaus oder zumindest Begeisterung? War ich so schlecht?
- ✔ Anna scheitert an der Enttäuschung, dass andere nicht perfekt auf sie reagieren. Sie erkennt nicht, dass auch andere nie perfekt sein werden.
- ✔ Anna sieht ihren Perfektionismus nur im Spiegel anderer.
- ✔ Die Reaktion anderer ist der Maßstab ihrer Perfektion.
- ✔ Anna fühlt sich schnell unterlegen und braucht den Perfektionismus, um mehr wert zu sein.
- ✔ Sie erkennt oft nicht, wann ihr Pferd am Limit ist.
- ✔ Anna sucht Bestätigung für den eigenen Perfektionismus im Perfektionismus anderer Leute. Spiegeln sie ihn nicht, ist sie maßlos frustriert.

> Wenn ein Mensch glaubt, etwas beweisen zu müssen, nutzt er den Perfektionismus. Tief in ihm wirkt die Überzeugung, nicht perfekt zu sein. Der Druck, überzeugen zu müssen, killt die Freude.

Worin willst du dich mit deinem Perfektionismus selbst oder andere bestätigen? Was willst du dir beweisen?

____

____

____

____

____

Merke: Perfektion im Reitsport ist die korrekte Ausführung, Einhaltung, Erfüllung einer Idealvorgabe. Perfektionismus ist die innere Haltung zu seinen eigenen und fremden Perfektionsansprüchen. Ändert sich die Idealvorgabe, ändert sich der Perfektionismus. Es ist alles nur in deinem Kopf.

Eine harmonische Zusammenarbeit durch Leichtigkeit, Freude, Vertrauen, Freiwilligkeit und Gelassenheit und der korrekte, technische Anspruch schließen sich nicht gegenseitig aus. Beides ist zeitgleich möglich – sowohl technisch gut zu reiten, als auch gelassen und zufrieden erfolgreich zu reiten. Vormals sah Lara nur die Option: Erfolgreich Reiten gibt es nur mit perfektionistischem Leistungsdruck. Das ist eine ganz andere Energie.

In welchen Situationen bist du sehr streng zu dir selbst? Warum willst du da Perfektionist sein? Wo genau blockiert dich dein Perfektionismus?

In dieser Situation bin ich sehr streng mit mir	Das ist der Grund für meinen Perfektionismus

Du reitest. Das ist bereits ein Bekenntnis zur ewig anhaltenden Selbstoptimierung durch Verbesserung von Sitz und Einwirkung und Aneignung von Fachwissen. Du musst es nicht mehr beweisen. Reiten ist der unausgesprochene Schwur, immer das Beste und das Richtige für sein Pferd zu machen. Du musst es nicht beweisen. Du tust es einfach immer. Du reitest penibel genau, trainierst Kondition und gehst auf Konstitution zur maximalen Gesunderhaltung deines Pferdes permanent optimal ein. Du übersteigst deine Grenzen, damit es deinem Pferd an nichts fehlt. Du weißt es. Du machst es. Du handelst.

Jeder Mensch strebt von Natur aus das psychologische Grundbedürfnis nach **Selbstverwirklichung** an. Du musst dich nicht doppelt anstrengen. Dein System macht es ganz von allein. Es schließt aus, dass Reiter nicht ihr Bestes geben. Das, was du tust, ist immer dein Bestes. Wenn du es anders wüsstest, wäre ja das andere dein Bestes. Und wenn das Beste in einer bestimmten Situation nicht zum gewünschten Erfolg führt, so ist und bleibt es das Beste, es wird nicht plötzlich schlecht, nur weil eine Emotion dich abwertet und dein Ego dich auffordert, dich mehr anzustrengen. Es war einfach nicht die passende Situation. Mache dich auf und habe Freude daran, für jede Situation das Beste in dir zu finden. Du hast so viele Möglichkeiten von „das Beste" in dir. Mache dir bewusst, dass du dich selbst limitierst, wenn du nur einer Möglichkeit von „das Beste" nacheiferst. Reiten erfordert so viele Idealvorstellungen, wie es Anforderungen gibt. Pferde erfordern so viel mentale Beweglichkeit wie sie Krankheiten haben. Wisse das und handle danach. Emotionale Flexibilität macht dich stark. Nutze sie für dich, indem sie fließen darf, statt gegen dich, indem du dir über alles einen Kopf machst und nichts mehr fließt, sondern sich anstaut.

Ich muss nicht erst perfekt sein, um reiten zu dürfen. Ich muss nicht perfekt sein, um tun zu dürfen, was ich möchte. Ich darf mein Reiten genießen, wie es ist. Ich darf aufhören, gegen mich selbst und meine Natur zu arbeiten. Ich darf mich vertrauensvoll auf mein Pferd einlassen und einfach mal spüren, wie es sich anfühlt, wenn alles für mich arbeitet.

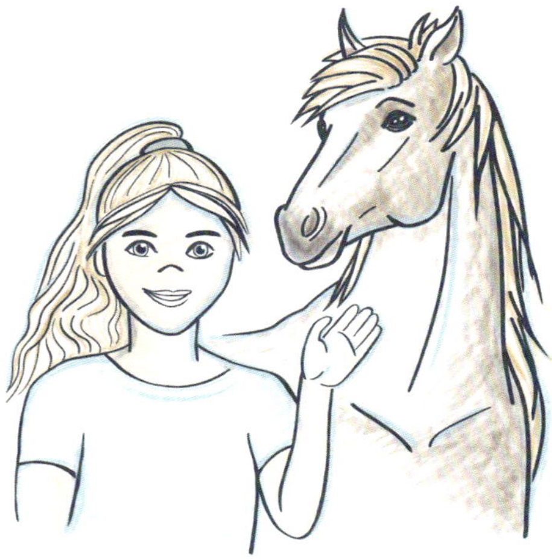

Was für ein Typ Reiter bist du? Welche inneren Antreiber leiten dein Reiten?

Jeder einzelne der fünf inneren Antreiber dient dem Menschen zum Ziel, perfekt zu sein. Innere Antreiber leiten das Verhalten, die Lösungsversuche, die Problemsituationen, steuern Ängste und Emotionen und festigen die Ansichten und Erwartungen über Perfektion grundsätzlich.

Die fünf inneren Antreiber

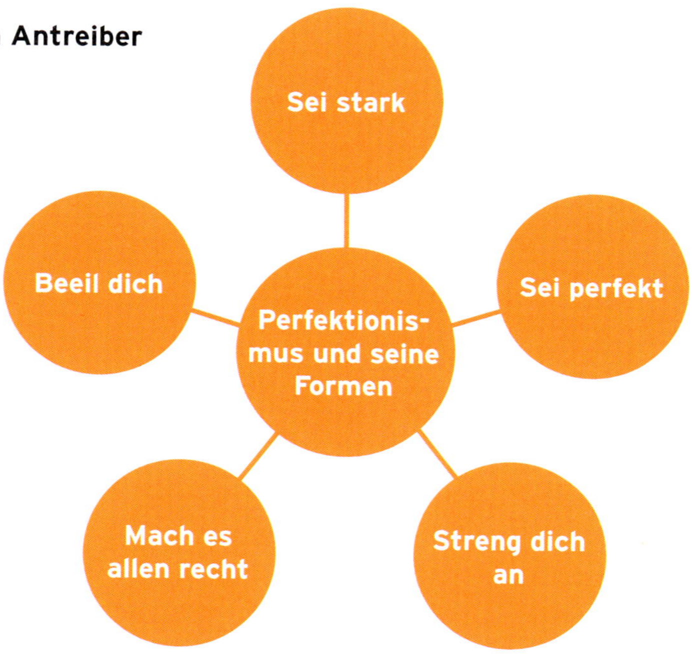

Auslöser für die inneren Antreiber ist IMMER die Angst, nicht gut genug zu sein. Bahn frei für den Perfektionismus.

Merke: Mit den inneren Antreibern sorgt der Reiter dafür, die Angst, nicht gut genug zu sein, zu vermeiden und das Bedürfnis zu stillen, dass man geliebt wird.

Kennst du deinen inneren Antreiber? Welcher Typ bist du? Von welchem inneren Antreiber wirst du geleitet? Nimm dir Zeit und kreuze an. Wenn mehreres zutrifft, schreibe hinzu, zu wieviel Prozent du diese Anteile in dir trägst. Viele Menschen haben Mischformen, die unterschiedlich ausgeprägt sind oder nur in bestimmten Situationen stärker oder schwächer wirken.

Beschreibung der Antreiberdynamik	Innerer Antreiber	Kreuze an
1. Perfektionist ist dein zweiter Vorname; du bist sorgfältig und präzise, bloß keine Fehler machen, du analysierst und bist nie zufrieden – eher zu verkopft. Neues googelst du erstmal, ob es wirklich richtig ist; Erkenntnisse ohne wissenschaftliche Grundlage halten deinen Ansprüchen nicht stand, du brauchst Beweise. Du strebst nach Vollkommenheit, nichts und niemand ist gut genug, Rechthaberei ist deins, nur durch Leistung bist du wer. Du bist überkritisch mit dir und deinem Pferd, deinem Trainer, deinem Umfeld; Fehler schiebst du auf andere. Perfektes Planen liegt dir, dein Training ist durchstrukturiert, du überlässt nichts dem Zufall, recherchierst alles im Detail und stundenlang, willst maximale Kontrolle über alles haben, schreibst To-Do-Listen und Trainingspläne. Ein zweiter Platz auf dem Turnier ist ein Weltuntergang, bei schlechter Leistung beginnt dein ganz persönliches Drama, du erträgst es nicht, wenn andere besser sind. An Kritik zerbrichst du, du hast Angst, alles falsch zu machen, nicht perfekt genug zu sein. Im Reitunterricht wirst du als Paradebeispiel vorgezeigt, je mehr andere Reiter dich in deiner Brillanz erkennen, desto mehr strahlst du. Einen Trainer ohne Weltklasse-Qualifikation wirst du dir niemals aussuchen, als Erklär-Bär wirst du anderen schon alles beibringen, was sie für wirklich richtige Reiten brauchen – wissenschaftlich fundiert natürlich. Dein Spind ist super ordentlich nach Größe und System eingeräumt. Misserfolge müssen bei dir schlimmstenfalls therapiert werden, du kannst ohne das Richterprotokoll nicht leben, Exaktheit ist dein Ding und das forderst du auch bei anderen ein. Andere Menschen sind dumm, deine Meinung ist die einzig Richtige. **Deine typischen Glaubensätze: Vertrauen ist gut – Kontrolle ist besser. Gut ist niemals gut genug. Erwartungen sind dafür da, übertroffen zu werden.**	Sei perfekt	☐

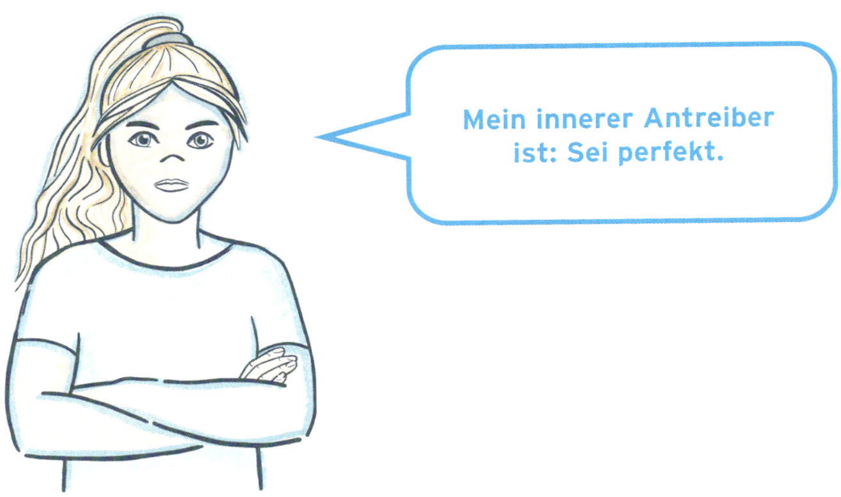

☐ Streng dich an

2. Du bist diszipliniert, ausdauernd und engagiert; der Überstundentyp. Du bist von jedem neuen Trainer und jeder neuen Möglichkeit sofort begeistert, du forderst bei dir und bei anderen ständig unermüdliche Leistungsbereitschaft, du willst überall der oder die Beste sein und übersteigst dabei auch mal deine Leistungsfähigkeit. Wenn das Reiten nicht anstrengend war, ist es nicht gut gewesen; eigentlich ist es nie gut genug, alle sollen sich mehr anstrengen; Reiter, die nur zum Spaß reiten, irritieren dich. Du bist überzeugt, dass Erfolge nur unter größter Anstrengung möglich sind; wer sich anstrengt, vollbringt Wunder. Im Reitunterricht auf einen schwächeren Reiter zu warten, ist nicht dein Ding, du mühst dich und dein Pferd lieber bis zum letzten ab; je schwerer es ist, desto wertvoller ist es. Du tarnst geschickt deine Angst, es nicht zu schaffen; du hast Versagensängste und fühlst dich wertlos, wenn du nichts leistest. Überehrgeiz und Dauerstress nagen an deiner Belastbarkeit, dein Spind ist mal aufgeräumt oder eben nicht. Misserfolge ziehen dich sofort runter, denn sie kommen nur, wenn du dich nicht wirklich hart genug angestrengt hast. Turnierprotokolle holst du am liebsten noch beim Richtertisch während der laufenden Prüfung ab, um sofort zu Hause noch mehr zu trainieren, notfalls auch mit direkt demselben, einem zweiten oder noch einem dritten Pferd. Andere Menschen sind faul. **Deine typischen Glaubenssätze: Vor dem Lohn steht die harte Arbeit. Wer nachlässt, hat schon verloren. Ohne Fleiß kein Preis. Erfolge fallen nicht vom Himmel.**

☐ Sei stark

3. Du bist unabhängig, hast Stärke und Einfluss, übernimmst Verantwortung, du beißt die Zähne zusammen, bist diszipliniert, kämpfst dich durch, nimmst keine Hilfe an, bist belastbar, standfest, kraftvoll. Du übernimmst Initiative, hast alles unter deiner Kontrolle, löst deine Probleme selbst, leitest gern Menschen an oder andere Stallaktivitäten. Wenn du ein Projekt beginnst, ziehst du es durch; die Stallgemeinschaft kann sich auf dich verlassen. Du bist immer bei deinem Pferd auf das Schlimmste gefasst, du arbeitest und trainierst viel. Du bist ein Macher, unangreifbar, willst keine Schwäche, keine Gefühle zeigen, und trotzdem hast du oft Angst vor Ablehnung oder Abhängigkeit. Du hast Angst vor Nähe und verschließt vorsichtshalber lieber dein Herz. Du passt dich Situationen wie ein Chamäleon flexibel an, zeigst kaum Gefühle oder wie es dir wirklich geht. Einzelunterricht ist dein Ding, aber der Trainer muss schon auf deiner Augenhöhe sein, denn normalerweise gestaltest du dein Training im Alleingang. Erfolge kommen nur durch eiserne Disziplin, auf Turnieren bist du auch lieber allein für dich verantwortlich, deinen Spind baust du lieber selbst, ansonsten fliegen deine Sachen gern mal überall herum, irgendeiner wird es schon wegräumen. Misserfolge haben die anderen, Turnierprotokolle lässt du dir mitbringen, andere Menschen sind Schwächlinge, der Meinung des Stärkeren oder Erfolgreicheren wird recht gegeben. **Deine typischen Glaubenssätze: Der Stärkere gewinnt. Du musst dich durchkämpfen. Indianer kennen keinen Schmerz. Gefühle zeigt man nicht.**

Mach es allen Recht ☐

4. Du wirst von allen gemocht, hast Mitgefühl, bist freundlich, sensibel, achtsam, konfliktscheu und liebenswürdig. Du opferst dich für andere auf, bist hilfsbereit, passt dich an und machst es allen recht. Du spürst, dass du nie „Nein" sagen darfst, deine Bedürfnisse stellst du hinten an, du wirst als Reiter manchmal nicht wahrgenommen, willst nicht auffallen und wünschst dir insgeheim mehr Anerkennung, Respekt, Wertschätzung für deine Mühen und Mithilfe auch von deiner Stallgemeinschaft. Am liebsten möchtest du gemeinsam im Team auf ein Turnier fahren oder zumindest eine Wohlfühlgruppe am Stall gründen. Empathie und Harmonie sind dir wichtig, du hast es nicht gern, wenn jemand dich oder dein Pferd kritisiert und ziehst dich lieber zurück, statt anzugreifen. Gemeinsamkeiten stimmst du gern, aber oft auch unentschlossen zu; in der Gruppe fühlst du dich wohl, aber mit Unsicherheiten. Einzelunterricht ist nichts für dich, da die Gefahr besteht, dass der Trainer nicht um den heißen Brei herumredet. Anderen Reitern redest du gern nach dem Mund, du hast Angst vor Ablehnung, allein zu sein, es allein nicht zu schaffen, die Angst, zu enttäuschen, ist bei dir gewaltig. Dein Spind ist mit allem ausgestattet und wer noch etwas braucht, bekommt es bei dir. Misserfolge sind bei dir zu Hause, auch an denen der anderen hast du Schuld. Turnierprotokolle holst du direkt für alle ab; ich bin nicht wichtig – andere Menschen sind wichtiger; die anderen fragen nicht nach deiner Meinung, außerdem wechselst du deine Meinung situationsflexibel wie die Fahne im Wind. **Deine typischen Glaubenssätze: Du musst immer brav und artig sein. Nicht gescholten ist Lob genug. Glück ist das Streben nach Harmonie.**

Beeil dich ☐

5. Du bist zielbewusst, aktiv, besitzt Schnelligkeit, bist immer auf Zack und ergreifst jede Chance, damit du nichts Wichtiges verpasst. Du bist ruhelos, rastlos und ungeduldig, forderst auch von anderen, alles jetzt und sofort zu erledigen; Aufschieberitis kommt in deinem Wortschatz nicht vor. Im Reiten auf Tempo und Zeit fühlst du dich wohl, im Gelände verlierst du auch mal gern die Gesamtübersicht, weil es dir nicht schnell genug geht. In deinem Zeitmanagement macht dir keiner was vor, im Reitunterricht verlangst du ein hohes Trainingstempo, du verstehst durch deine schnelle Auffassungsgabe nicht, warum anderen Reitern alles mehrmals erklärt werden muss und sie noch ein fünftes Mal nachfragen. Reiter, die trödeln, magst du nicht; du redest schnell und über deine Fehleranfälligkeit gar nicht, du willst vieles gleichzeitig machen, du hast Angst vor Kontrollverlust, nicht zur richtigen Zeit am richtigen Ort zu sein, etwas zu verpassen; deine Angst zu kurz zu kommen ist sehr präsent. Dein Spind ist eher unorganisiert, Misserfolge haben keine Zeit zu bleiben, so schnell werden sie von den nächsten Erfolgen abgelöst, deshalb denkst du auch nicht länger darüber nach. Protokolle abholen? Dafür hast du keine Zeit. Andere Menschen sind Langeweiler, die Meinung andere kostet nur Zeit und Nerven. **Deine typischen Glaubenssätze: Der frühe Vogel fängt den Wurm. Zeit ist Geld. Wer rastet, der rostet.**

> Tipp: Wenn dein innerer Antreiber nicht zum inneren Antreiber deines Trainers passt, dann werdet ihr niemals gegenseitiges Verständnis aufbringen können. Der Trainer wird an dir vorbeitrainieren und du wirst unzufrieden werden.

Dynamik der inneren Antreiber bei Situationen, Aufgaben, Problemen

Der innere Antreiber sorgt bestenfalls für eine innere Ressourcenaktivierung, mit der du Probleme bewältigst. Wenn das Problem aber nicht zum inneren Antreiber passt, wirkt er negativ und kann die Leistung mindern oder blockieren.

6-Stufen-Regelkreis der inneren Antreiber

1. Es gibt eine Situation, eine Aufgabe, einen Reiz, ein Problem.
   a. Bei Lara ist es das Reiten einer Turnieraufgabe im Training. Laras Unterbewusstsein fragt den inneren Antreiber: Kann Lara die Aufgabe reiten? Schafft sie das? Bewusst bekommt Lara zeitgleich Stress, wird hektisch.
2. Ihr innerer Antreiber „Sei perfekt" antwortet.
   a. „Lara, sei perfekt und du bist OK."
3. Alte Erfahrungen bestätigen ihr unterbewusst, dass sie nur Anerkennung bekommt, wenn sie Dinge perfekt macht, dann wird sie auch von ihrer Trainerin geliebt.
   a. Alte Erfahrung: „Wenn ich leiste, sind meine Eltern zufrieden mit mir. Nur wenn ich leiste, kann ich selbst zufrieden mit mir sein."
4. Lara zieht unterbewusst die Schlussfolgerung, dass sie nur geliebt wird und Anerkennung bekommt, wenn sie die Turnieraufgabe perfekt meistert. Tut sie es nicht, weil sie versagt, ist sie „nicht OK".
   a. Ihr innerer Antreiber gibt in diesem Moment dem Bewusstsein den Rat: „Mach es fehlerfrei. Sei perfekt!"
5. Eine Emotion wird plötzlich aus der Erinnerung über das letzte Training einer Turnieraufgabe ausgelöst.
   a. Lara bekommt Angst. Jedes Mal, zumindest oftmals, wenn sie Aufgabe reiten musste, klappte die exakte und punktgenaue Ausführung der Lektionen nicht.
   b. Bewusst verfällt sie in alte Verhaltensmuster, wird unflexibel, kann ihre Hilfengebung nicht mehr korrekt einsetzen, hat Angst, das Aufgabereiten nicht zu überleben.

6. Lara verzweifelt. Sie kann nicht perfekt abliefern.

    a. Sie bekommt Stress, wird nervös, verspannt, wird wütend über sich selbst, will keine Fehler machen, wird ungeduldig, und ihre Angst zu versagen, ihre Angst Fehler zu machen, wird immer größer. Am liebsten würde sie absteigen und zum hundertsten Male die Videos streamen, die zeigen, wie es korrekt geritten wird. Sie ist einfach noch nicht gut genug. Lara steckt mitten im Emotionschaos.

Übung: **Mache dir Gedanken über deinen Regelkreis:** Wie machst du das genau, dass du dir selbst im Weg stehst? In welchen Situationen besonders? Schreibe es in dein Notizbuch.

Innerer Erlauber

Sobald du merkst, du kommst nicht weiter, eine Emotion blockiert dich oder ihr findet nicht zueinander, du schadest euch und deinem Selbstbewusstsein, dann hinterfrage deinen aktiven inneren Antreiber, ob er gerade gut oder hinderlich ist. Ist er zielführend, nutze ihn bewusst antreibend als starke Ressource. Ist er aber eindeutig hinderlich und kratzt an deinem Selbstbewusstsein, finde sofort deinen inneren Erlauber, der zu deinem oben markierten, inneren Antreiber passt und bringe dein Reiten auf ein neues Leistungslevel und erreiche deine Ziele gelassener.

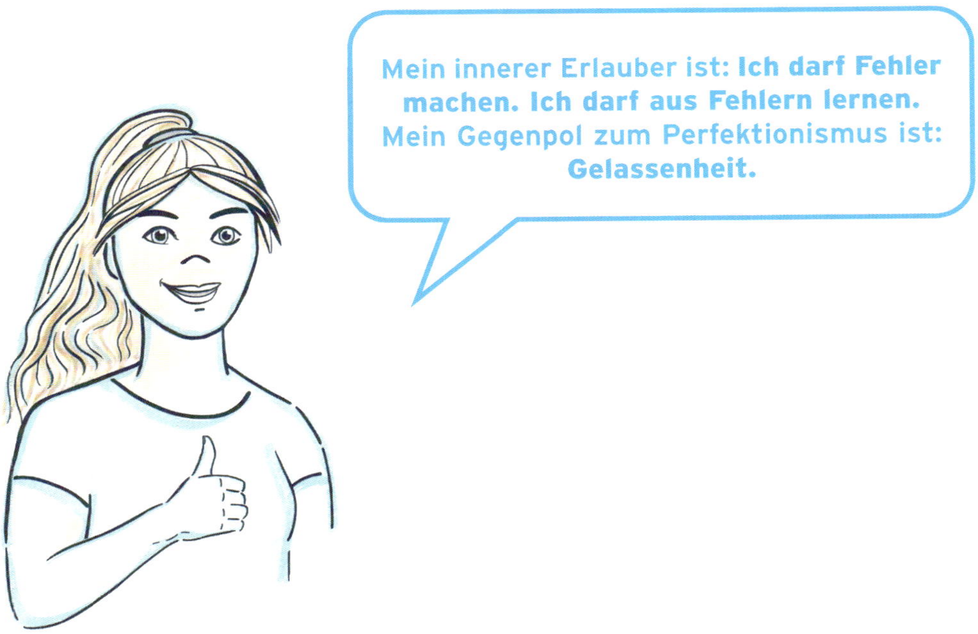

Kreise deinen inneren Erlauber ein. Schon beim Lesen wirst du spüren, welcher für dich sinnvoll ist. Wenn es mehrere sind, kreise mehrere ein:

Innere Erlauber zum störenden inneren Antreiber finden				
Sei perfekt	**Streng dich an**	**Sei stark**	**Mach es allen recht**	**Beeil dich**
Ich darf Fehler machen.	Es darf leicht sein.	Ich darf Gefühle zeigen.	Auch meine Bedürfnisse sind wichtig und ich übe, auch für mich einzustehen.	Ich darf mir Zeit lassen.
Heute übe ich, auf mich und mein Pferd stolz zu sein.	Es darf Spaß machen.	Ich kann Kontrolle abgeben.	Ich darf öfters „Nein“ sagen und klare Position beziehen.	Ich kann das auch langsam und mit Genuss.
Ich muss nicht für wirklich alle Eventualitäten gewappnet sein.	Ich muss nicht alles mit links machen und kann Prioritäten setzten.	Ich bewahre einfach mal Ruhe und Gelassenheit und gebe kleine Aufgaben ab.	Heute gebe ich den Takt an, ich muss nicht bei allen beliebt sein.	Niemand hetzt mich heute.
Ich darf aus Fehlern lernen.	Ich lasse es auf mich zukommen.	Ich darf nach Hilfe fragen, mir helfen lassen.	Ich darf anders sein, ich bin wichtig, auch wenn jemand anderes unzufrieden ist.	Ich darf kleine Pausen machen.
Niemand ist perfekt.	Ich darf entspannen.	Ich darf Mitmenschen vertrauen.	Ich darf anderen meine Wünsche aussprechen.	In der Ruhe liegt die Kraft.
Ich bin gut, so wie ich bin.	Ich bin gut genug.	Ich werde jeden Tag mutiger.	Ich darf es auch mir selbst recht machen.	Ich darf Feierabend machen.
Heute stelle ich mal nichts in Frage.	Ich mag mich, so wie ich bin.	Ich mag mich, so wie ich bin.	Ich darf meine Meinung sagen und zu mir stehen.	Gutes Reiten darf Weile haben.
Jeder macht Fehler. Sie sind eine Wachstumschance.	Ich darf Dinge auf meine Weise machen.	Heute stärke ich mal zuerst die Fähigkeiten meines Pferdes.	Ich darf reiten, wie ich es will.	Heute mache ich es im Tempo meines Pferdes.

Übung: **Wende die inneren Erlauber beim Reiten, so oft es geht, laut an.** Wenn du magst, notiere sie auf kleinen Kärtchen und lege sie in den Spind oder mache dir ein Memo auf deinem Handy. Du lernst schnell, für dich zu sorgen, wenn deine inneren Antreiber den Ton angeben wollen, er aber nicht zielführend ist und dein Pferd nur abschreckt. Trainiere einfach eine neue Tonfolge oder Melodie mit den inneren Erlaubern, die dein Pferd harmonischer findet und die dir einen emotionalen Anker bieten. So bist du immer auf der sicheren Seite, deinem Pferd emotional zu geben, was es braucht. Ruhe, Gelassenheit, Freude, positive Entschlossenheit und Zuversicht.

Vorsicht Drama

Achtung! Dieses Kapitel enthält Realtalk und unschöne Trigger. Meine Empfehlung ist: Zartbesaitete überspringen dieses Kapitel.
Es war einmal ein Reitermädchen, die hieß eigentlich Lara, aber Dramaqueen hätte besser gepasst. Sie hatte ein Pferd, genaugenommen war es ein Dramaprinz. Sie waren aber nicht zur selben Zeit im Drama. Sie wechselten sich ab. Behielt Lara einen kühlen Kopf, hatte Ruby seine dramatischen Momente; war Lara Regisseurin ihres dramatischsten Szenarios, behielt Ruby die Übersicht. Manchmal drehten sie gemeinsam einen Dramafilm in fünf Akten mit vielen Eskalationsstufen und standen sich dabei gegenseitig im Weg. Während der eine bockend und steigend einen wiehernden Affentanz vollführte, irgendwo immer nicht vorbeizubewegen war, glotzend und erstarrt keinen Meter auf irgendwas zuzubewegen war, regelmäßig mit festem Rücken durchstartete, in der Siegerehrung explodierte, brach die andere zitternd in Tränen aus, wusste sich nicht zu erklären, erfand Rechtfertigungsgeschichten, um sich noch mehr als Opfer der Umstände inszenieren zu können. Dramatisch bewies sie sich regelmäßig selbst und natürlich anderen, in herzzerreißenden Schilderungen, dass die Beziehung zu ihrem Pferd kaputt, das Turnier ruiniert, die Karriere vorbei, das Pferd einen Dachschaden hat, ihre Nerven am Ende sind, die Reiterei keinen Sinn mehr macht und alles umsonst war. Die arme kleine Lara, sie hat es aber auch schwer ... Das Mitleid und die Aufmerksamkeit der anderen war Lara sicher. Das Drama hatte also durchaus einen erheblichen Vorteil. Vertrauensbildende Maßnahmen waren diese Szenen nicht. Alles glich Schutt und emotionaler Asche. Aber Ruby und Lara hatten sich auf unerklärliche Art darauf verständigt, dass Drama zum Reiten und auf der Stallgasse dazugehörte.

Wie aus dem nichts, hängte sich Ruby auch gern mal zwischen den Stricken auf, geriet in Panik, zerriss die Halterung, hob den Anker aus dem Boden, befreite sich aus dem gerissenen Halfter und stand zitternd da, wenn er nicht vorher aufgeregt und außer Kontrolle weggelaufen war. Manchmal drehte Ruby auch in der Box durch. Nass geschwitzt holte ihn Lara dann raus und die Showeinlage ging an der Hand weiter. Erstaunlicherweise funktionierte es dann plötzlich mit dem Piaffieren.
Manchmal bewegte sich Ruby beim Laufenlassen oder Longieren so rasend unkontrolliert, dass es ihm die Füße unter dem Boden wegzog und er auf die Seite stürzte. Machte er sich frei, egal wo, raste er in der Regel dann zur Herde zurück. Sollte er an seiner Herde auch nur vorbeigeführt werden, ließ er sich keinen Meter mehr bewegen und blieb wie angewurzelt stehen. Nur das Wiehern funktionierte noch. Wenn er von anderen Pferden getrennt werden sollte, begann seine wilde Abschiedsszene. Im größten Matschloch plantschen und buddeln, sich suhlen und aalen, aber vor Wasser aus dem Schlauch in Angst und Schrecken geraten, das war Dramaprinz Ruby.

Laras Nerven waren am Ende, ihr Herz in der Hose, wenn es nicht schon in Schockstarre war. Aber die Szenen filmen und auf Social Media direkt veröffentlichen, das konnte sie noch schnell. Um gefeiert zu werden, als Opfer und als Dramaqueen. Dass sie überhaupt noch die Zeit hatte, alles Negative vorbildlich festzuhalten. Bravo! Auch Abwärtstrends sind Vorwärtsbewegungen – nur aus einer anderen Blickrichtung. Nicht einer machte Lara auf ihren Täter-Anteil an dem Drama aus rein fachlicher Sicht aufmerksam. Alle identifizierten sich mit den Flöhen im Kopf des Pferdes. Keiner konfrontierte Lara unverblümt mit den Dämonen in ihrem Kopf! Die arme Lara! Das böse Pferd!

Der schlechte Tag! Das wird schon wieder! Ist ja nichts passiert! Und Lara produzierte im Hintergrund zeitgleich wieder den nächsten Dramafilm. Dieses Mal mit dem Titel „Nervenzusammenbruch im Reitunterricht". Ebenfalls gefilmt und kommentiert. Diesmal mit bestimmt noch mehr Likes.
Lara beherrschte das Spiel um das Drama perfekt – seit Kindesalter schon. Es lief zwanghaft und unbewusst ab, aber immer mit vielen Beteiligten. Je größer die Reichweite, je mehr es mitbekamen, ob daheim, auf dem Turnier, im Netz, umso besser war die Inszenierung. Sie nahm nicht wahr, dass sie ein Talent hatte: Kreativität und Schauspielkunst. Mit diesem Talent würde sie zweifelsohne auch ohne Drama durchstarten können, ganz ohne ein Pferd in Gefahr zu bringen.
Aber Lara machte doch gar nichts? Es war doch der Dramaprinz Ruby! Stimmt, das ist die Sicht des Egos: Selbstverteidigung. Ich mache doch gar nichts! Der andere hat Schuld! Wenn du den Unterschied nicht kennst, glaubst du, es ist normal. Woher sollst du wissen, wie du es ändern kannst, wenn du dich ausgeliefert fühlst? Lara aber machte auch nichts gegen das Ausgeliefertsein. **Es gibt ein Verhalten und ein Sich-nicht-Verhalten. Sie unterließ ihre Hilfeleistung, Sorgfaltspflicht und den Tierschutz. Das hatte Auswirkungen auf das Pferd.** Sie sorgte nicht dafür, dass Ruby sich sicher und unfallfrei benimmt.
Sie brachte ihn immer wieder in typisch tierische Situationen, die ihm Stress bereiteten, anstatt sich zu überlegen, wie sie ihm Stress nehmen konnte. #damusserjetztdurch

Lara glaubte, von irgendetwas nicht genug zu haben, deshalb produzierte sie übermäßig viel Drama. Wenn sie ehrlich ist, wollte sie mehr Anerkennung. Ihr Ego vergaß nur, dass sie das mit Drama nicht bekommt. Mitleid und vielleicht eine Zeitlang auch mehr Aufmerksamkeit bekommt sie. Aber erstens geschieht dies auf Kosten des Pferdes und zweitens führt es nicht zu Anerkennung. Und hier beginnt das „Dramakarussell": Ebbt die Aufmerksamkeit ab, wird das Drama gesteigert. Es führt zu keinem Stillstand. Lara ist ständig auf einem hohen Stresspegel. Das Pferd spürt das. Manchmal erträgt er es. Dann ist er der (Achtung Dramaqueen Superlativ!!!): allerweltbester größter Schatz von allen. Erträgt Ruby es nicht, weil ihre Energie ihn in die Flucht treibt, dreht er halt sein eigenes Regiebuch. Ja, er hat schon oft gehört, wenn er sich jetzt nicht benehme, wird er verkauft. Das ärgert ihn. Wann wird denn Lara verkauft, so wie sie sich benimmt? Hat sie ihn schon einmal gefragt, ob er die Rolle des Dramaprinzen mag? Vielleicht wäre er gern ein Ausnahmepferd? Ein Verlasspferd? Und kein verlassenes, ausnahmslos verunsichertes Pferd. **Mein Pferd ist halt so!** Nein, dein Pferd hat, wie du, nur noch nicht gelernt, sich anders zu verhalten. Ihr spiegelt euch gegenseitig.

Liebe Dramaqueens, nutzt die Begabung zum Drama – aber nicht im Reitsport. Es kann schnell im Horrorfilm enden. Stelle dir dein Horrorszenario vor: Du hast im dramatischen Schlussakt alles probiert, aber alles hat nicht funktioniert. Die Dramen werden immer gefährlicher. Variante A: Das Maximum ist erreicht. Dann wirst du dich von deinem Pferd trennen müssen, weil eure Partnerschaft toxisch ist. Oder du besinnst dich auf Variante B: Erreiche das Optimum. Du liebst doch Steigerungen. Beginne bei dir und hole das Optimum aus dir heraus. Optimum sticht Maximum.

Merke: Mache kein Drama de luxe. Reite de luxe. Ganz anderer Fokus, ganz andere Energie, ganz andere Qualität.

Ein Leben ohne Drama ist langweilig, dachte Lara damals. Sie ging vom Schlimmsten aus, dann konnte sie nur positiv überrascht werden. So dachte sie damals und machte sich ihr **emotionales Unvermögen** erklärbar. Denn ein emotionales Drama hat nichts mit der Reitlehre oder den Reitfähigkeiten zu tun.
Solange Lara das denkt, wird ihr Verstand immer über „das Schlimmste" Recht behalten wollen. Sie kann niemals wirklich positiv überrascht werden. Denn selbst wenn es passiert, würde sie ein Drama aus der Überraschung machen, indem sie überfreudig ist, übererstaunt reagiert, es gar nicht fassen kann, niemals im Leben damit gerechnet hat, wieder nervlich am Ende ist, dass ihr so etwas Tolles passiert. Das grenzt an ein Wunder ... und so weiter. Lara hat das Drama in ihrem ganzen System manifestiert. Sie denkt im Drama, sie fühlt das Drama noch bevor es da ist, sie sieht die Dramen, sie spricht Dramasprache, sie verhält sich dramatisch, ihr Körper spiegelt ein einziges Drama , ihr Leid und Übel ist das Schlimmste aller Leiden und Erlebnisse, ihre Ergebnisse im Reiterleben sind alle ein Weltuntergang. Lara hat sich selbst und all ihre Prozesse voll auf Drama und Superlative geprägt.

Von all dem bekommt sie bewusst nichts mit. Sie ist identifiziert mit dem Drama. Es ist normal und auch schon ihr ganzes Leben lang so. Ja, sicher. Das Gehirn lernt durch Wiederholung. Der Verstand identifiziert sich mit dem, womit er gefüttert wird, und es wird zu seiner Wahrheit, seiner Wirklichkeit. Die Sinneswahrnehmungen passen sich an und filtern nur noch Drama. Das Unterbewusstsein will mitspielen und zieht Dramen ab sofort magisch an. Und wieder ist der Verstand bestätigt: Das ganze Leben ist ein Drama. Übrigens, eine „gute" Erklärung, um keine Verantwortung für die eigenen Ergebnisse im Leben übernehmen zu müssen. Es passiert Lara einfach so – ist halt so! Ja, weil Ruby nicht von Lara gelernt hat, anders zu sein; seine Probleme auf eine andere Art und Weise zu lösen. Ja, weil Lara nicht gelernt hat, sich anders zu verhalten, ihre Gedankenmuster zu reflektieren, ihre Sprachmuster positiv auszurichten, ihre Energie für Reiten de luxe zu verwenden. Auch wenn Lara das nicht wahrhaben will, es ist ein wissenschaftlich bewiesenes, psychologisch fundiertes Eigentor. Es hat auch nichts mit schiefstehenden Sternen zu tun.

Merke: Drama erzeugt Distanz, statt Nähe zwischen dir und deinem Pferd.

Lara brauchte dringend Drama-Realtalk. Sie nahm sich Zeit und beantwortete diese 3 Game-Changer-Fragen: **Wie schaffte sie es, im Drama zu leben? Was waren ihre aktiven Anteile? Wozu brauchte sie das Drama in ihrem Leben?** Am liebsten wollte Lara alles hinschmeißen. Sie fand die Aufgabe einfach nur unnütz. Sie hatte es gar nicht gern, sich mit sich selbst zu beschäftigen. Außerdem, was sollte es heißen, wie sie es schaffte? Sie tat doch nichts. Stimmt. Da war es wieder, das Ego, das sich zur Wehr setzte, weil es Veränderungen hasste. Sie tat nichts gegen das Drama, weil sie vorher auch nicht bewusst wahrnahm, dass sie ein Problem hatte. Das Ego hat nie Probleme. Und wenn schon, hat das Pferd bitteschön Probleme, aber nicht Lara. Es schmerzte. Zack! Lara war wieder im Drama.

Die 3 Game-Changer-Fragen gegen Drama:

1. **Wie schaffst du es, im Drama zu leben? Wie machst du das?**
2. **Was sind deine aktiven Anteile am Drama?**
3. **Wozu brauchst du das Drama wirklich in deinem Leben?**

Merke: Nimm das Drama raus und schaffe Distanz. Du bist toll, so wie du bist. Entdramatisiere deinen Weltuntergang einfach und erkenne, dass die Erfahrung schlimmstenfalls schmerzhaft ist, aber du daran nicht sterben wirst oder an Wert verlierst. Nimm das Drama raus, zum Schutz deines Pferdes.

Jedes Pferd hat einen Auftrag im Leben eines Menschen. Vielleicht ist Rubys Auftrag, Lara den Zugang zu ihrem wahren Ich zu öffnen, damit sie ihre Einzigartigkeit erkennt und sich nicht mehr hinter dem Drama verstecken muss. Aber bis dahin werden **Pferde ihre Besitzer spiegeln** und ihnen jeden Tag geduldig auf ein Neues die Chance geben, an ihren Problemen zu wachsen, indem sie sie lösen. Nur die wenigsten schaffen es. Lara gehört dazu.

Dramafreie Zone

Drama war für Lara auf der einen Seite gleichbedeutend mit: Liebe und Aufmerksamkeit bekommen, Alleinstellung markieren, anders sein als andere, etwas Besonderes sein, Anschluss finden, sich interessant für andere machen. Ihre Glaubenssätze waren: „Ich komme zu kurz", „Ich bin langweilig", „Ich bin nicht OK." Lara kleidete sich mit dem Drama und machte sich dadurch sichtbar. Sie machte die Erfahrung, durch das Antlitz des Dramas viel mehr beachtet zu werden. Ihr Gehirn machte eine positive Lernerfahrung und speicherte das Drama zur Lösung von Laras Unsichtbarkeit ab. Auf der anderen Seite wollte Lara unbewusst mit dem Drama einfach ihren unfassbar tiefen Schmerz, nichts wert zu sein, ein Niemand zu sein, nicht OK zu sein, nicht wichtig zu sein unter den Reitern, nicht gut genug zu sein fürs Reiten, nichts vollbringen zu können mit ihrem Pferd, nichts ausrichten zu können gegen all die anderen tollen Reiter und ihre starken Pferde, in jeder Wertung zu kurz zu kommen (deshalb hatte sie auch Prüfungsangst und wollte so oft erst gar nicht losfahren), verbergen und nicht fühlen. Das Drama war eine **Schutzstrategie.** Lara hatte ein sehr geringes Selbstwertgefühl und glaubte daher, allem ausgeliefert zu sein. Den Menschen, den Kommentaren ihrer Follower, dem Leben. Sie bemerkte nicht, dass sie auch dem Drama ausgeliefert war, so sehr brauchte sie es als Kontrollwerkzeug über ihren Schmerz. Aber das Drama übernahm die Kontrolle über ihr Leben und ihre Ergebnisse. Das wurde Lara bewusst.

Merke: Du bist toll als Mensch auch ohne Drama! Es ist an der Zeit, ein neues Genre zu drehen. Wie wäre es mit einer Erfolgsstory? Reiten ist Abenteuer. Jeden Tag neu. Es wird keine Langeweile geben. Es bedarf nicht eines zusätzlichen Dramas.

Lara spielte Drama, weil sie sich und ihre Überzeugungen dadurch immer und immer wieder selbst bestätigte.
Sie war das personifizierte Drama. **Ich bin, was ich glaube.** Lara konnte allein das Drama nicht mehr beenden. Sie brauchte Hilfe. Ihr Verstand wollte an dem Drama festhalten. Es ist zu ihrer Persönlichkeit geworden. Wer wäre Lara ohne Drama? Lara holte sich Hilfe und hat sich neu aufgestellt:

Raus aus dem Drama – Rein in die dramafreie Zone!

1. Du bist machtvoll. Du bist dem Drama nicht machtlos ausgeliefert!

2. Triff eine Entscheidung: Verzichte auf Drama in deinem Leben, weil du auch ohne Drama großartig bist. Erreiche ohne Drama deine Ziele und wähle stattdessen deine Stärken wie Kreativität, Darstellung und Selbstsicherheit.

3. Ohne Emotionen, Erwartungen und Bewertungen ist eine Wahrnehmung nur eine Erfahrung, ganz ohne Dramaturgie. Das Drama hält nicht an dir fest. Du hältst an dem Drama fest.

4. Du selbst sabotierst deinen reiterlichen Erfolg durch das Drama. Es ist nicht das Drama und nicht der Dramaprinz, der keiner sein will. Es ist dein eigenes Verhalten, das Drama nicht aktiv und aus voller Überzeugung zu unterlassen.

5. Was ist eigentlich dein höheres Ziel? Drama-Influencer? Dramareiter? Dann höre ich auf mit dem Reitsport und werde lieber Schauspielerin.

6. Jammern und Drama sind Geschwister. Auch in Gesundheitsfragen rund um das Pferd hilft es dem Pferd Null und es macht die Dinge auch nicht ungeschehen. Du stellst dein Leiden zur Schau, das Leid des Pferdes änderst du damit nicht.

7. Was du von anderen bekommst, ist minimal Mitleid, bestenfalls Mitgefühl. Es beendet aber nicht deine tiefe innere Leere.

Notfall: Was hilft, wenn das Ego nicht auf das Drama verzichten will?
Gegenfrage: Was verliert Lara, wenn sie auf das Drama verzichtet?

Lara glaubte, das Drama gäbe ihr ein Stück weit Kontrolle über das Unkontrollierbare und Unvorhersehbare; Kontrolle über ein mögliches, plötzliches Versagen, über ihre Gefühle, auf das Turniergeschehen und den Turnierausgang, auf die Reaktionen anderer Menschen. Je mehr sie dramatisierte, desto weniger trat das befürchtete Unkontrollierbare ein, desto mehr reagierte das Umfeld wie es das Drehbuch, die Inszenierung des Dramas vorhersieht. Lara behielt die Kontrolle, obwohl sie durch das Drama den Eindruck erweckt, dass es ihr ständig passierte, willkürlich und hilflos ausgeliefert zu sein. Ist sie aber nicht! Es passiert ihr ja wiederholt zum X-ten Mal! Es ist zum **Muster** geworden. Es läuft immer gleich ab. Emotionalisieren – Katastrophisieren – Chaos. Alle glauben es. Am allermeisten Lara selbst.

Übung: **Decke das Dramaspiel auf. Mache es öffentlich.** Zwinge dein Ego, sich selbst zu spielen, wie es dich spielt im Drama. Mache ein großes Spektakel. Es soll dein letztes sein. Filme dich – nicht dein Pferd. Dein Pferd halte da raus. **Nun schlüpfe in die Rolle deines Pferdes** und erlebe sein Ausgeliefertsein, wenn du dich im Drama suhlst. Verhalte dich wie dein schlimmer Dramaprinz und schaue gleichzeitig auf die Lara, die davon noch Fotos und Videos macht oder machen lässt; dir keine Aufmerksamkeit schenkt, deine Bedürfnisse nicht wahrnimmt, bei Kausalketten deines typisch tierischen Verhaltens nicht clever einschreitet. Eine Lara, die mit ihrer Energie im Drama und im Opfer ist, aber nicht beim Pferdesachverstand. **Schau dir an, wer du bist und ob du wirklich so sein willst.** Willst du wirklich die Person sein, die sich als Opfer verkauft, weil sie nicht mehr in der Lage ist, für das Wohl ihres Pferdes und sich selbst zu sorgen, weil sie das Drama wichtiger findet? Und womöglich im wahren Leben eine taffe Type ist? Triff eine Entscheidung. Du kannst jeden Tag neu wählen, wer du sein möchtest.

Schau dir deine vergangenen Videos, Beiträge und Turnierberichte erneut an. Nimm dich ernst. Nimm den Schmerz deines Pferdes ernst. Weichst du ins Lachen aus, ist es Scham und du nimmst dich selbst nicht ernst. Witzigkeit ist dein Schutz. Mangelndes Selbstwertgefühl ist die Ursache. Menschen wollen sich entwickeln. Lerne, dir wieder zu vertrauen, neugierig zu sein und aus der Komfortzone raus zu gehen, um etwas für dich zu tun. Schau dir deine Dramaspiele an und gib dir jetzt in deiner besten Vollversion der Dramatik Selbstmitleid für dein Opferdasein. Bejammere und beklage dich, dass dir so viele Katastrophen passieren und das Leben es so schlecht mit dir meint. Dass du das schlimmste Pferd und die schlimmsten Freunde hast, die schlimmsten Erfahrungen immer nur dir passieren. **Nimm dich selbst gedanklich in den Arm. Tröste dich.** Filme dich und denke daran: Du bist Expertin in Dramaturgie. Übertreibe. Jeder muss es glauben. Schaue es dir an. Wenn noch kein Effekt kommt, veröffentliche es.

Lara hat spätestens hier zwei Widerstände gespürt: Plötzlich war ihre Begabung zum Dramatisieren eingeschränkt. Das beweist, dass sie das Drama bewusst auslösen kann und zum ersten Mal spürte, dass sie es auch in der Vergangenheit unbewusst bewusst tat. Nun macht sie die neue Erfahrung, dass sie es auch bewusst abstellen kann! Zum anderen rebelliert ihr wacher Verstand, er fand Drama auf einmal albern. Hätte sie es öffentlich gemacht, hätte sie eine Komikerin dargestellt. Lara erkannte, welchen Gefahren sie Ruby aussetzte. Und ihr wurde durch den inneren Kampf, diese Videos auf keinen Fall öffentlich zu machen, bewusst, was die wahren Bedürfnisse hinter dem Drama waren: die Sehnsucht nach Anerkennung, Zugehörigkeit und Einzigartigkeit. Nun konnte Lara sich neue Wege suchen, sich diese Bedürfnisse ohne Drama und ohne Dramaprinzen zu erfüllen.
Lara verlor eine Maske: das Drama. Lara gewann das Vertrauen in sich selbst. In ihr wahres ICH. Nähe und Verbindung zu ihrem Pferd. Anerkennung und Respekt durch einen klugen und vorauschauenden Sachverstand.

Destruktive Selbstkritik

Selbstkritik ist ein riesiges Thema bei Lara. Es vergeht kaum ein Tag, an dem sie nicht an sich fies und gemein herumkritisiert, sich abwertet oder verurteilt. Warum hat das nicht geklappt? Warum war ich nicht platziert? Warum haben die Richter meine Leistung so schlecht gesehen? Warum kapiere ich es einfach nicht, wie die Lektion geht, wie mein Rhythmusgefühl sein muss, wie ich besser reite, sitze usw. Lara kann sich nicht annehmen, wie sie ist. Sie akzeptiert nicht, dass Dinge einfach manchmal sind, wie sie sind. Ihr fehlt das Mitgefühl für sich selbst.

Lara ist zu hart zu sich selbst und hat wenig Verständnis für schlechte Leistungen. Auf dem Turnier oder nach der Reitstunde ist ihre Selbstkritik auf dem Höhepunkt. Egal wie gut sie die Prüfung oder ein schwieriges und anspruchsvolles Training gemeistert hat, sie reitet vom Platz und nörgelt an sich selbst herum. Akribisch zählt sie alle Dinge auf, die nicht gut gelaufen sind! Am Ende müsste jeder Umstehende glauben, es habe gar nichts Gutes in ihrer Prüfung oder der Trainingseinheit gegeben.

Welcher Typ bist du? Typ Selbstkritik oder Typ Selbstreflektion? Wähle weise! Lara gibt dir ein Beispiel, wie sie vorher und wie sie nachher mit ihrem Reiten umgeht.

Welcher Typ bist du?	
LARA VORHER	LARA NACHHER
Typ Selbstkritik	**Typ Selbstreflektion**
Selbstkritik ist der emotionale, schuldzuweisende, selbstdarstellende Umgang mit sich selbst als irrationaler, unsachlicher, unterlegener, unzufriedener Gesprächspartner.	**Selbstreflektion ist der rationale, sachliche, wohlwollende Umgang mit sich selbst als Fachexperte auf vertrauensvoller Augenhöhe.**
o Negative Emotionen und Gedanken stecken im Problem.	o Positive Emotionen und Gedanken sehen die Lösung.
o Selbstkritik nagt am Selbstwert.	o Selbstreflektion stärkt das Selbstbewusstsein.
o Lara ist mit sich und Ruby unzufrieden und lehnt ihr Reiten ab.	o Lara fühlt sich wohl mit ihrem Reiten und ist mit Ruby gefühlvoll verbunden.
o Lara redet sich etwas ein und kann kein positives neues Verhalten erkennen, weil sie Fehlerguckerin ist, die sie sicherlich auch perfekt gut erkennt, weil sie sich immer wiederholen, aber keine Idee hat, sie abzustellen.	o Lara verurteilt sich nicht, sondern beurteilt neutral die fachliche Leistung. Sie lernt aus einem Lektionsfehler und stellt sich selbst nicht an den Pranger.

o Selbstkritik ist die Sicht auf eine nicht erfüllte Erwartung.	o Selbstreflektion ist eine Sicht auf das persönliche Wachstum, das Learning.
o Lara reitet auf der Stelle.	o Sie erkennt alternative Trainings-, Handlungs-, Ausbildungsmöglichkeiten.
o Aktive Emotionen sind Selbstzweifel, Versagensängste, Angst, als Reiter abgelehnt zu werden.	o Aktive Emotionen sind Freude, Zuversicht und Selbstvertrauen
FAZIT: Deshalb war Lara jahrelang überzeugt, Selbstkritik müsse man nach jedem Ritt ausüben, um besser zu werden. Ein Irrglaube. Selbstkritik zermürbt und macht unnötige, unproduktive Gedanken.	**FAZIT: Wertschätzende Selbstreflektion gibt Sicherheit und legt den Grundstein für eine rationale Einschätzung der gezeigten Leistung.**

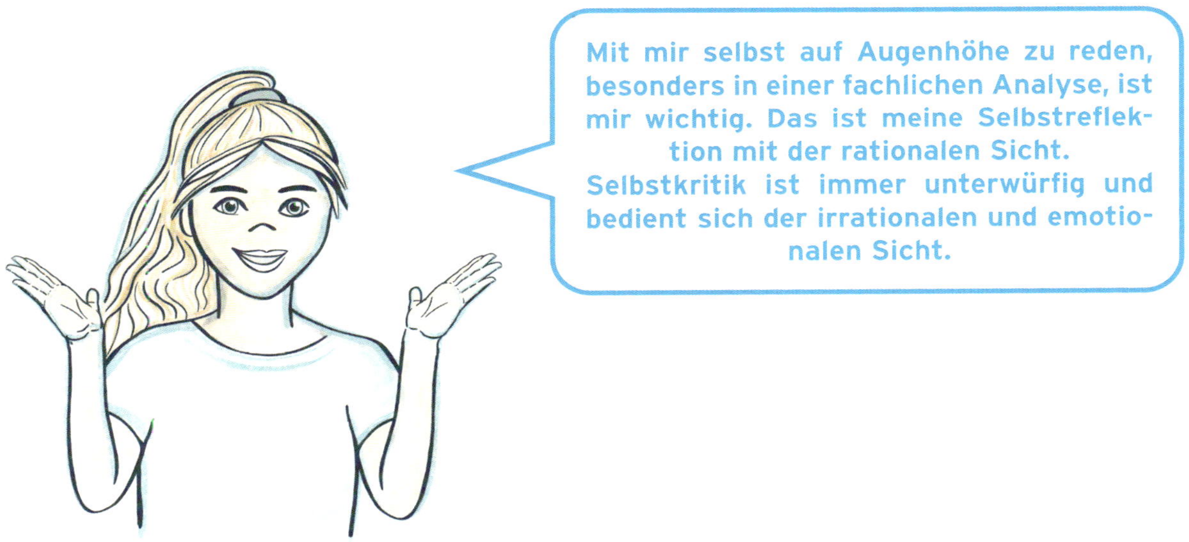

Übung: **Mitgefühl statt harscher, reiterlicher Selbstvernichtung.** Anstelle dich zu verurteilen, komme ins Mitgefühl. Sei dir selbst der Mensch, den du dir für dein Leben gewünscht hast, der sich um dich kümmert, dich unterstützt, liebevoll mit dir ist und Verständnis für deine reiterlichen und emotionalen Verstrickungen hat. Wünsche dir selbst Glücklichsein, dann stoppst du harte Selbstkritik. Gehe mit dir nicht so hart ins Gericht. Feiere deine kleinen Erfolge. Es ist so wichtig zu erkennen, wie weit du schon bist, nicht wie weit du noch kommen willst.

Teste dich. Stelle Lob und Kritik in den direkten Vergleich.

Ertappe deine Selbstkritik der letzten 48 Stunden auf der Stallgasse und beim Reiten.

Ich kritisierte mich für	Ich lobte mich hierfür

Lies dir deine ausgefüllte linke Spalte noch einmal durch und spüre, wie zermürbend Kritik ist. Hinterfrage dich, ob diese destruktive Selbstkritik wirklich was ändern kann? Kann sie dein Selbstbewusstsein stärken? Wenn ja, frage dich, ob du therapeutische Hilfe in Anspruch nehmen kannst.

Merke: Selbstkritik öffnet immer die Falltür in die Selbstabwertungsspirale. Selbstreflektion öffnet das Portal zum Selbstbewusstsein.

Lies Laras Notizen ihrer letzten niederschmetternden Selbstabwertungsspirale nach einer Prüfung. Nimm wahr, wie Lara unterwegs ist. Prüfe die negative Wortwahl, finde die Selbstabwertung, decke den verteidigenden Selbstschutz auf, filtere die dramatisierende Selbstwahrnehmung, ertappe die Selbstzweifel und Laras Hoffnungslosigkeit. Erkennst du dich wieder? (Lösung im Anhang)

Laras Selbstabwertungsspirale: Monolog eines Turniertages

- ☹ Hier mein erster dummer Fehler.
- ☹ Ich überfalle ich.
- ☹ Da quetsche ich unendlich viel, wie der absolute Anfänger.
- ☹ Und schon wieder festgehalten im Schritt, deshalb habe ich ihn mal deutlich in die Rippen gepufft.
- ☹ Ich habe wirklich probiert, das Hochdrücken etwas zu verhindern. Es geht halt nicht besser.
- ☹ Hier habe ich mich wieder nicht getraut. Lasse mich einfach da oben hängen. Ich lerne es nie.
- ☹ Übergang schlecht vorbereitet. Und dann noch weggesprungen. Es ist zum Verzweifeln. Ich bekomme ihn einfach nicht an meine Hilfen.
- ☹ Und hier einfach alles meine Fehler – zu lockere Verbindung. Ich klemme und naja, mehr muss ich dazu nicht sagen.
- ☹ Hier kam leider auch nicht viel. Da können wir mehr. Verdammt. Auch das können wir deutlich besser.
- ☹ Ich weiß doch nie, was ich machen soll. Es ist ständig dasselbe. Er muss doch mal endlich reagieren.
- ☹ Zu viel Druck, ich kann mich einfach nicht entspannen.
- ☹ Hier habe ich es dann gelassen. Wir müssen einfach mehr üben. Vielleicht muss ich zu drastischeren Mitteln greifen. (Ja, das sollte Lara! Und zwar zum Mittel einer indiskutablen und radikalen Ent-sabotage ihres Kopfes!)

Meine Selbstabwertung in Zahlen:

12x ☹, 0x ☺

Bei einer solchen Selbstkritik müssten alle Alarmknöpfe hell leuchten! Hier betreibt Lara keine fachliche Analyse. Diese wäre nämlich ohne Bewertungen oder Abwertungen und neutral. Hier wertet Lara ihr Reiten und ihren Selbstwert ab. Solange Lara maximal negativ unterwegs ist und nicht einen Minifunken positiven Mindsets in sich trägt, wird Ruby sich auch nur maximal negativ präsentieren. Energie überträgt sich. Energie lenkt Erfolg.

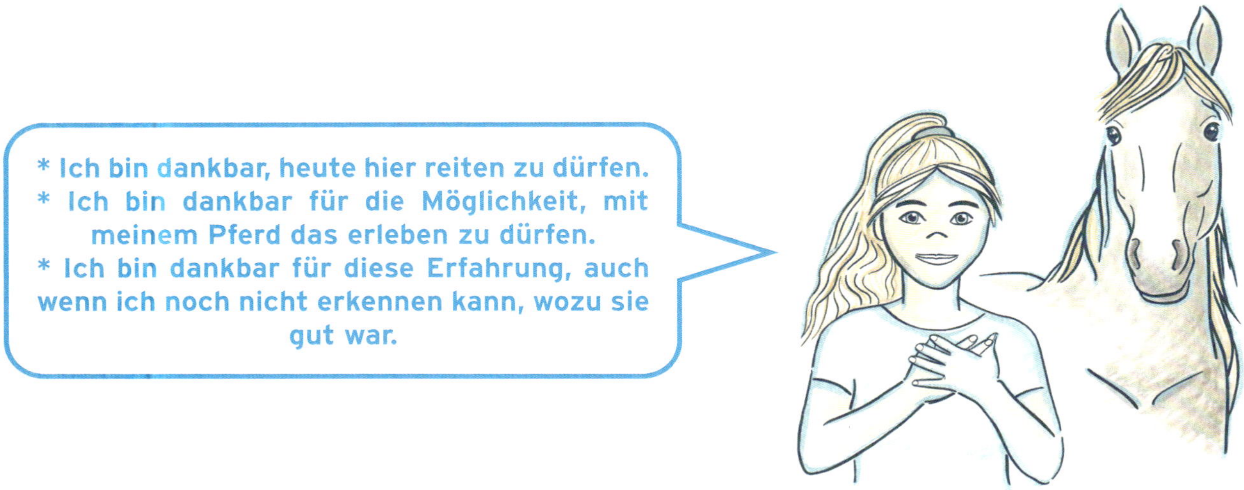

Übung: **Wertschätzung für positive Wahrnehmung schulen.** Das Erste, was du sagst, wenn du nach dem Training sprichst, soll an dein Pferd gerichtet sein. Trainiere deine Wahrnehmung und lege deinen Fokus immer erst auf die positiven Dinge, die gut gelaufen sind. Das Zweite richte an dich selbst. Zähle wohlwollende und lobende Worte zuerst auf. Nutze die Bereiche Pferd, Reiter, Lektionen/Hindernisse, Gesundheit, Ausbildung, Umgang als Gedächtnisstütze, zu denen du Positives formulieren kannst.

So geht positive Selbstkritik:

Beispiele positiver Reflektion	
☺ Auch wenn es schwierig ist und Ruby glotzt, macht das nichts. Er hat einfach einen besonderen Charme.	☺ Ruby hat es sehr verdient, sich zu zeigen. Ich bin ihm dankbar und unterstütze ihn.
☺ Mein Ritt hat mich euphorisiert.	☺ Alles ist möglich!
☺ Jeder Fehler ist eine Lernerfahrung, die ich annehme, weil sie mir hilft, mich weiterzuentwickeln.	☺ Ich brauche mich nicht zu vergleichen außer mit mir und meiner eigenen Leistung, das macht mich gelassen.
☺ Ich vertraue meiner reiterlichen Ausbildung und gebe immer mein Bestes.	☺ Ich bin optimal vorbereitet und weiß, dass Ruby seinen eigenen Plan haben könnte.
☺ Unglaubliche Reise mit meinem Pferd!	☺ Fröhlichkeit und Freude spürt auch mein Pferd heute.
☺ Mein Herz ist noch immer im Viereck.	☺ Mein Pferd ist ein Ausnahmepferd.

☺ Was jetzt noch nicht gut war, wird sicher besser, weil ich mir die Zeit dafür nehme.	☺ Meine Atmung bringt mich in die Entspannung.
☺ Ruby hat außerordentlich viel Kraft.	☺ Wir sind zu einem wunderbaren Team zusammengeschweißt.
☺ Meine mentale Stärke durfte ich heute auf die Probe stellen. Ich habe den Test gemeistert.	☺ Mein Pferd spiegelt meine Emotionen und ich kenne meine Trigger. Ich habe emotional clever reagiert.
☺ Ich bin aus tiefstem Herzen dankbar.	☺ Ruby macht alles, was ich frage und mir vornehme.
☺ Mein Pferd setzt sein Herz für mich ein.	☺ Ruby macht mit, so gut er es schon kann.
☺ Unsere Kommunikation wird täglich besser.	☺ Unsere Abstimmung wird immer feiner.
☺ Zusammen können wir wachsen.	☺ Unbeschreibliches Gefühl!

Übung: **Trainiere positive Selbstwahrnehmung.** Lege deinen Fokus auf deine positive Wahrnehmung. Trainiere Lob, Wertschätzung, Selbstannahme, Wohlwollen, Zuversicht und Dankbarkeit. Mit Negativismus ist noch keiner glücklich geworden. Selbst wenn du meinst, es gibt nun wirklich nichts Gutes, bleibe positiv und entschärfe deine Selbstkritik. Diese Übung kann zu deinem Ritual werden, wenn du mit starkem Selbstbewusstsein deinen nächsten Quantensprung machen willst.

Gute Reiter trainieren Flexibilität

Selbstkritik vermeidet Flexibilität. Bei Selbstkritik liegt der Fokus auf der Selbstabwertung und dem Verzagen in schwierigen Situationen. Pferde fordern aber zu jeder Sekunde Flexibilität. Gute Reiter wissen, dass die einzige, immer gültige und beständige Konstante im Reitsport die Flexibilität ist. Selbstreflektion ist der positive Gegenpol von Selbstkritik. Selbstreflektion macht flexibel handlungsfähig, emotional entspannt und stressfrei, weil man gelassen mit Improvisation umgehen lernt.

Neid und sich vergleichen

Sich vergleichen ist ein Denkmuster. Eltern erziehen ihre Kinder in der positiven Absicht mit Vergleichen, um sie für das Leben vorzubereiten. Im Kindergarten mit anderen Kindern, zuhause mit den Geschwistern oder Nachbarskindern, beim Reiten mit den anderen Reitern. Lara soll sich ein Beispiel nehmen, Lara soll sich mehr anstrengen, Lara soll zuschauen, wie gut das bei der Dressurqueen klappt. Lara bekam früh Minderwertigkeitskomplexe, weil sie sich nie gut genug fand. Sie fühlte sich unterlegen und weniger wert. Sie strengte sich noch mehr an und verglich ihre Schwächen mit den Stärken anderer. Das war blöd, das weiß sie heute. Denn mit diesem Blickwinkel schnitt sie immer schlechter ab und verstärkte ihren Glauben, nicht gut genug zu sein. Sie verglich sich mit den falschen Bezugspunkten.

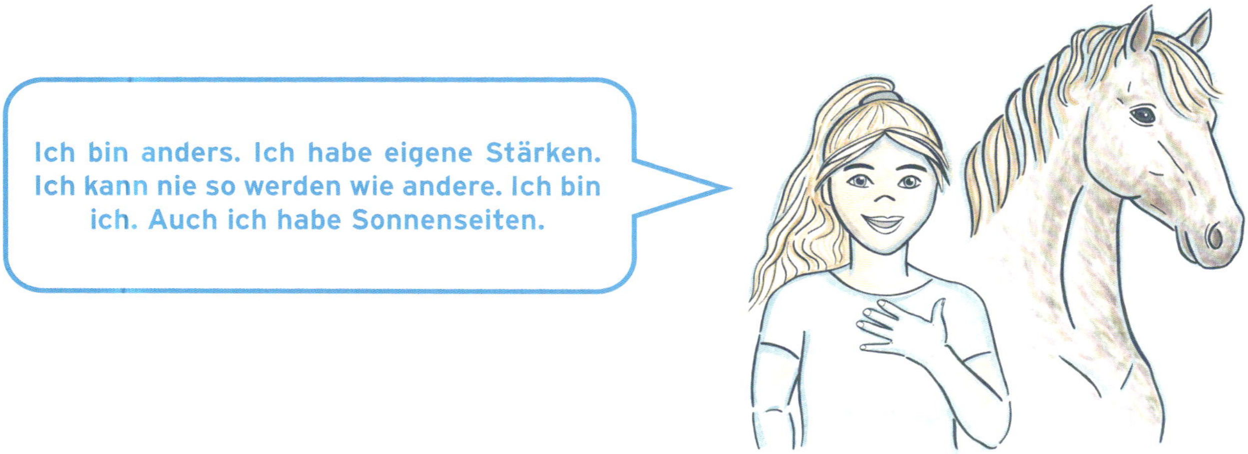

Lara entwickelte Neid. Sie glaubte, ihr fehlte etwas. Lara erkannte an fremden Pferden sofort die vielen tollen Vorzüge, die ihrem Pferd offensichtlich fehlten, um genauso erfolgreich zu sein. Die anderen Pferde waren immer besser ausgebildet, hatten mehr Qualität, waren rittiger, gehorsamer, erfolgreicher, gesünder belastbarer. Mit jeder neuen Herausforderung bekam sie Angst, gleich wieder nicht gut genug zu sein. Auch bei anderen Reitern war immer alles besser, schöner, toller, perfekter und zu allem Überfluss schienen sie glücklicher. Nur Lara bekam es nicht so hin. Alle schafften es, nur sie nicht. Lara war neidisch, zweifelte an sich, kritisierte sich.

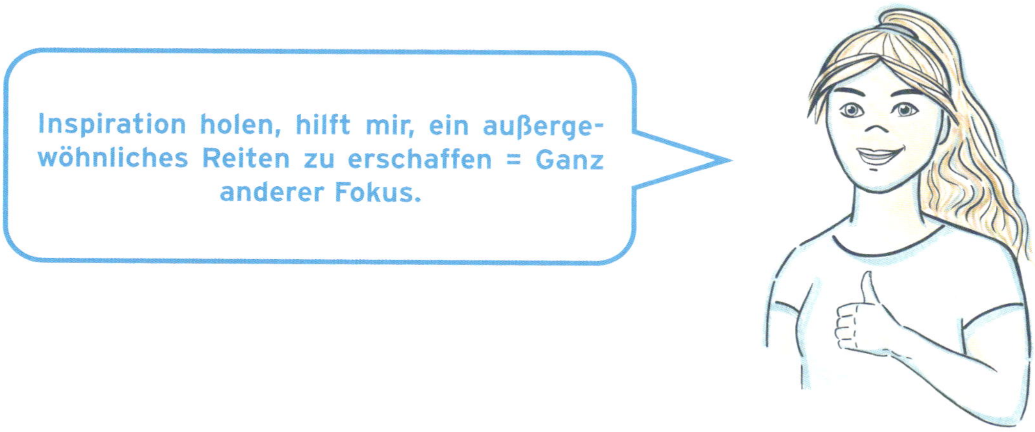

Es ist ok, neidisch zu sein, solange es für dich und nicht gegen dich oder andere ist. Allein die Erkenntnis, dass es Dinge gibt, die du nicht verändern oder erreichen kannst, stoppt den Neid. Das ist die Brücke zur Anerkennung der Leistung anderer oder der Startschuss, seine mental erbauten Gebirgsketten mental auch wieder abzubauen.

Was macht dich neidisch? Was wünschst du dir?

a)	b)	c)
d)	e)	f)

Es ist hilfreich, das Sich-Vergleichen zur Orientierung zu nutzen, um von anderen Reitern zu lernen oder sich inspirieren zu lassen. Unproduktiv wird es, sobald der Vergleich in Herabwürdigung und unrealistischer Selbstkritik endet und du dein Pferd lieber direkt in Beritt gibst. Erschaffe dir doch einmal selbst, was du haben willst. Zieh es durch! Bleib mal am Ball!

Merke: Im Reitsport können durchaus Lernpotentiale durch Vergleich, Beobachtung und Nachahmung aktiviert werden. Ob daraus Minderwertigkeit oder Selbstwertstärkung entsteht, bestimmt jeder Reiter durch sein Selbstbewusstsein selbst.

Drehe deinen Neid jetzt um. Füge nun in jeder Zeile hinzu, was du vom anderen lernen kannst, um dein eigenes Reiten zu verbessern.

a)	b)	c)
d)	e)	f)

Wir alle haben unterschiedliche Talente. Wir alle haben Sonnenseiten und Schattenseiten. Solange Lara neidisch ist, hat sie ihre eigenen Talente entweder noch nicht gefunden oder sie ist nicht bereit, denselben Preis (im Sinne von Einsatz, Bedingungen erfüllen) zu bezahlen, den die beneidete Person investiert hat, jetzt dort zu sein, wo Lara gern wäre. Um ihre Ziele zu erreichen, braucht Lara keinen Neid, sie braucht Freude und Spaß und sie braucht ihre eigenen Gaben und Stärken.

Notiere nun die Nachteile, die du in den Vorteilen des Neidobjekts siehst. Damit entkräftest du viele negative Emotionen und kannst sogar positive auslösen.

a)	b)	c)
d)	e)	f)

Neid vergleicht sich nicht realistisch, sondern rein gedanklich. Das bedeutet, ich vergleiche mein Innen mit dem Außen eines anderen. Nicht clever! Vergleiche ich die Benotungen der Ergebnisliste, vergleiche ich zusätzlich noch das Außen des Richters. Das führt zu nichts.

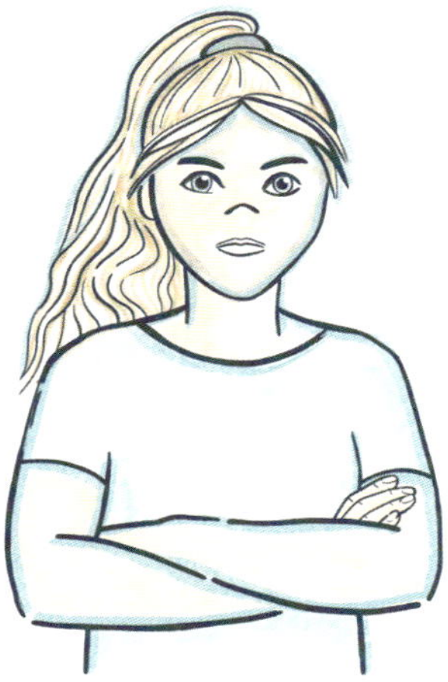

Das Wörtchen „muss" entscheidet über die Einstellung zu sich selbst. Wenn Lara denkt, sie muss so sein wie andere, sie muss es so können, sie muss besser reiten, sie muss mithalten, dann wirkt das Vergleichen dysfunktional. Sie wird in einen unbewussten, unvermeidbaren Vergleichskampf hineingezogen.

Hinterlasse deinen eigenen Fußabdruck in der Reiterei. Mache den Unterschied. Wie willst du sein?

- ☐ **Immer ich selbst**
- ☐ **Wie ein anderer**
- ☐ **Egal, Hauptsache einflussreiches und abgebrühtes Vorbild**
- ☐ **Grundsätzlich mein eigener Experte**

Sich vergleichen, hält dich davon ab, das Original zu sein.

Sich vergleichen – aber richtig

Für Anna ist es absurd, mit dem Vergleichen aufzuhören. Sie braucht das. Schließlich lebt der Sport vom Konkurrenzkampf, vom Streben nach immer wieder besseren Bestleistungen. Durch ihre Bewertung kann sie erkennen, wo sie im Vergleich zu anderen steht. Sonst bräuchte sie erst gar nicht auf ein Turnier fahren. Sie profitiert vom Vergleichen. Das ist nicht dysfunktional, solange sie sich mit ihren vorherigen Leistungen vergleicht – nicht mit anderen.
Lara und Anna haben einen cleveren Plan: Sie wollen sich künftig weiter vergleichen – aber richtig! Und zwar mit Menschen, die unter den gleichen Bedingungen die gleichen Erfahrungen, die gleichen Empfindungen, die gleichen Gedanken, dieselben Emotionen, die gleichen Eltern, Freunde, Verwandte, das gleiche Pferd, die gleichen Trainer, Tierärzte, Schmiede, Stallbesitzer, Richter, Turniere gehabt haben. Sie erstellen eine Strichliste, damit auch ihr Ego es schwarz auf weiß sieht: Es gibt keinen zweiten Menschen, der in allen Anteilen identisch ist. Selbst die beiden Mädels untereinander sind nicht identisch in ihrem Lebenslauf. Menschen sind nicht vergleichbar. Sie sind alle **einzigartig!**
Nur, woran sollen sie sich messen, wenn nicht mit anderen Reitern? Lara und Anna waren wieder gefangen im Wettkampfdenken. Dabei war die Lösung offensichtlich und harmonierte mit ihren neuen Vorsätzen. Die Lösung ist: mit sich selbst!

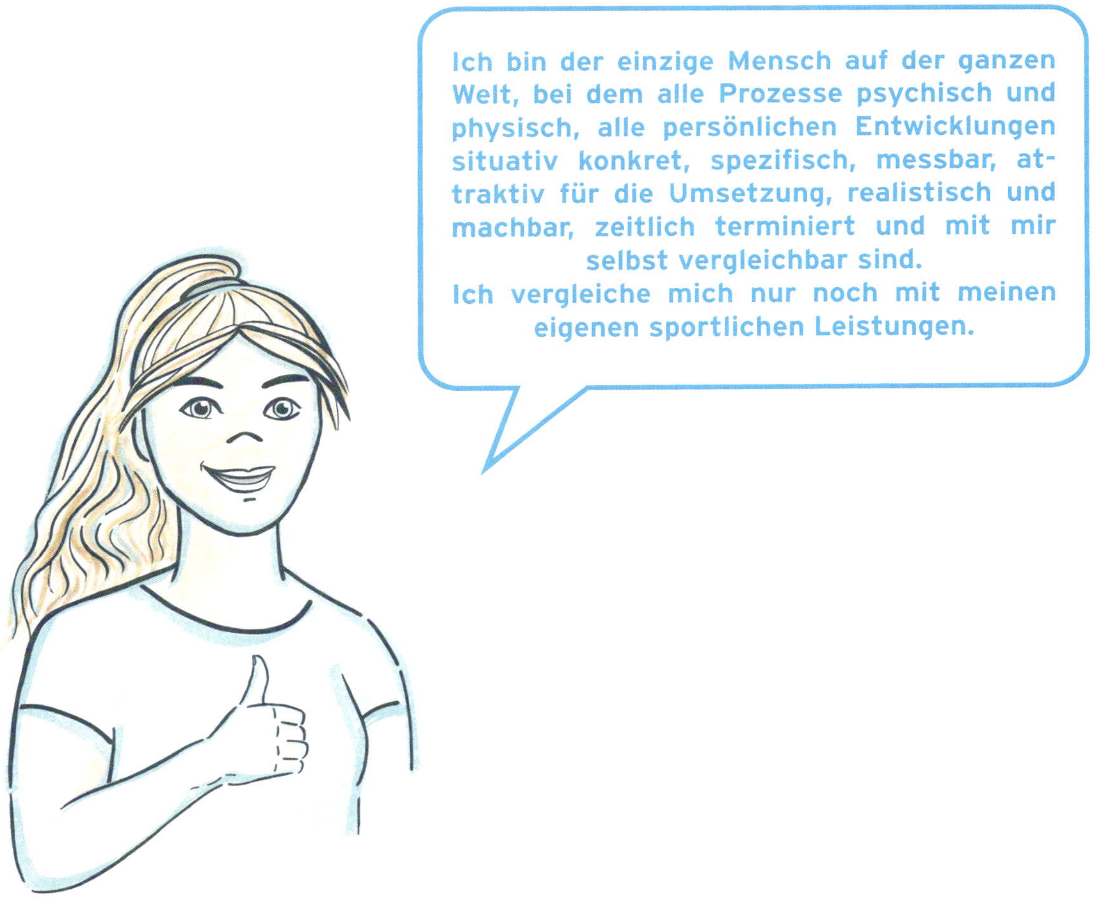

Was ist es dir wert, das zu erreichen, worin du dich vergleichst? Notiere, welche Bedingungen du erfüllen müsstest. Streiche anschließend durch, weil die Umsetzung unmöglich ist oder du beim Schreiben schon merkst, dass du es eigentlich gar nicht willst. Dann kannst du nämlich ab sofort Anerkennung zeigen und hörst bewusst auf, dich zu vergleichen, weil du dein eigenes Leben vielleicht doch ganz gut findest.
Lara beginnt mit folgenden Beispielen:

1. Ich will mehr Erfolg, aber nicht mehr Arbeit. Für mehr Erfolg müsste ich mehr arbeiten und trainieren, könnte weniger in den Wald, müsste häufiger an den Stall, müsste meiner Reitbeteiligung absagen, hätte weniger Zeit für meinen Freund oder die Familie, wäre noch länger am Stall, müsste konsequenter werden, müsste strukturierter meine Turniere planen, hätte keine Zeit mehr an Wochenenden. Ach nee, lieber nicht ...

2. Ich will Grand Prix reiten – ach nee, lieber nicht. Dann müsste ich spätestens bei Piaffe und Passage mein Pferd verkaufen, weil seine Stärken dieser Lektion ferngeblieben sind ... und ein neues Pferd kann ich mir nicht leisten, dazu müsste ich meinen Job wechseln oder eine Weiterbildung machen, Lernzeit investieren, viel Geld investieren, dann braucht das Pferd neue Ausrüstung, ich brauche einen neuen Trainer. Ach nee, lieber nicht ...

JETZT DU:

3.

4.

Selbstzweifel

Selbstzweifel, Sorgen und Ängste sind die Zweifel am eigenen Selbst, die einengende Komfortzone verlassen zu können. Daher hält der Verstand sie aufrecht. Für ihn, der um Überleben und Sicherheit bemüht ist, macht das keinen Sinn, seine Komfortzone zu verlassen. Selbstzweifel sind seine Schutzstrategie, sodass du vor lauter Zweifeln daheimbleibst. Die **Gegenstrategien sind Freude und Neugier.** Mit ihnen lassen sich mentale Grenzen sprengen, Erfolge feiern, neue Erfahrungen machen.

Merke: Je mehr Erfolg Reiter haben, desto mehr Vertrauen haben sie in den Prozess der Ausbildung, desto weniger zweifeln sie, dass gutes Reiten die Summe aller Erfahrungen ist.

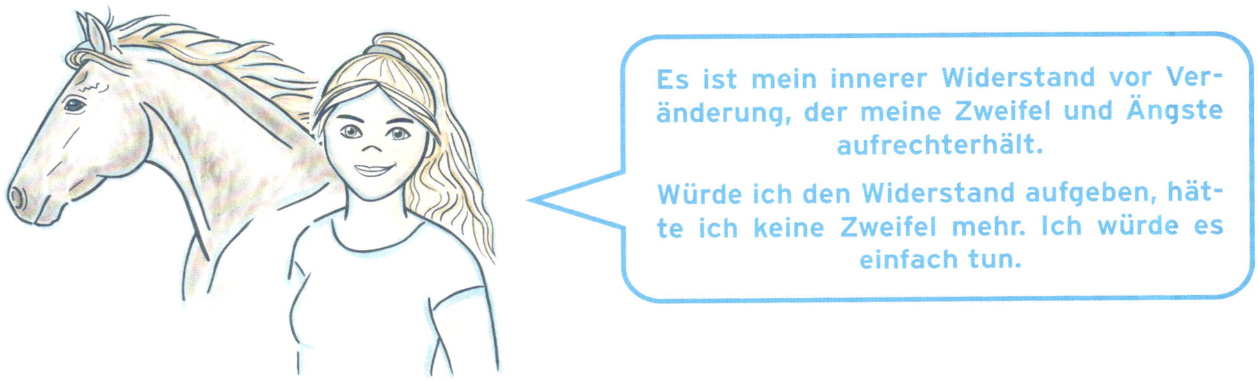

Wenn Lara als Kind die Erfahrung von Ablehnung gemacht hat, bleibt dieses Gefühl in ihrem System emotional verankert. Daran ändert weder das Alter noch der Verstand etwas. Diese Prägung findet ihren Ausdruck in dem Hadern mit sich selbst, der Selbstverurteilung, den Selbstzweifeln und einem schlechten Selbstwertgefühl. Laras Selbstzweifel gibt es in unterschiedlichen Ausprägungen. Sie sind emotions- und situationsflexibel. Selbstzweifel können auch Reiter mit technisch guter Handlungsfähigkeit, bestem Know-how, den besten Pferden und den versiertesten und renommiertesten Trainern haben. Die Emotion Angst und Minderwertigkeit wirkt stärker als das egal wie ausgezeichnete oder perfekte Technikwissen.
Lara versteckt sich innerlich häufig. Ihre größte Sorge ist, dass andere sehen können, wie verzweifelt sie ist, wie sie es einfach nicht perfekt draufhat. Sie tut alles dafür, die ambitionierte Reiterin zu spielen. Aber in ihr wühlen die Selbstzweifel. Mal hat sie Glück, und Ruby rettet ihr das Ansehen, mal haben die anderen Glück, und Lara ist ein Häufchen Elend. Am meisten erschreckt es sie, wie sensibel Ruby auf ihre Angst und Unsicherheit reagiert. Ist er selbst mental ausbalanciert, hilft er ihr und weiß, was sein Job ist. Ist er jedoch selbst unsicher, fühlt er sich von Lara allein gelassen, weil sie nur noch mit ihrer Unsicherheit beschäftigt ist, wo er so sehr auf ihre Unterstützung hofft. Dann fühlt sich Lara hinterher noch niedergeschlagener und schuldig. Hätte sie mal mehr geritten ...

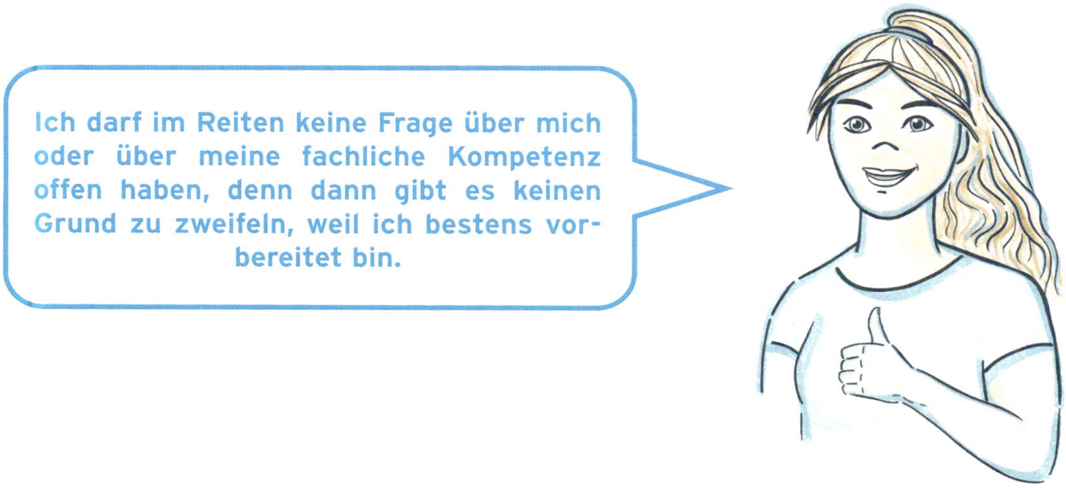

Wie ist dein Selbstbild?

So sehe ich mich in meinem Selbstbild	
Ich sehe mich als ...	Ich würde mich gern sehen als ...

Um dich so zu sehen, wie du gern sein willst, an was müsstest du da ganz konkret glauben?

____

____

____

Wie lange willst du noch mit Zweifeln reiten? Erkennst du die Sinnhaftigkeit darin, mit Selbstzweifeln zu reiten? Welchen Vorteil hat das?

____

____

____

Jetzt kannst du eine Entscheidung treffen. Erreichst du deine Vorteile auch durch andere, positivere Optionen? Wen kannst du um Hilfe fragen?

Mache eine Reise durch dein Reiterleben. Blicke einige Jahre zurück und beginne, in welchem Jahr auch immer du möchtest. Vielleicht zum Zeitpunkt als du Reiten gelernt oder dein erstes eigenes Pferd gekauft hast. Trage durch kleine Kreuze oberhalb der horizontalen Linie deine wichtigsten und großartigsten, schönsten und erfahrungsreichsten Momente ein, die dich weitergebracht haben. (+ = wichtig, +++ = super wichtig). Trage durch kleine Kreuze unterhalb der horizontalen Linie (im Minusbereich) deine schwierigen Momente ein, die dennoch lehrreich waren und deinen Horizont erweitert haben. Auf der horizontalen Zeitachse schreibe mit Stichpunkten auf, was es für Momente waren. Verbinde die kleinen Kreuze mit einer Linie wie beim Malen nach Zahlen.

Laras **Timeline:**

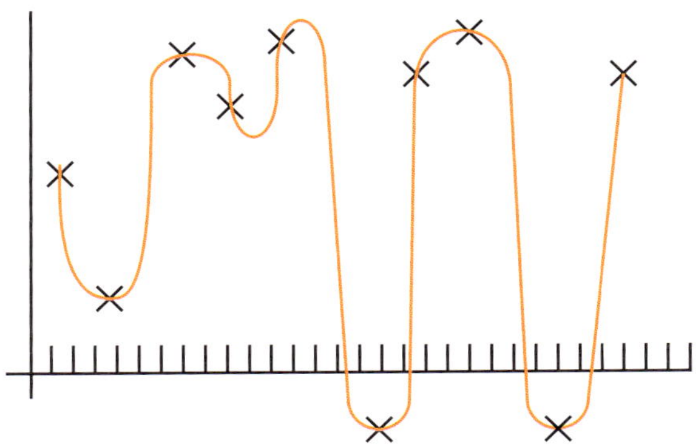

+	++	+++	–
Erster Sieg (Euphorie)	Preis für faires Reiten bekommen	Gebe Reitunterricht (Erfüllung)	Sturz (Ohnmacht/ Hilflosigkeit)
Fliegende Wechsel gelernt (Glück)	Lehrgang teilgenommen (Knoten im Kopf ist geplatzt)		Krankheit (Traurigkeit, Erschöpfung)
Angst besiegt (Motivation und Selbstwert gestärkt)	Influencer mit Pferd geworden (Energieschub)		
Zum ersten Mal am Strand geritten (Spass, Verbindung)	Entscheidung getroffen, den Trainer zu wechseln (Freude, Stolz)		

Mache eine Reise durch die fantastischen Momente deines Reiterlebens.

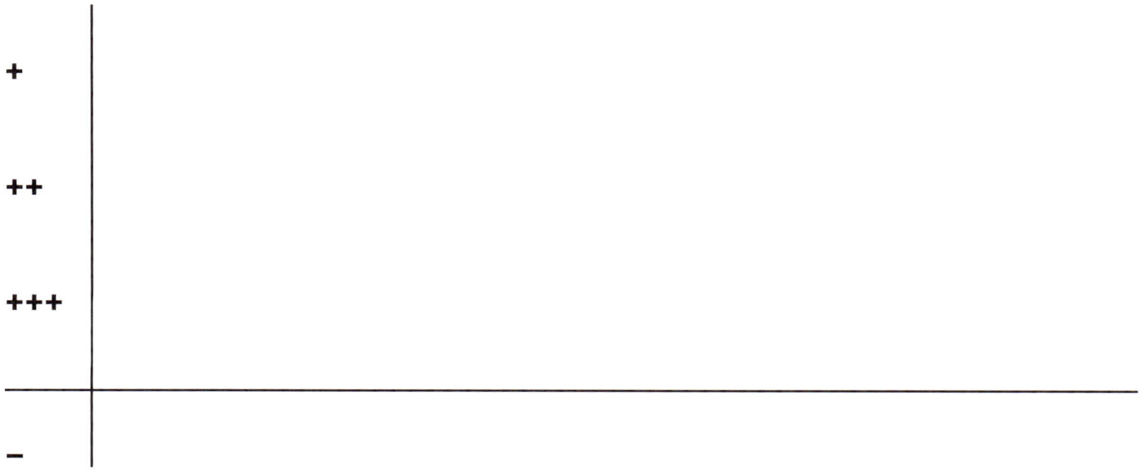

Du bist die Summe deiner Erfahrungen und jede einzelne macht dich zu einem einzigartigen Reiter. **Reiten bedeutet, unendlich viele unterschiedliche Erfahrungen machen zu dürfen: Freude, Trauer, Schmerz, Leid, Liebe, Spaß, Lachen, Niederlagen, Erfolge.** Das ist Reiten und du bist ein Unikat. Kein anderer ist deinen Weg gegangen. Kein anderer darf sich über deinen Weg äußern, nur weil er ihn NICHT gegangen ist. Trage mit Stolz deine Entwicklung in deinem Herzen und tausche die Selbstzweifel mit deiner puren Souveränität, deine Schatztruhe voller Erfahrungen endlich zu öffnen. Werde dir bewusst, wie viel Potenzial bereits in dieser Schatztruhe ist. Zögere nicht, noch mehr Glamour hinzuzufügen. Alles was du dazu brauchst, ist dein Bewusstsein, dass dein Reiten deine ganz persönliche Reise ist. Es gibt keinen Grund, warum du deine Krone nicht tragen solltest, denn sie ist in deiner Truhe. Zeige sie!

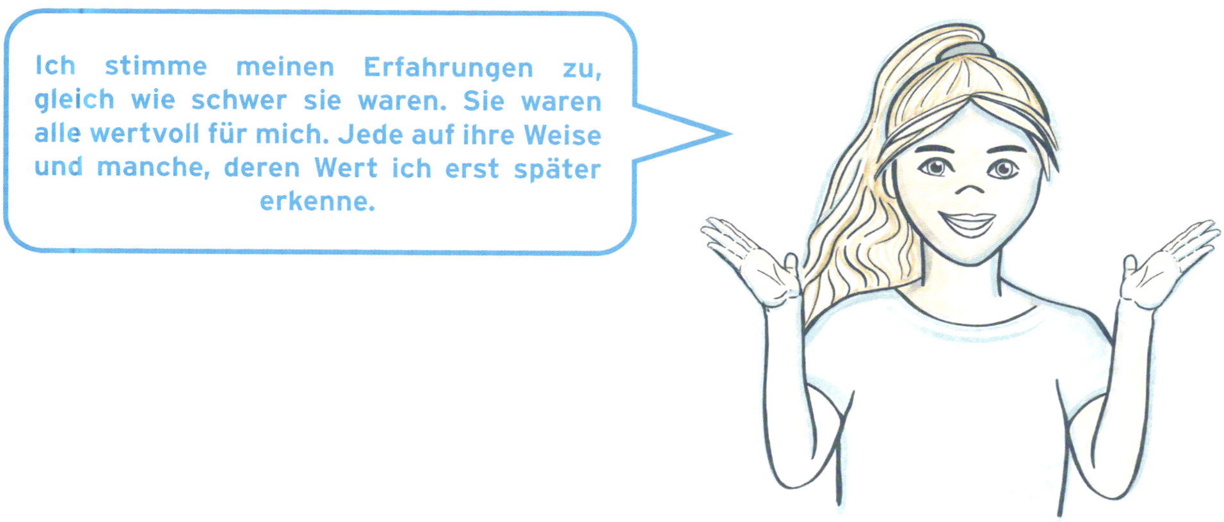

Überzeuge dein inneres Kind, das an sich zweifelt, dass du großartig und einzigartig bist auf der Welt! Sammle 7 gute Argumente.

1. ______

2. ______

3. ______

4. ______

5 ______

6 ______

7. ______

Übung: **Nimm die kleine Zweiflerin/den kleinen Zweifler in dir liebevoll an.** Er/sie gehört zu dir. Nimm sie/ihn wahr, dann wird er/sie verstummen. Stelle dir vor, es gibt eine psychische Instanz in dir, die nennt sich „das innere Kind". Es ist unter anderem der Anteil in dir, der zweifelt. Gib ihm in deiner Vorstellung eine Gestalt. Was macht diese Gestalt? Wie schaut sie aus? Heiße sie willkommen. Nimm sie liebevoll in den Arm und sage ihr laut mit deinen 7 Argumenten, wie großartig sie ist. Sage ihr, dass sie nicht mehr zweifeln muss, weil du jetzt für euch beide sorgst. Du sorgst dafür, dass dir immer bewusst ist, dass diese Instanz mit im Sattel sitzt. Ab sofort weißt du, wenn du zweifelst, dass dein inneres Kind gehört werden will. Schubse es nicht vom Sattel. Es wird sich wehren. Runterfallen hat keiner gern. Nimm das innere Kind wahr. Sage ihm, du wirst es an die Hand nehmen und ihm zeigen, wie der gemeinsame Weg gemeistert wird. Du bist die Person, die ihm und deinem Pferd Sicherheit gibt. Du bist es, der die Verantwortung für das Gelingen eurer Reiterei übernimmt. Nimm ihm die Zügel aus der Hand. Dein inneres Kind wird verstehen, dass es wichtig ist, dass du als zuständige Person die Verantwortung für dein Pferd übernommen hast und damit Verantwortung für euer beider Sicherheit trägst. Es wird verstehen, dass du diese Aufgabe sehr ernst nimmst, wie du auch seine Zweifel ernst nimmst. Es darf bleiben, aber du hast ab jetzt die Führung. Sag ihm, es braucht keine Angst zu haben, von dir abgelehnt zu werden. Ihr seid jetzt ein Team! Euer Pferd darf sich auf euch verlassen. Umarme dein zweifelndes inneres Kind ein letztes Mal und bitte es liebevoll, aus deiner Visualisierung zu schwinden. Wenn du magst, hole dir deinen inneren Unterstützer in den Sattel, der dich unterstützt und mit dem du deine fachliche Expertise ausbauen kannst.

Angst, nicht gut genug zu sein

Wenn Lara reitet, dann reitet sie. Sie schwimmt nicht, sie tanzt nicht, sie spielt kein Fußball, sie reitet. Das liegt in der Natur der Sportart. Da braucht kein Trainer rufen: „Lahhraaaah, reiten! Reeeiite! Du musst meeehr reiten!“ Da braucht kein Bandenprofi rufen: „Lara? Die kann gar nicht reiten.“ Wer auf ein Pferd steigt, reitet. Wer alles bewertet, der bewertet alles. Und es liegt in der Natur der Sportart, diese durch die aktive Übung erst und vollumfänglich erlernen zu müssen. Auch diejenigen, die (noch) nicht alles beherrschen, reiten, sobald sie auf dem Pferd sitzen. Der kleinste gemeinsame Nenner, mit dem jeder die Sportart anfängt und ausübt, ist das Pferd und das Aufsteigen. Wenn Lara also reiten lernt, dann lernt sie Reiten mit allem, was diese Sportart in Zeit, Dauer, Intensität, Wissen und Anforderung mit sich bringt. Wenn sie aber reitet und sich gleichzeitig nicht erlaubt, es zu erlernen, weil sie (oder andere) es vorher schon bewerte(n) und sie vorher schon denkt, sie ist nicht gut genug, ohne in ihrer Klasse und anschließend in der Nächsten und dann in der Nächsthöheren ausgelernt zu haben, was durchaus auch ein Leben lang andauern kann, dann ist das einfach nicht clever fürs Reitenlernen. Lara lässt zu, dass die Angst vor der Angst, nicht gut genug zu sein, mitreitet. So sorgt sie für eine Stressdauerbelastung auf einem konstant hohen Erregungsniveau. Ihr Körper wird irgendwann aussteigen.

Lara hat sich eine Sportart gewählt, in der sie nie auslernt. Mit jedem neuen Pferd, das sie reitet, wird sie wieder mehr dazulernen. Will sie trotzdem denken, nicht gut genug zu sein, ist Reiten nicht die richtige Sportart für sie. Denn das Pferd ist kein Sportgerät. Es ist und bleibt ein Lebewesen mit eigener Persönlichkeit. Das Pferd hat immer und schlussendlich seinen Anteil an einer Zusammenarbeit. Es wird immer eine eigene Meinung in den Trainings- und Turnierprozess einbringen. Lara wird immer nur gemeinsam mit ihrem Pferd gut sein! Und das gemeinsame Beste ist gut genug!

Merke: Die Steigerung von „gut genug“ ist: das Beste. Gib dein Bestes! Es ist alles, was du geben kannst.

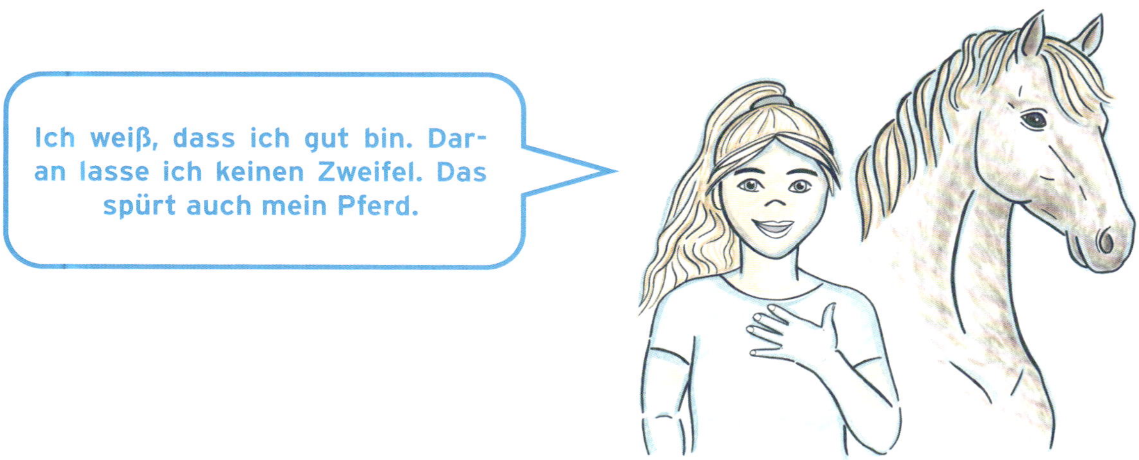

Pferde lesen keine Bücher, um zu wissen, wann Lara gut genug ist. Pferde bewerten nicht. Sie müssen auch nicht vorher eine wissenschaftlich fundierte Studie aufstellen, warum etwas gelingt oder nicht gelingen sollte. Aber sie werden immer die Bedürfnisse ihrer Reiter bestmöglich erfüllen. Erfüllen sie sie nicht, war es für sie schlicht nicht oder noch nicht möglich.

Merke: Gäbe es kein Idealbild über die Reitkunst, gäbe es auch keine Angst, nicht gut genug zu sein. Trenne dich von der Illusion eines skizzierten Idealbildes und du trennst dich von der Angst.

Die Angst vor der Angst, nicht gut genug zu sein, ist unbegründet. Löse dich von dem Gedanken, Reiten sei eine in allen Belangen absolut beherrschbare Sportart, wie es in anderen Sportarten der Fall sein mag. Ist sie nicht! Lara hat es angenommen, dass Reiten eine gemeinsame Reise ist. Es liegt an ihr, wie schön sie die Umgebung gestaltet.

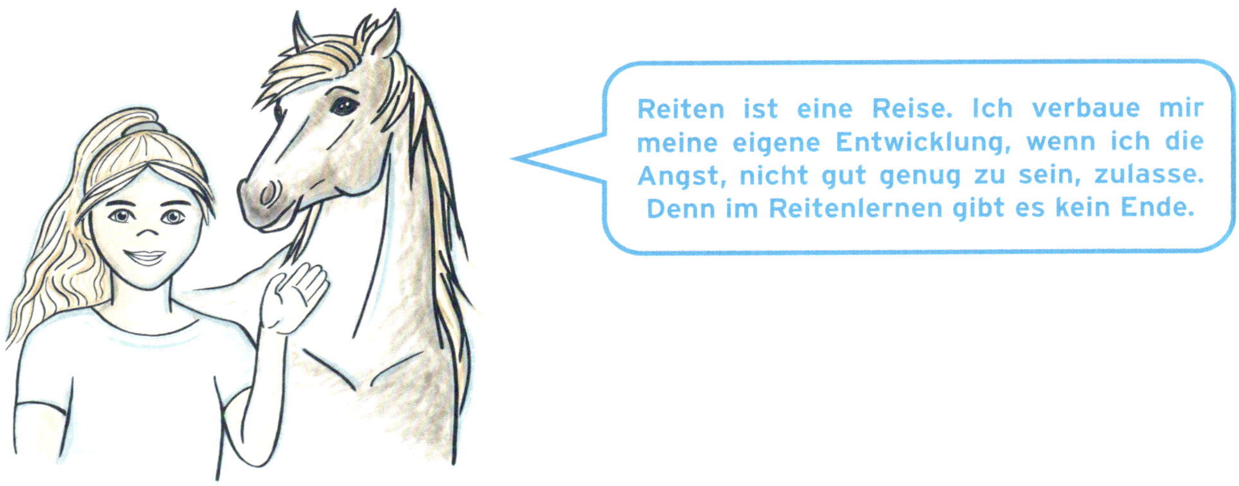

Auch Olympiareiter sind nicht perfekt. Es hört im Reitsport nie auf, nicht gut genug zu sein. Nimm die Angst einfach an, damit sie verschwindet. Ja, es ist mein Sport! Da hört es nie auf, gut genug zu sein. Ich kann immer etwas verbessern und an mir oder meinem Pferd arbeiten. Lara hat eine Tugend aus der Angst gemacht. Heute ist sie froh, weil die Angst sie nicht mehr blockiert, sondern sie sensibilisiert, jede Erfahrung wie ein nimmersatter Schwamm in sich aufzunehmen und genau daran Spaß zu haben.

Merke: Ein Reiter ist ein Mensch, der vergisst, ein Mensch mit all seinen psychischen Bedürfnissen zu sein, wenn er reitet. Alles dreht sich ums Pferd. Nur bei negativen Emotionen, da dreht sich alles um das Ego des Reiters, nichts mehr dreht sich um das Pferd. Verrückt, denn er selbst nimmt es nicht wahr.

Anna, die Springen reitet, hat es leichter. Sie glaubt: Passt die Distanz nicht, war ihr Augenmaß und Rhythmusgefühl schlecht – oder ihr Pferd zu dumm, sich selbst zu helfen ... Fällt die Stange, war ihr Pferd mit seinem Springvermögen nicht gut genug. Hat sie einen Zeitfehler, war sie nicht schnell genug. Sie hat lediglich unterschwellige Furcht, dass die Stange fällt, ihr Pferd verweigert, vorbeiläuft oder zu langsam ist. Das ist ihre Form der Angst, nicht gut genug zu sein. Sie mag vielleicht messbarer sein, ist aber auch irrational und unbegründet. Rational kann sie im Training an Kraft und Schnelligkeit arbeiten sowie Ausdauer, Wendigkeit, Rittigkeit trainieren sowie weitere Inhalte der Reitlehre umsetzen. Mental kann sie sich fragen, welche Gedanken ihr besser helfen, als den Fokus auf die Furcht zu legen oder ihrem Pferd die Schuld zu geben, wenn es nicht rund läuft.

Wenn du Themen wie Anna hast, fülle die Zeilen für dich aus.

1. **Welche rationalen Gedanken helfen dir besser als die Emotion Angst?**

____

____

____

2. **In welchen Teilschritten müsstest du reiten, deinen Trainingsplan erstellen, deine Trainingsorte auswählen, deinem Pferd Trainingsreize setzen, bis es besser wird?**

____

____

____

Annas Freund Felix macht Angst eher zu schaffen, wenn er beim Parcoursabgehen bemerkt, für diese anspruchsvollen Wege, diese reiterlichen Anforderungen, diese Aufbauart, diese Hinderniswahl nicht gut genug zu sein. Nun kann er hinterfragen:

- **a** **Ist es das Vermögen, das ihm und seinem Pferd auf dem gemeinsamen Weg der Entwicklung fehlt und welches durch Training grundsätzlich hergestellt werden kann?**
- **b** **Oder ist es das Gefühl vor der noch nie bewältigen Aufgabe und neuen Anforderung?**

Ist es **a**, geht Felix zur obigen mentalen Fragestellung, wie er denken muss, damit er bewusst besseren Einfluss auf seine Leistung nehmen und Bestform abliefern kann, wenn sie gefordert ist. Er kann sich auch fragen, wie er es schafft, den Fehler immer bei seinem Pferd zu suchen.
Ist es **b**, und geht es um sein Gefühl, das er blockiert aus Altgewohntem herauszutreten, um sich Neuem zu stellen, zuversichtlich zu sein, die Aufgabe bewältigen zu können, es sich zutrauen, seine Komfortzone zu verlassen, um eine Erfahrung reicher zu werden, dann kann sich Felix emotional hinterfragen:

3. **Wo hat dir ein vergangenes Ergebnis doch gezeigt, dass du gut genug bist oder Dinge meistern kannst?**

___

___

___

4. **Gibt es etwas, was im Rahmen des Parcoursspringens schon gut klappt?**

___

___

___

5. **Für welches höhere Ziel lohnt es sich, dein Bestes zu geben, an deiner Technik zu feilen, dir für jedes Problem eine Lösung anzueignen?**

___

___

___

Übung: **Was ist deine Absicht, wenn du reitest?** Zu jammern, nicht gut genug zu sein? Runterzufallen, um dann zu jammern? Die Kontrolle zu verlieren, um zu bestätigen, dass du noch nicht gut genug bist? Gelähmt und passiv auf deinem Pferd zu sitzen, damit du dir was von fehlendem Mut einreden kannst? Hilflos zuzusehen, wie dein Pferd nicht vor deiner treibenden Hilfe ist, nach dir tritt, steigt, bockt, um von Problempferd reden zu können? Abreitweltmeister zu sein, um sagen zu können: Ja, aber die Prüfung, die war ein Desaster! Was ist deine Absicht, wenn du reitest? Aufzusteigen, weil du genau weißt, dass du Angst bekommst, es nicht schaffst, versagen wirst, scheiterst oder schon vorher von entsprechendem „Respekt vor dem typisch tierischen Verhalten" sprichst? Ist das deine Absicht, wenn du reitest? Triff eine Entscheidung und richte dich **vor jedem Ritt mental und energetisch mit einer positiven Absicht** aus! Warum bist du heute auf dein Pferd gestiegen? Nutze jetzt dein Pferdewissen und deine Fachkenntnisse, um deine Absicht zu erfüllen.

SCHRITT 3
REGULIERE DICH ERFOLGREICH

Pferde lieben Glücksreiter. Werde mit Lieblingsgefühlen zu dem Reiter, den dein Pferd sich selbst unter Hunderten aussuchen würde und erschaffe dir mit deinem Bewusstsein eure gemeinsamen Glücksmomente selbst.

MICHAELA KRONENBERGER

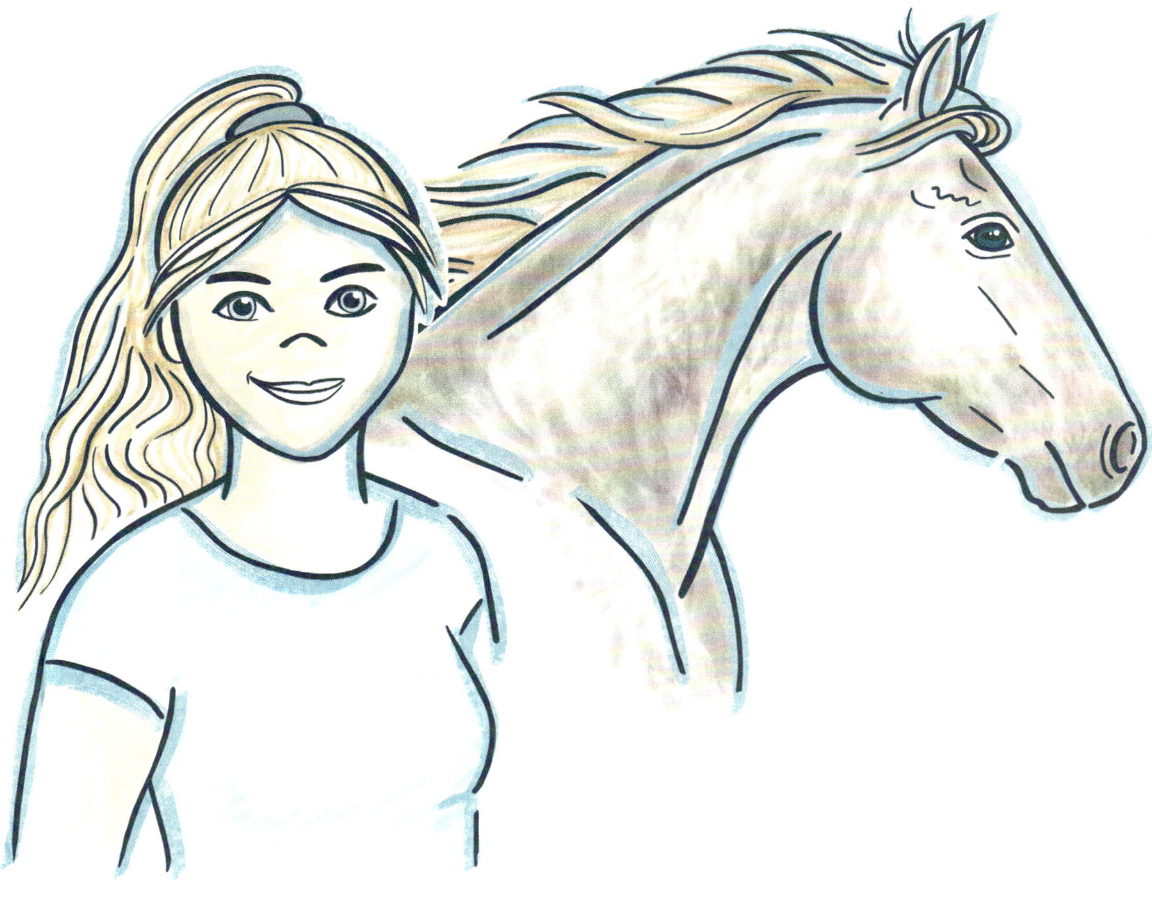

Positive Emotionen fühlen

Im dritten Schritt **Reguliere dich erfolgreich** lernst du, deine emotionalen Verstrickungen durch die richtige Strategie zu durchleuchten, zu hinterfragen, zu regulieren. Du wirst loslassen, was dir nicht guttut. Du lernst, wie du den Knoten im Kopf löst und clevere Handlungsfähigkeit im Umgang mit deinen Ängsten erzeugst. Diese Methoden kannst du auf all deine Gefühle anwenden, auch wenn sie hier nicht explizit aufgeführt sind. Hast du Verdacht auf eine Angststörung oder psychische Störung, empfehle ich dringend, einen Facharzt aufzusuchen.

Lara begeistert Ruby, damit er sich Lara als Reiterin seines Herzens gern aussucht. Spiel, Spaß, Spannung, Abwechslung. **Würde dein Pferd dich aussuchen, weil du es auf der emotionalen Beziehungsebene beim Reiten begeisterst? Oder hat es bei dir wenig zu lachen?**

Skala der Begeisterung.
1 = Ganz ehrlich, mein Pferd wünscht sich lieber einen anderen Reiter.
10 = Mein Pferd würde sich zu mehr als 100 % mich als mental und emotional starken Reiter auch auswählen.

① ② ③ ④ ⑤ ⑥ ⑦ ⑧ ⑨ ⑩

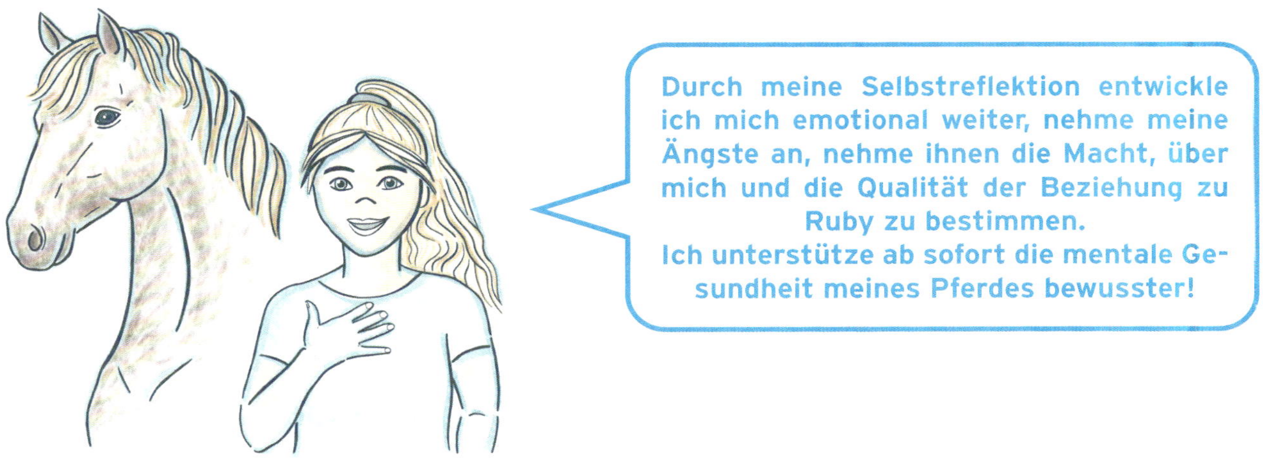

Viele Reiter lachen sich selbst aus. Ihr Trainer erklärt ihnen auf 250 verschiedene Arten das **Wie** und **Warum** beim Reiten und es hält bei ihnen maximal 30 Sekunden an, bis sie es vergessen haben, nicht nachreiten können, wieder oder immer noch über die Umsetzung grübeln oder verzweifeln, weil sie nicht gut genug sind. **Auslöser: Emotionen.** Wissen ist das eine; es sind die Emotionen, die beeinflussen, ob und wie wir Wissen speichern oder vergessen. Gefühl kommt nicht durch kognitive Erklärungen, sondern durch emotionales Fühlen. Dies sind zwei völlig unterschiedliche Ebenen. Wissen spricht die kognitive, logische, rationale Ebene an. Emotionen sprechen die Gefühlsebene an. Lara

muss **Reiten fühlen lernen.** Wenn sie also weiß, dass sie etwas noch das 278ste Mal erklärt haben muss, dann sollte sie dringend reflektieren, wie sie das macht. Wie schafft sie das, dass sie ihr Reiten auf kein neues Level bringt? Wie blockiert sie ihre Prozesse, kein neues Verhalten, keine neuen Gedanken, keine besseren Emotionen zu produzieren? Nicht die „Technik-Frage" nach dem Warum. Die wird hinlänglich geschult und – Hand aufs Herz – im Wissen sind wir doch alle Olympiareiter. Ohne Reitergefühl ist jedoch jede Technik Mist und der Erfolg wird auch nur im Kopf bleiben.
Reitergefühl lässt sich nur durch positive Emotionen herstellen, um es unterbewusst als Lösung zu speichern und bewusst dem Verstand abrufbar zu machen.

Reiten lernst du durch **Reiten-Fühlen** – nicht durch Reiten-Denken.

Merke: Du entscheidest, wie du dich fühlen willst. DU entscheidest, wie lange dir dein Kopf im Weg stehen soll. Nicht die anderen, nicht der schlechte Tag, nicht die unerwartete Situation, nicht dein Pferd.

Übung: **Emotionen trennen, indem die Bewertung getrennt wird.** Teste dich und ertappe deine willkürlichen Gedanken in den folgenden drei Szenen, die du dir jetzt vorstellst, als betrachtest du sie auf einer Bühne. Lara verhält sich in Mimik, Gestik und Körpersprache gleich. Lediglich ein Detail wird in der Szene geändert:
1. Lara sitzt weinend neben Ruby, während dieser einen Nageltritt hat. Wie wird die Szene von dir interpretiert? Deine Bewertung führt vermutlich zu der Emotion Trauer. Lara ist traurig, interpretiert dein Gehirn. Deine Bewertung spiegelt eine Emotion über die interpretierte Emotion von Lara.
2. Lara sitzt in derselben Szene weinend neben Ruby, während Ruby eine goldene Schleife am Kopf hat. Wie wird die Szene von dir interpretiert? Deine Bewertung führt vermutlich zu der Emotion Freude. Lara freut sich, denkt dein Gehirn. Deine Bewertung spiegelt eine Emotion über die interpretierte Emotion von Lara, gleichzeitig kommen willkürlich neue Gedanken hinzu, die neue Emotionen liefern wie Neid, Missgunst, Sich-Vergleichen.
3. Lara sitzt in derselben Szene weinend neben Ruby. Du willst dieses Mal jedoch nicht zu früh bewerten und beschließt, Lara anzusprechen und sie zu fragen, was los ist. Sie antwortet, dass ihre Tränen Tränen der Wut sind, weil sie sich trotz Sieg 2-mal verritten hat. Wie wird die Szene nun blitzschnell von dir neu interpretiert? Vielleicht so: Warum macht sie deswegen so einen Aufriss? Egal, wie deine Bewertung nun aussieht, es löst in dir eine Emotion aus. Vielleicht bist du wütend über Laras Drama, weil du nicht verstehen kannst, warum sie so ein Drama macht, sie sollte doch mit dem Sieg zufrieden sein. Vielleicht bist du

mitfühlend und empfindest ihre Scham nach. Vielleicht willst du sie trösten und wirst ein bisschen traurig.
Aber was, wenn es wieder ganz anders ist und dir deine eigenen Emotionen ein Trugbild vorgaukeln, an das du glaubst? Was, wenn deine Bewertung der Grund ist, welche Emotion du selbst mit ins Spiel bringst? Erst die Bewertung macht die emotionale Bedeutung, die den Gedanken auflädt. Emotionen, die du glaubst an anderen wahrzunehmen, sind immer nur deine eigene Interpretation und noch lange nicht die Wahrheit. Lerne, nicht zu bewerten oder zumindest neutraler zu betrachten, wenn dir eine Emotion nicht gefällt.
Stelle dir nun abschließend vor, Lara sitzt noch immer weinend neben Ruby und es käme eine Lautsprecherdurchsage, die mitteilt: „Hier der Nachtrag zu Prüfung Nummer 12. Die Prüfung hat gewonnen: Lara mit Ruby. Aber leider hat es nach mehrmaligem Verreiten nicht für die Qualifikation zum Bundeschampionat gereicht. Dennoch herzlichen Glückwunsch." Selbe Situation, wieder andere Bewertungsoption. Wie kannst du deine Emotionen nun trennen?

Diese vier Testings sollen dich sensibilisieren, dein inneres Programm umzuprogrammieren: Wird die Emotion vom Verhalten oder der kognitiven Bewertung über ein Verhalten getrennt, indem sie in einen anderen Kontext gesetzt wird, entstehen ganz neue Interpretationen. Ohne Bewertung sitzt dort ein Mensch, dem Wasser aus den Augen kommt. Keine Emotion, keine Bewertung. Fertig. So leicht projizierst du deine eigene innere Welt nicht mehr auf deine äußere Welt und kannst Emotionen immer in einen anderen Kontext setzen. Übe diese großartige Fähigkeit deines Gehirns. Glaube nicht alles, was du denkst, denn einiges läuft bei dir suggestiv unter Autopilot ab.

Negative Emotionen steuern

Emotionen lassen sich nicht durch logisches Denken steuern. Emotionen folgen keiner Logik und erst recht keinem Plan. Das hat der Mensch gar nicht gern, weil er immer alles kontrollieren will. Deshalb hat der Verstand sich Strategien ausgedacht, Emotionen zu unterdrücken oder sie nur manipulativ anzuwenden, weil er dann die Kontrolle hat. Das wiederum mag die Emotion nicht. Sie lässt sich nicht kontrollieren. Sie wird sich immer ihren Weg und Ausdruck suchen. Sie kann nur in ihrer Ursache, Wirkung, Auswirkung, Dauer und in der bewussten Wahl oder dem Tausch einer Emotion reguliert werden.

Merke: Du hast die Verantwortung für deine eigenen Emotionen, kein anderer kann sie in dir auslösen. Es ist deine Chemie in deinem Körper, in deinem Kopf, die sie auslösen, weil deine Trigger aktiv sind. Bewerte das Verhalten des anderen oder dein Verhalten nicht und du wirst auch keine Emotionen haben.

Wie lange bleibst du in deinen negativen Emotionen hängen?

Skala: „Wie lange du dir selbst im Weg stehst?"
1 = nur ein paar Minuten
10 = einige Wochen

① ② ③ ④ ⑤ ⑥ ⑦ ⑧ ⑨ ⑩

Liegt deine Auswahl der Zeitdauer bei höher als 3 auf der Skala, hinterfrage dich, warum du das tust. Warum lässt du die Emotion nicht einfach los? Warum erlaubst du ihr, dich runterzuziehen?

____

____

____

____

____

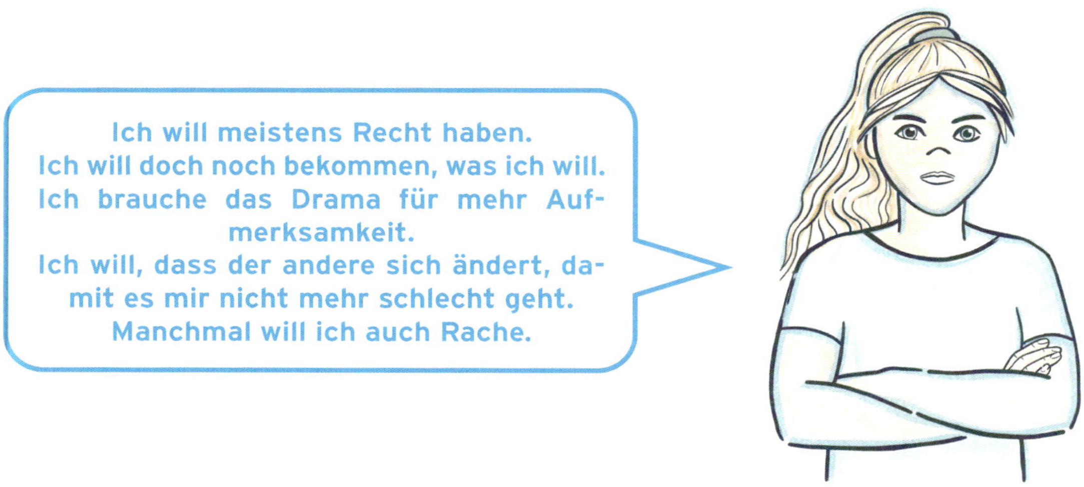

Merke: Positive Gedanken ziehen positive Ergebnisse an (in der Wissenschaft heißt das „Placebo-Effekt". Negative Gedanken ziehen negative Ergebnisse an („Nocebo-Effekt").

Warum lässt du die Emotion nicht einfach los? Was davon (aus den vorherigen Übungen) ist wirklich das Problem und was konstruiert dein Verstand aufgrund von Glaubenssätzen, Wert- und Moralvorstellungen?

____

____

____

____

____

Was hat das für Folgen auf dein Wohlbefinden, dein Reiten, deinen Erfolg, wenn du an der Emotion festhältst. Andersherum: Welche Vorteile hat es, sie zu behalten?

____

____

____

____

____

Du kannst die Vergangenheit nicht ändern. Du kannst nur deinen Schmerz, deine Verletzung, deine negative Emotion anerkennen und zu dir gehörend annehmen. Solange du sie abspaltest, bist du unvollständig und nimmst dich nicht mit deinen Schwächen an. Positive und negative Emotionen sind gegenpolig und ergeben ein Ganzes. Sie gehören beide zum Leben dazu. Das eine kann nur durch die Existenz des anderen da sein. Deshalb muss Laras Priorität sein, negative Emotionen nicht zu verbannen, sondern sie anzunehmen, zu akzeptieren, zu lernen, mit ihnen umzugehen und sie mit emotionaler Stärke regulieren zu können.

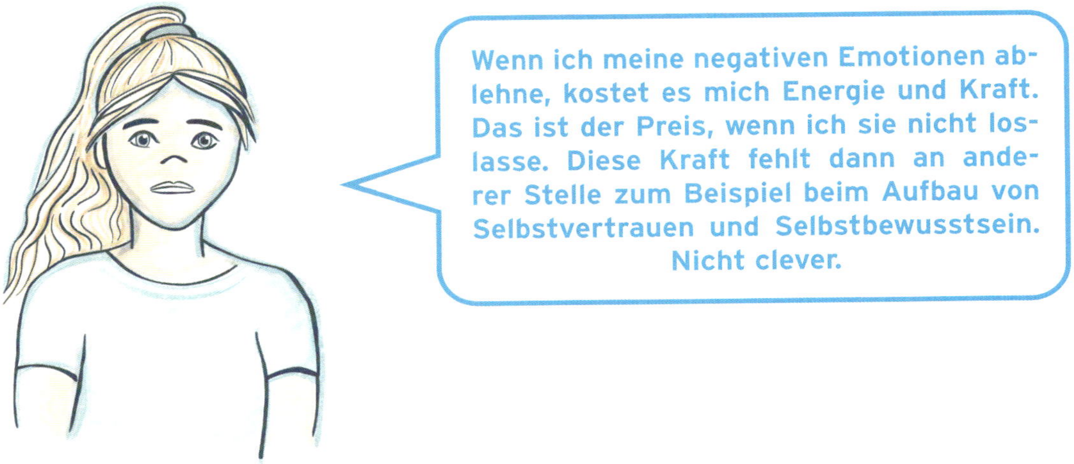

Reguliere dich erfolgreich
Verabrede dich mit deinem Erfolg durch diese 8 magischen Möglichkeiten:

1. **Emotionen erkennen**

    a. Welche Emotion hast du wirklich gerade?
    b. Was erzählt sich da gerade dein Kopf?
    c. Gib die Schuldfrage oder die Suche nach einem Schuldigen auf, um die wahre Emotion in dir zu finden.

2. **Emotionen tatsächlich loslassen wollen**

    a. Triff eine Entscheidung.
    b. Jedes negative Gefühl kannst du mildern, indem du deine Meinung über das Gefühl änderst.

3. **Der Emotion zustimmen,** dass sie gerade da ist.

    a. Zustimmen heißt nicht, dass du deine Situation auch gleichzeitig gut finden musst.

4. **Emotionen regulieren** durch eine andere Wahrnehmung, eine andere Brille. So bekommst du eine andere Wirklichkeit und verhältst dich anders.

    a. Kannst du es ändern oder nicht? Wenn du es ändern kannst, brauchst du positive Emotionen.
    b. Wie ändert sich die Situation, wenn du sie mit positiven Emotionen betrachtest?

5. **Emotionen gegen günstigere tauschen,** wenn sie ungünstig für die Zielerreichung sind.

    a. Ersetze jede negative durch eine positive.
    b. Trenne Emotion und Verhalten.
    c. Trenne Emotion von Gedanken.

6. **Emotionen anderer durch dich durchgleiten lassen**

    a. Es liegt an dir, ob du dir Schuldgefühle einreden lassen willst.

7. **Emotionen einfach mal aushalten und die positiven Emotionen mehr leben**

    a. Höre auf, diese Emotion negativ oder gegen dich zu bewerten.

8. **Emotionale Erpressung stoppen,** weil dir bewusst ist, dass du immer entscheiden kannst, wie du fühlen, denken, reagieren willst.

Angst, Schutzstrategien und Vermeidungsverhalten

Um Angst, Panik, Ohnmacht, Hilflosigkeit, Ärger, Traurigkeit, Scham und Kränkungen nicht mehr zu spüren, lässt sich der Verstand viele Schutzstrategien und Vermeidungsverhalten einfallen, die sich über die Jahre unreflektiert festigen und zum festen Bestandteil im Leben eines Menschen werden. Der Verstand hinterfragt sie nicht mehr. Er prüft weder die Schutzstrategien noch die Angstgedanken noch die Vermeidungsstrategien jemals wieder auf Gültigkeit oder Effektivität. Auch nicht, ob ein anderes Verhalten sinnvoller wäre. Diese **Schutzstrategien,** wie Perfektionsstreben, Macht, Kontrolle, Helfersyndrom, Angriff und Attacke, Kritisieren, Vorwürfe, Harmoniestreben sollen in erster Linie Stress minimieren. Das mag auch eine Weile funktionieren. Die wahre Emotion verschafft sich dennoch Gehör und ein kleiner Funke genügt für einen Vulkanausbruch.

A. Schutzstrategien hinter denen sich Emotionen verstecken wie Angst, Ärger, Wut, Traurigkeit, Scham, Hass. Markiere, welche Strategien du nutzt.

Kritisieren

Harmoniestreben

Resignation

Vorwürfe

Unsicherheit

Erfolgsstreben

Kontrolle

Perfektionsstreben

Machtstreben

Helfersyndrom

Rückzug

Angriff

Überheblichkeit

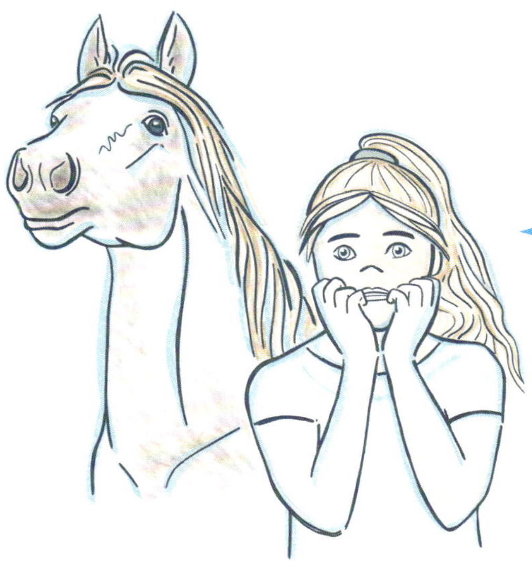

Meine Strategie ist Perfektionsstreben.
Ich muss meine Angst dafür nicht mehr spüren.

Unsicherheit, Machtspiele und zunehmende Ängstlichkeit und Angst begleiten dann die Zeit beim Pferd. Wenn Laras Trainerin auch noch ungeduldig wird und für zwischenmenschliche Empfindsamkeiten einfach keine Zeit oder kein Verständnis hat, kommt noch mehr Stress auf. Gleichzeitig will Lara keine Schwäche zeigen und bleibt mit ihrer Angst allein. Und weil Lara es nicht so gern hat, Angst zu haben oder zu zeigen, lässt ihr Verstand sich weitere neue Schutzstrategien einfallen, diese Angst nicht zu spüren, sich seiner Angst nicht stellen zu müssen. Es sind handlungsorientiert und emotional gelenkte **Vermeidungsstrategien.**

Merke: Ist der Reiter in der Angst-, Scham- und Schmerzvermeidung, zerrt das massig Energie, weil die Vermeidungsstrategie sie braucht.

Markiere, welches dein Lieblingsvermeidungsverhalten ist, deinen emotionalen Problemen auszuweichen.

B. Angstvermeidungsverhalten:

Das sind meine Schutzstrategien, mich nicht mit meinen Ängsten auseinanderzusetzen	
☐	1. Kreative Ausreden, nicht reiten zu müssen („Ach, der steht lieber den ganzen Tag auf dem Paddock ...“, „Wald findet meiner blöd ...“, „Mit Stangen hat er es nicht so ...“)
☐	2. Nichts falsch machen wollen und lieber gar nichts machen
☐	3. Körperliche Symptome vorschieben
☐	4. Probleme ignorieren, vertuschen oder verbergen. („War schon immer so ...“)
☐	5. Emotionen unterdrücken oder runterschlucken, sich zusammenreißen
☐	6. Dem Pferd die Schuld zuweisen
☐	7. Dem Wetter oder dem schlechten Tag die Schuld geben
☐	8. Ersatzhandlungen aneignen wie Spazieren gehen, Longieren, nur Putzen, Aufräumen
☐	9. Andere private Verpflichtungen vorschieben

☐	10. Andere Emotionen oder Probleme vorschieben: Partnerschaft, die Kinder, der Job, der Chef, die Freunde, der Hund vom Nachbarn ... Besonders beliebt: mein Stress
☐	11. Keine Schwäche zeigen und nach einem Sturz direkt wieder aufsteigen
☐	12. Rechtfertigungsgeschichten, warum etwas nicht geht („Ja, aber ...")
☐	13. Fleiß, eiserne Disziplin, Überehrgeiz
☐	14.
☐	15.
☐	16.
☐	17.

Zweifel am Erfolg loslassen

Wer nicht loslässt, bestraft nicht den anderen, sondern sich selbst. Alles fließt, alles ist in Bewegung, alles verändert sich. Sobald ein Mensch an etwas festhalten will, was vergangen ist, er die Zeit zurückdrehen will oder sich in einen emotionalen Widerstand begibt, stört er den Fluss der Zeit. Das kann er natürlich machen, glücklicher wird er dadurch in der Gegenwart nicht.

Merke: Was du loslässt, kannst du nicht mehr festhalten.

Vielleicht muss Lara einfach mal ihre Zweifel am Erfolg loslassen. Anna täte es auch ganz gut, mal ihren Ärger loszulassen, denkt Lara schmunzelnd. Wer wäre Lara dann, wenn sie loslassen würde, was sie all die Jahre gehütet hat? Ihre Sorgen, Ängste, Zweifel, Stress und Ärger auf sich selbst? Glücklich und erfolgreich wäre sie dann, vielleicht auch angstfreier. Sie überlegt, ob sie wirklich dazu bereit ist. Sie müsste dann auch ihre Prüfungsangst loslassen. Ja, Lara hält die Angst fest. Es ist nicht die Prüfungsangst, die beschlossen hat, Lara das Reiten schwer zu machen. Lara muss in sich gehen und in ihr Herz hineinhorchen. Sie kann nur loslassen, was sie wirklich und wahrhaftig bereit ist, loszulassen.

Lara hat sich lange Zeit eingeredet, dass Loslassen schwer ist, obwohl es keine Kraft kostet! Weil Laras Ego sich einredet, es sei schwer, Unglück loszulassen. **Dabei ist es kräftezehrender, Unglück festzuhalten!** Besonders die Wut, der Ärger, der Groll und der Frust bleiben bei Lara lange präsent und rauben ihr viel Energie. Ihr geht es schlecht. Ist ja auch klar, ihre Energie ist ja bei dem anderen. Geht es dadurch dem anderen schlecht? Nein! Aber aus Prinzip muss sie sich so verhalten. Ein Prinzip, das ist übrigens auch die Umschreibung für **Glaubenssatz.** Der Verstand sinnt nach Rache und Vergeltung. Also quält sie sich weiter und produziert weiter negative Emotionen.

Solange sie durch einfaches Loslassen ihre Energie nicht zurückholt, wird sie im Schmerz bleiben, sich selbst bemitleiden, alles in sich hineinfressen oder sich durch plötzliche Gefühlsausbrüche irgendwo abreagieren. Sie kann nichts Neues lernen. Sie nährt ihr Unglücklichsein. Loslassen geht durch die Kraft des Bewusstseins. Lara muss sich bewusst dafür entscheiden, die Vergangenheit loszulassen.

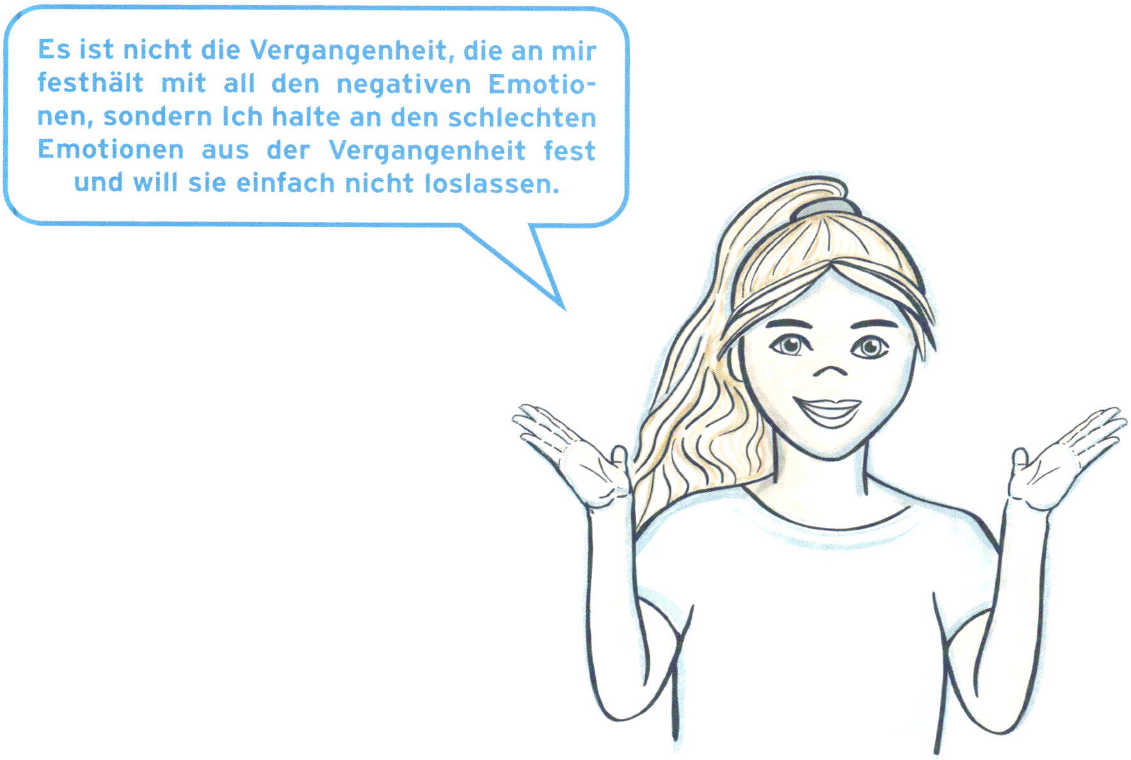

Merke: Um sich bewusst und zu 100 % neu einlassen zu können, muss die Vergangenheit losgelassen werden. Dann ist das Bewusstsein wieder in der Gegenwart und hat Kapazität, an neue Erfahrungen neue Emotionen zu koppeln.

Schreibe auf, warum du auf dich, auf jemand anderen wütend bist, was dich verletzt oder gekränkt hat. Beschreibe deine Gefühle. Was hat dich verletzt? Was hat das mit dir gemacht?

____

____

____

____

____

____

____

____

____

____

____

Nun hast du deinen Schmerz vor dir liegen. Schwarz auf weiß. Was willst du damit tun?

- ☐ Für dich und dein Wohlbefinden sorgen und den Groll endlich loslassen
- ☐ Den Brief an die betreffende Person aushändigen
- ☐ Die Zeilen herausreißen, damit du im Alltag überall daran erinnert wirst und der Groll jetzt nicht nur in deinem Herzen, sondern nun auch auf dem Zettel für den Kopf ständig dabei ist
- ☐ Die Zeilen auf einen Extra-Zettel übertragen und anschließend in einer kleinen feierlichen Zeremonie alles einem der fünf Elemente übergeben und den Schmerz für immer loslassen

Triff eine Entscheidung! Ob deine Vergangenheit deine Gegenwart und wie sie deine Zukunft bestimmen darf, das bestimmst allein du.

Lara hat ihren alten emotionalen Ballast losgelassen, als sie erkannte, dass sie die anderen Menschen nicht ändern kann, egal wie sauer sie war. Auch ihr Pferd wurde dadurch nicht gesünder. Daran änderte sich auch nichts, wenn sie nur lange oder deutlich genug ihren Ärger zum Ausdruck brachte oder aus Prinzip der Ungerechtigkeit darauf beharrte. Vielleicht änderte sich kurzfristig und oberflächlich des lieben Friedens willen etwas. Aber es war nie ehrlich gemeint und nachhaltig. Die Folge war, die Rechtfertigungsgeschichten über ihre Prinzipien und Werte verstärkten sich zu filmreifen Emotionsdramen.

Wo hast du deinem Pferd schon einmal wehgetan? Was würdest du dir selbst gern verzeihen? Hattest du vielleicht schon einmal eine Einsicht? Fülle aus, wenn dich etwas anspricht und ergänze.

Ich möchte mir selbst Folgendes verzeihen, um es loslassen zu können	Erkenntnis
Meine Ungeduld	Es dauert so lange, wie es dauert.
Nicht auf mich selbst zu hören, schlechte Gewissen	Wenn mein Verstand nicht so viel überlegen müsste, hörte ich mehr auf mein Bauchgefühl.
Faulheit	Zur Gesunderhaltung braucht mein Pferd Muskeln. Wenn ich nicht trainiere, aus Angst, was falsch zu machen, ist es schon falsch.
Unwissenheit	Für alles offen zu sein, macht einen weiseren Menschen aus mir.
Nicht früher den Tierarzt gerufen zu haben	Es gibt keine Entscheidungen, die Garantie geben. Aber je früher ich eine Entscheidung treffe, desto kürzer habe ich Emotionschaos und Kopfkino.

Wenn du dir selbst verzeihst, bist du gelassener, geduldiger, freundlicher zu dir selbst und überträgst dein positives Mindset aus der inneren Ruhe und emotionalen Balance auf dein Pferd und dein Training. Du strahlst Zuversicht, Zufriedenheit, Entschlossenheit aus. Dein Pferd spürt: Ihr schafft das gemeinsam. Jetzt geht es bergauf!

Subjektive Angst regulieren

Die 3 häufigsten subjektiven Ängste sind:

1. Mental erfundene Angst
2. Emotional an Erfahrungen gekoppelte Angst
3. Angst aus den immer wieder erzählten Geschichten des Egos

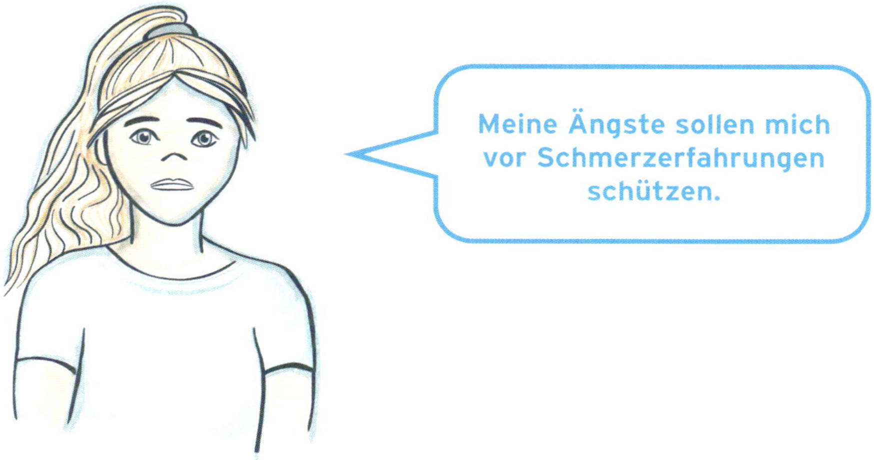

Subjektive Ängste

Dysfunktionale Ängste sind subjektive Ängste, die durch unrealistisches Denken, welches als realistisch empfunden wird, aufrechterhalten werden. Sie sind fern jeder Logik und haben oftmals eine hohe Katastrophenakzentuierung und einen ausgeprägten Selbstdarstellungs- oder Selbstzerstörungsfaktor. Das rationale Denken setzt wie gelähmt aus. Die Emotion übernimmt die Führung. Dysfunktionale Ängste außerhalb des therapeutischen Kontexts im Rahmen der mentalen Gesundheit können durch bewusste Wahl einer positiven Emotion gesteuert werden. Die Gedanken hinter der Angst können durch Bewusstseinsaktivierung in realistischere Gedanken gewandelt werden. Diese Gedanken liefern ebenfalls andere Emotionen. Die ursprüngliche Angst ist entkräftet.

Das klingt schwierig, ist es aber nicht. Lara hat es geschafft, dann schaffst du das auch.

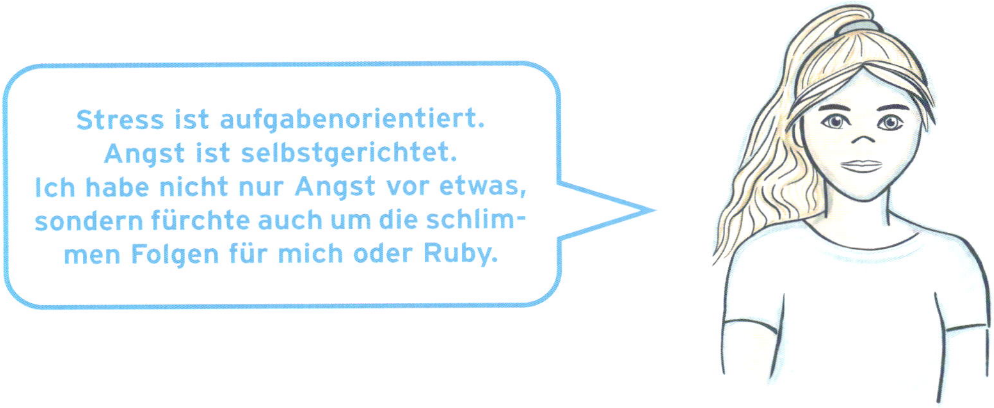

Angst wandeln für Eilige:

A. Hast du wirklich die Absicht, deine Angst loszulassen? Und alles, was du mit dieser Angst bisher bekommen hast? Aufmerksamkeit, Rechtfertigungsgeschichten, Zuwendung, Bestätigung, Mitleid etc. Wenn ein Bedürfnis wie beispielsweise Nähe oder Rückzug hinter der Angst steht, bist du bereit, dieses Bedürfnis anders zu erfüllen als mit Angst? Triff eine Entscheidung:

☐ Ja, ich will	☐ Nee, ich will die Angst behalten

B. Für welches Ergebnis bist du bereit, deinen Angstlöwen loszulassen? Wenn ich nicht so eine Angst hätte, würde ich ... Beende den Satz.

1. ______________________________

2. ______________________________

3. ______________________________

C. Jetzt lasse deine Angst los und erfülle dir deine Träume! Angst ist ein unrealistisches Gedankenkonstrukt. Gedanken kann man losgelassen und Unrealistisches existiert nicht. „Nee", denkt sich Lara, „das wäre ja zu einfach ..." Ja, so einfach ist das! **Emotionen folgen keinen kognitiven Regeln.** Wenn Lara das zu schnell geht, kann sie die Angst gedanklich an sich drücken, sie noch einmal spüren und sie dann verabschieden. Du kannst nämlich immer selbst entscheiden, wie lange eine Emotion von dir Besitz einnehmen darf.

D. Frage dich, in welchem Gedanken dich die Angst bestärkt, wenn du sie nicht einfach loslassen kannst oder willst. Dieser Gedanke, diese Überzeugung löst die Angst aus. Dann kennst du den Grund der Angst, wozu du die Angst brauchst.

1. ______________________________

2. ______________________________

3. ______________________________

E. Überlege, wozu die Angst führt. Aktiviert sie dich oder blockiert sie dich? Egal, wie die Antwort ist, bist du bereit, deine Ziele mit Vertrauen zu erreichen? Bist du bereit, dir die Bedingungen anzuschauen, die du erfüllen musst, um als Ergebnis die Erfüllung deines Zieles zu bekommen? Was ist dir so wichtig, dass du auf die Angst verzichten könntest, wenn du denselben Weg mit Vertrauen gehen könntest?

F. **Angst macht handlungs- und denkunfähig.** Aufregung in normalem Maß kann einen Reiter aktiver und aufmerksamer machen. Kann! Muss aber nicht. Bei Anna trifft das zu. Aufregung zeigt ihr und ihrem Pferd, dass es gleich losgeht, sie fokussiert sich auf den Parcours und ist hellwach. Lara lähmt auch schon die winzigste Spur von Aufregung. Tausche deine Angst gegen eine günstigere Emotion. Durch positives Denken allein besänftigst du keinen Angstlöwen. **Finde immer den Gegenpol der Angst.** Es ist immer diese positive Emotion, die dir in der Situation mehr hilft als die Angst. **Verändere** dann mit dieser gewählten Emotion deine Gedanken und bewerte die Situation neu.

G. Beginne direkt, bevor die Ausreden einsetzen, warum das jetzt nicht gehen darf/kann/soll.

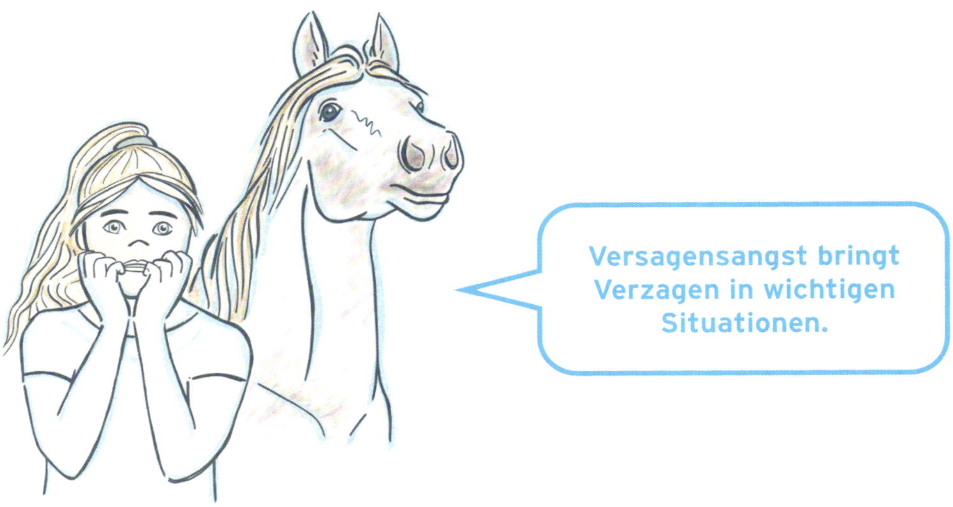

Merke: Angst hört auf, wo die Akzeptanz der eigenen Unperfektheit angenommen wird. Angst beginnt, wo der Mensch einem Idealbild nacheifert.

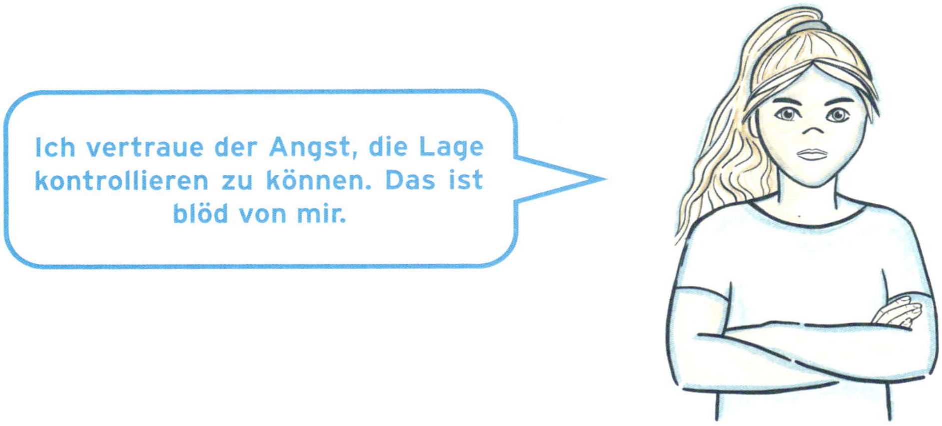

Solange Lara sich hinter ihrer Angst versteckt, vertraut sie sich nicht selbst. Die Angst ist zu einem gewohnten Gefühl geworden, das ihr Sicherheit gibt. Lara hat sich angewöhnt, ihre Angst als Grund vorzuschieben, wenn es mal wieder nicht klappte mit ihren Wünschen und Zielen. Will Lara den Kreislauf unterbrechen, muss sie dem Verstand einen Plan geben, was er stattdessen machen soll, um Sicherheit zu bekommen. Den erstellt sie sich mit all den bisher erlernten Tools und Techniken.

Übung: **Erstelle dir einen Plan B für deinen Verstand,** mit dem, was er zu tun hat, wenn du Angst bekommst. Nutze alle für dich wichtigen Erkenntnisse aus dem Buch.

Angstschutz Plan

Übung: **Stelle dir vor, die Angst ist wie eine Welle.** Sie ist Energie des Meeres, die sich am Strand bricht und verschwindet. Nutze die Energie, indem du auf der Welle reitest. Nutze die Kraft der Welle, um voranzukommen. Nutze die nächste Welle, um dich zu zeigen. Nutze die Erkenntnis, dass die Welle ihre Form, ihre Kraft, ihre Dynamik verändern kann. Nutze die Vorstellung, dass das Meer selbst die Welle auslöst und sie auch selbst wieder verpuffen lässt. Nutze den Gedanken, wo das Meer ist, da sind unweigerlich auch Wellen. Du brauchst nicht gegen die Angst anzukämpfen. Nimm sie an und finde einen Weg, sie für dich zu wandeln. Sei der Wellenbrecher und bringe mit Selbstsicherheit und Bewusstheit über deine unzähligen inneren Ressourcen deine Angst in glatte, seichte Wogen.

Trainingsprogramm Angst umschalten. Mache dir einen Plan A

1. **Innere Sicherheit festigen durch Umprogrammieren deiner angstauslösenden Gedanken**

   a. Ändere deinen Blick darauf. Vielleicht genügt schon die Sicht deines Pferdes oder die Sicht von oben auf euch beide.

2. **Ruhe bewahren, indem du rationalere Sichtweisen findest**

   a. Welche Teilschritte musst du gehen, die du auch selbst lösen kannst?
   b. Wen kannst du um Hilfe fragen?
   c. Welche Tipps würde dir ein rational denkender Mensch jetzt geben?

3. **Automatische Körperreaktionen wahrnehmen**

   a. Auf bewusste, tiefe Atmung umstellen

4. **Situation neu bewerten**

   a. Wie sieht das Ergebnis aus, wenn du positive Gedanken hast?
   b. Wie musst du handeln und dich verhalten, damit das positive Ergebnis eintritt?

5. **Flexibilität freisetzen, um kreative Handlungen anwenden zu können, die dein Selbstvertrauen stärken**

   a. Verändere deine Hilfengebung, wenn deine Einwirkung nicht zum gewünschten Ergebnis führt.
   b. Sei flexibel und beweglich auch in deinen Gedankenstrukturen und Verhaltensmustern. Ein Pferd hält sich äußerst selten an deinen vorgegebenen Plan, nur weil du Ordnung und Struktur liebst.

6. **Körperhaltung umschalten von mitleidserregendem Elend auf dem Rücken des Pferdes zum selbstbewussten, lösungsfokussierten Glücksreiter**

   a. Bist du verkrampft, zusammengesackt, erstarrt? Bewege dich, sprich positiv mit dir selbst, werde transparent und klar in dem, was du von deinem Pferd willst.
   b. Habe vor deinem inneren Auge, wie du die Situation zu deiner Zufriedenheit meisterst.

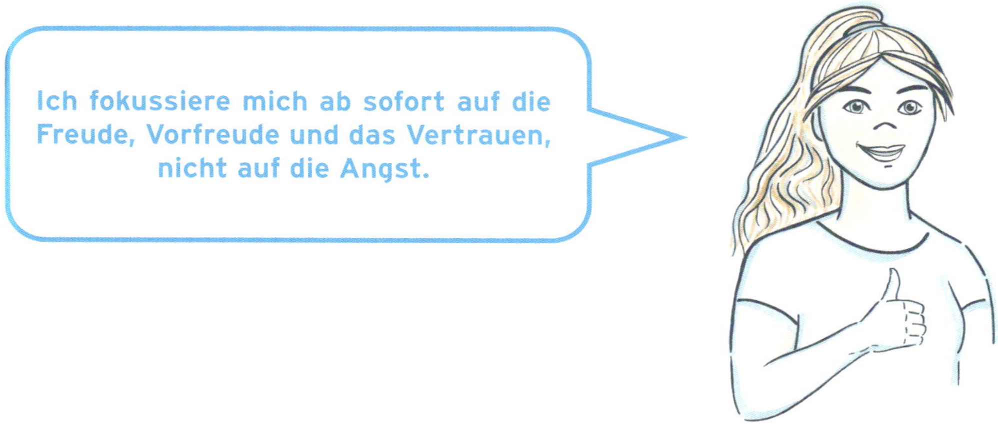

Angst, Fehler zu machen

Eines noch vorweg: Ändere deine Sichtweise auf Fehler. Fehler sind Learnings und notwendig für dein persönliches Wachstum. **Wer Angst hat, Fehler zu machen, weigert sich, an seinen Erfahrungen zu wachsen.** Wir alle machen Fehler. Keiner kommt mit einer perfekten Anleitung zum Reiten auf die Welt.

Merke: Mache jeden Fehler mindestens einmal, maximal so häufig, bis du die Lösung fühlst. Dann speichert dein Gehirn nämlich die Lösung und du wirst denselben Fehler nie wieder machen. Fehler speichert dein Unterbewusstsein nur, wenn du wiederholt negative Emotionen an die Erfahrung knüpfst oder es ein Schockerlebnis war.

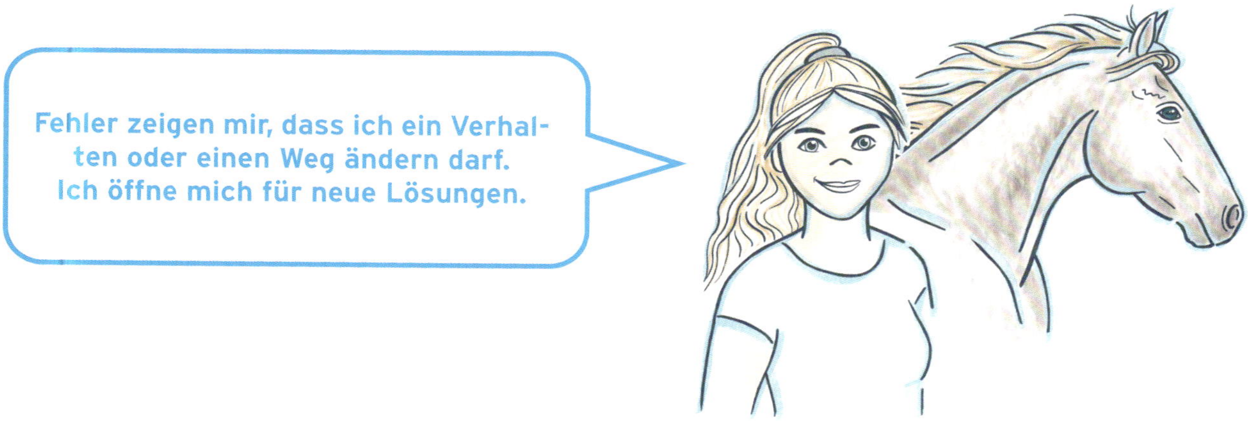

Diese Sicht genügt, um für Lara der ICEBREAKER zu sein. Anna hat die folgende Sichtweise geholfen: Der Mensch ist wegen seiner Unvollkommenheit aus dem Paradies verdrängt. Und mit dieser Unvollkommenheit darf der Mensch Fehler machen. Jeder hat seinen emotionalen Rucksack zu tragen. Und du kannst dich jetzt die ganze Zeit über

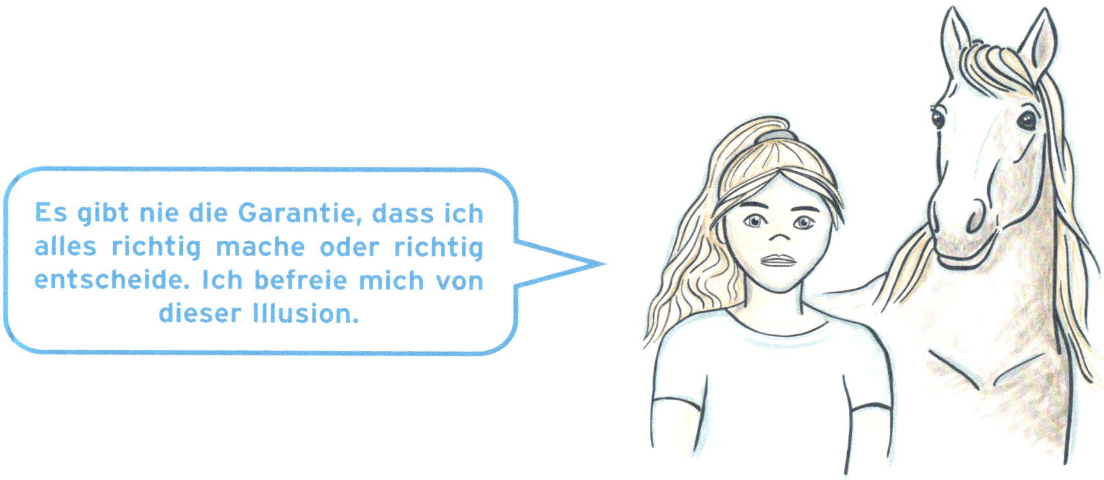

deine Unvollkommenheit und deinen schweren Rucksack beschweren oder du kannst zulassen, alles zu machen, was dir ermöglicht, Reiten zu erlernen.

Rätsel K: Was liegt noch zwischen dem Weg und dem Erfolg?

Besonders als ehrgeiziger Mensch ärgert Lara sich über jeden winzigen Fehler. Aber dafür muss man nicht ehrgeizig sein. 90 % der Deutschen haben Angst, etwas falsch zu machen, weil zum einen die deutsche Erziehungskultur die eines Fehlerguckers ist, zum anderen, weil das Gehirn darauf ausgelegt ist, Gefahren schnell erkennen und sich rechtzeitig davor schützen zu können. Erinnere dich: Hinfallen, aufstehen, hinfallen, aufstehen, ... weiterüben, Laufen gelernt. Hinzufallen war kein Fehler. Irgendwann konnten wir stehen und laufen, probierten alles neugierig aus, erkundeten die Welt. Wir hatten vor nichts Angst. Dann kam der Break. Wir lernten früh, uns nicht mehr zu trauen, weil wir in unserem Verhalten und an unseren Leistungen gerügt worden sind, wenn sie fremden Erwartungen und Anforderungen nicht entsprachen. So wie wir sind, sind wir nicht genug. Plötzlich entwickeln wir eigene Erwartungen an uns, wie wir sein sollen und haben gleichzeitig Angst, eigene und fremde Erwartungen zu enttäuschen. Der Perfektionismus ist geboren. Später zweifeln wir an uns, weil wir glauben, mit jedem Fehler, weniger wert zu sein. Wir sind blockiert, haben Angst, ausgelacht zu werden, entwickeln schlimmstenfalls Versagensangst und können nicht mehr unser Bestmögliches geben. Zu groß ist die Angst, als Mensch mit Fehlern abgelehnt oder für dumm erklärt zu werden. Die **Kritikangst** ist geboren.

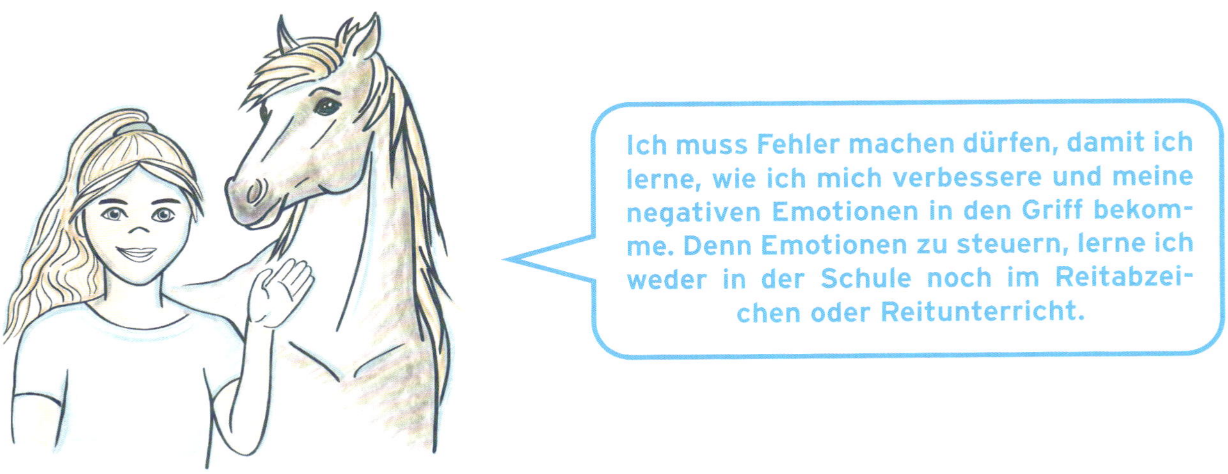

Löse dich von diesen fatalen Gedankenirrtümern. Distanziere dich mental von Menschen, die dir einreden, dein Wert definiere sich anhand deiner Leistung. Deine Qualifikation oder fachliche Kompetenz misst sich anerzogen aufgrund des deutschen Schulsystems an Leistung. Dein Wert als Mensch ist unantastbar. Und dein Hobby/deinen Job in der Pferdebranche hast du irgendwann einmal gewählt, weil es dir Spaß gemacht hat, nicht weil du vertiefen wolltest, wie man Angst vor Fehlern hat. Lege das Trauma ab. Definiere dich nicht über Fehler.

Merke: Wir machen Fehler und wir haben Erfolge. Wir sind nicht der Fehler. Trenne den Selbstwert vom Fehler. Dann wird der Fehler zum Learning. Fehler an einem Pferd gibt es genauso wenig wie an einem Menschen. Was es allerdings gibt, ist die freie Wahl, die Dinge mal anders wahrzunehmen. 1. Was kann das Pferd/was kann der Mensch im Rahmen seiner Möglichkeiten leisten und was nicht? 2. Leistet er innerhalb dieses Rahmens Ausgezeichnetes, dann ist das ausgezeichnet und nicht ein Fehler. Gefühlvolles Reiten, feine Hilfen. Leichtigkeit geht definitiv vor Bewegungswunder.

Es gibt nie die Garantie, dass ich alles richtig mache oder richtig entscheide. Ich befreie mich von dieser Illusion.

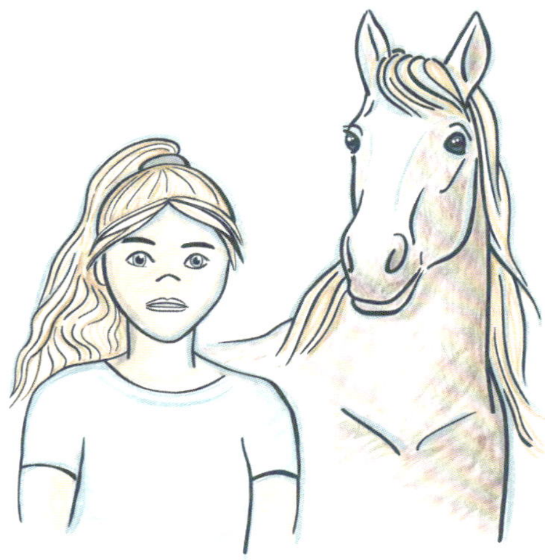

Lerne, deine Emotionen von dem „Misserfolg" zu trennen, dann ist das bewertete Ergebnis einfach nur eine **Lernerfahrung.** Dann erkennst du die Chance hinter der Erfahrung. Lara weiß nun immer, wie etwas nicht funktioniert und ist um eine Erfahrung reicher, die sie ermächtig, ihrem Ziel näher zu kommen.

So änderst du deine Wahrnehmungsbrille für Fehler und Misserfolge

- ✔ Alles ist eine Lernerfahrung.
- ✔ Nun weißt du, wie es nicht funktioniert für dein Pferd oder für dich.
- ✔ Ob du etwas als Fehler siehst, liegt an deiner Bewertung.
- ✔ Ein Fehler ist höchstens die Art, wie du darüber denkst.
- ✔ Ein Misserfolg ist grundsätzlich vergangen. Du kannst weder den Misserfolg noch die Vergangenheit ändern. Auch nicht, wenn du dich noch so sehr ärgerst.
- ✔ Fehler machen gehört zum Sport dazu. Sie schulen einen freundlichen und konstruktiven Umgang mit dir selbst.
- ✔ Dein Pferd kennt keine Fehler. Fehler sind ein Konstrukt über dein angeeignetes Wissen in deiner Welt. Pferde lesen keine Bücher. Sie wissen nicht, was ein Fehler ist. Dein Pferd bietet Lösungen. Spiegle ihm durch deine Emotionen, mit welcher seiner Lösungen ihr auf dem richtigen Weg seid.

Lara traut sich wenig zu, weil sie überall Fehlerquellen sieht. Auch im Reitunterricht muss sie oft hören: „Nicht so!“, „Nicht zu viel!“, „Nicht mehr!“, „Nicht dies, nicht das nicht jenes ...“ Alles Fehlerguckerei. Für den Verstand ist das sehr gut. Je weniger Lara sich in Gefahr bringt, weil ihre Angst sie vor Fehlern schützt, desto ungefährlicher wird es für den Verstand. Komfortzone gesichert, Job erledigt. Lara ist sicher. Aber leider nicht erfolgreich oder glücklich. Das ist dem Verstand aber egal. Job ist Job. Die Emotion Angst und das Sicherheitsbedürfnis des Verstandes arbeiten Hand in Hand. Mit Blickrichtung auf den Faktor „Sicherheit im Reitsport“ ist diese Konstellation als positiv zu würdigen!
Negative Einschränkungen hat Lara leider in allen weiteren Belangen, Reiten zu erlernen. Je unsicherer oder zweifelnder Lara ist, desto mehr überträgt sie diese Unsicherheit auf Ruby. Je unsicherer Ruby ist, desto mehr signalisiert das Gehirn: Gefahr droht. Leider hat mit Angst noch keiner Reiten gelernt. Reiten lernt man durch Reiten, nicht durch Angst haben. Den Konflikt kann Lara lösen mit der **Emotion Freude. Wenn sie sich erlaubt, mit Freude Fehler zu machen, löst sie keinen Alarm aus.**

Also: **Feiere deine Fehler.** Sie machen dich zu einem klugen und weisen Reiter. Den einzigen größten Fehler, den du in deinem gesamten Reiterleben machen kannst, ist, nicht an dich selbst zu glauben.

Schaut Lara auf ihr bisheriges Reiterleben zurück, stellt sie fest, dass zum einen Ruby sie auch noch liebte, wenn ihr nicht immer alles sofort gelang. Sie wertete sich also unnötig ab. Zum anderen, dass jeder Fehler sie weiterbrachte und dass sie als cleverer Mensch auch aus den Fehlern oder von den Tipps anderer weiser Menschen lernen und reiterliche Fortschritte machen durfte. Nur Anna macht das nicht so, denkt Lara heimlich, ihr genügt Besserwisserei.

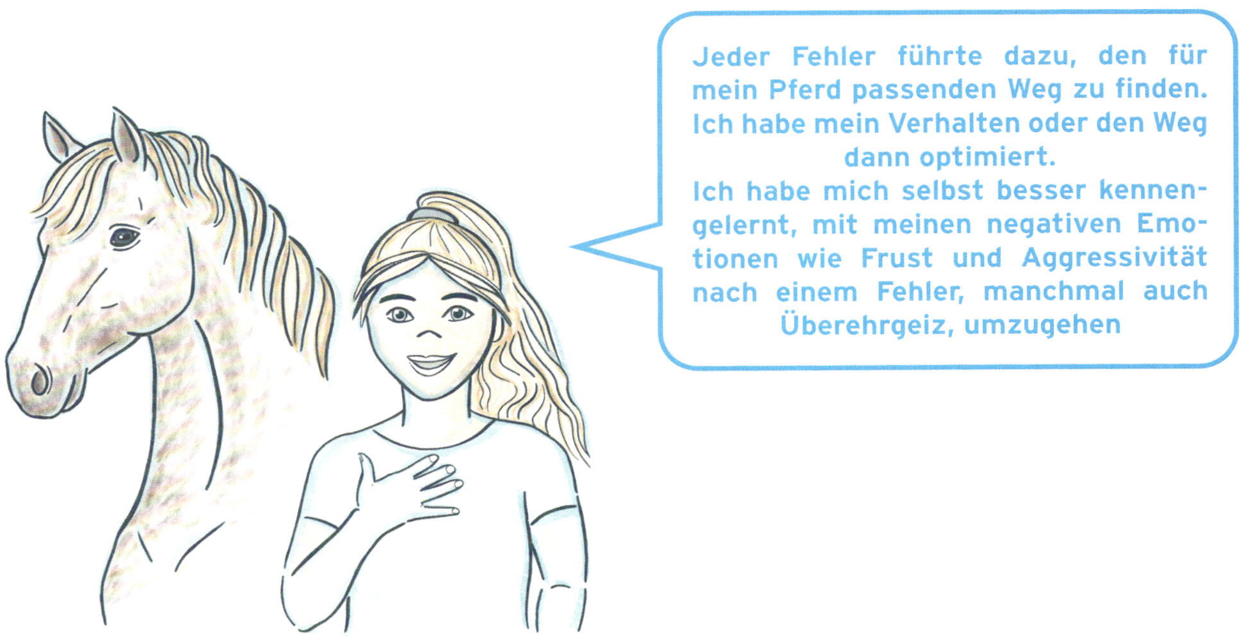

Welche „Fehler" haben dich weitergebracht? Wo hast du gemerkt, deine Angst ist unbegründet? Ergänze mit deinen wichtigsten Learnings, die dein Selbstbewusstsein gestärkt haben.

Merke: Fokussiere dich auf deine Fähigkeiten, Stärken und Erfolge. Auf das Positive – nicht auf deine Fehler. Je stärker die negativen Gedanken durch häufiges Negativdenken werden, desto stärker werden die neuronalen Pfade. Nutze diese Fähigkeit einfach mit positiven Gedanken.

Tipps, wenn die eigenen Erwartungen bei gemachten Fehlern enttäuscht sind

1. Sei nicht zu streng zu dir selbst. Sieh lieber die Chance, dich zu verbessern, und nimm den Druck raus.
2. Frust, sich schuldig fühlen, sowie Ärger sind schlechte Berater für Lösungen.
3. Suche dir Feedbackgeber, die dir regelmäßig Rückmeldung geben, was du gut gemacht hast. Mit positiver Verstärkung lernt dein Gehirn schneller!
4. Setze dir erreichbare Ziele und prüfe vorher, wie die Bedingungen sind, diese auch erreichen zu können.
5. Reagiere bewusst positiv auf Fehler, dann haben dein Körper und dein Gehirn keine Chance, sie negativ in deinem System zu verankern.
6. Bleibe grundsätzlich in deiner positiven Energie. Dein Pferd spürt, wenn ihr Fehler gemacht habt. Damit bei deinem Pferd weder Furcht noch Stress ausgelöst werden, solltest du maximal gelassen bleiben!
7. Kläre mit deinem Pferd, welche bessere Kommunikation es von dir braucht, damit es deine Hilfen verstehen kann. Flexibilität geht vor Überehrgeiz.

Merke: Je größer der fachliche Background eines Reiters, desto weniger denkt er, er macht etwas falsch. Lerne alles über Pferde. Damit steigerst du deine Sicherheit und hast weniger Angst vor fehlerhaftem Umgang, Haltung, Ausbildung.

Angst, sich zu blamieren

Mache dir klar, wofür du die Blicke der anderen aushalten willst. Was ist dein Traum? Denn genau dafür lohnt es sich, ein paar Bandenprofis zu ignorieren.

Merke: Ein fremder wie bekannter Mensch kann nur den Raum bei dir im Kopf einnehmen, den du ihm gibst.

Lara fühlt sich den Beobachtungen der Bandenprofis ausgeliefert. Aber dieses machtlose Ausgeliefertsein besteht nur in der Fantasie. Sie hat mit ihrer emotionalen Stärke immer die Option, Chef ihrer Gedanken und Emotionen zu werden.

Was denken die anderen von mir?

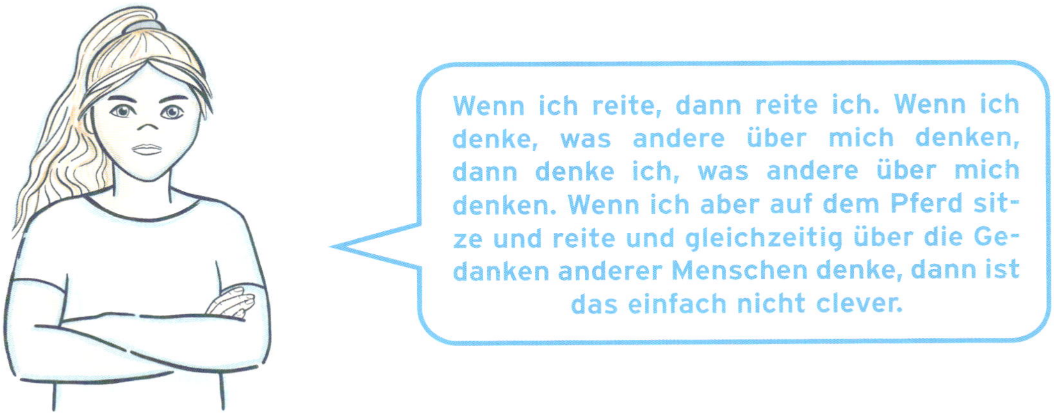

Was andere von Lara halten, kann Lara eigentlich egal sein. Ist es aber nicht. Es vergeht kaum ein Tag, an dem Lara sich nicht mehrmals fragt, was andere über sie denken. Das Grübeln und die Reaktionen anderer machen ihr sehr zu schaffen. Sie wird ängstlich und unsicher. Verstärkt wird es, wenn sie für die Dressurmannschaft aufgestellt ist und alle auf sie schauen, ob sie die Nominierung wirklich wert war. Sie kämpft dann sehr mit sich, will nicht Streichergebnis sein und denkt nur noch über die kritischen Blicke der anderen nach. Die Meinung des Stallgeflüsters ist ihr wichtig. Sie hat riesengroße Angst, verurteilt, bewertet, abgelehnt, den Erwartungen nicht gerecht zu werden.
Lara will von ihrem Umfeld akzeptiert werden und den Vorstellungen entsprechen. Lara will dazugehören. Sie zweifelt ständig an sich selbst und ist in der Gedankenspirale gefangen. Lara fragt sich, was die anderen wohl über sie und Ruby sagen, was sie lästern, worüber sie sich unterhalten, warum sie nichts zu ihr direkt sagen, warum sie wegschauen, sobald sie hinschaut; warum sie still sind, sobald sie vorbeireitet. Ärger kocht in ihr hoch, schlechte Laune folgt. Der ganze Tag ist gelaufen. Das Reiten auch. Sie

beschwert sich lauthals, aber dennoch so leise, dass niemand sie wirklich hören kann, dass andere Menschen immer ihren Tag vermiesen. Die anderen sind schuld. Sie fühlt sich nicht OK und stellt sich unbewusst in ihrem Wert unter den anderer. **Lara erkennt nicht, dass sie es selbst ist, die sich den Tag verdirbt und sich unter Druck setzt.** Ihre Stimmung, ihr emotionales Wohlbefinden, ihr Verhalten, ihre Gedanken feuern den Teufelskreis heftig an. Lara sitzt in ihrem eigenen **Gedankengefängnis.**

Diese 3 Gedanken führen in die Abwärts-Gedankenspirale. Endstation Gedankengefängnis:

1. Was die anderen wohl über Lara denken, wenn sie sich verhält, wie sie sich verhält; wenn sie reitet, wie sie reitet? Hoffentlich finden die anderen Lara nicht blöd. Hoffentlich finden die anderen Ruby nicht unmöglich.

2. Was die Reiterlehrerin wohl sagt, wenn Lara ihre Meinung mitteilt? Sie darf auf keinen Fall negativ von Lara oder Ruby denken.

3. Wie die Stallgemeinschaft und die Bandenprofis wohl reagieren, wenn sie jetzt sagt, was sie stört?

Merke: Die Meinung anderer darf niemals wichtiger sein als deine eigene, denn dann machst du dich vom Urteil anderer abhängig und bist fremdgesteuert. Du befindest dich sonst in deinem eigenen geistigen Gefängnis und willst auch noch eine Dauerkarte in dem des anderen. Höre auf, andere dafür zu verurteilen, was sie über dich denken mögen. Dann hören deine Angstgedanken auf, was andere über dich denken könnten.

Wann jemand Lara in sein geistiges Gefängnis, in seine Schublade steckt, kann sie nicht bestimmen. Sie hat nur die Wahl, wann sie aus der eigenen Gedankenspirale ausbrechen möchte. Dazu kann sie die emotionale Beziehung zu der Person mental trennen. Diese Fähigkeit ist rein rational und das kann jeder.

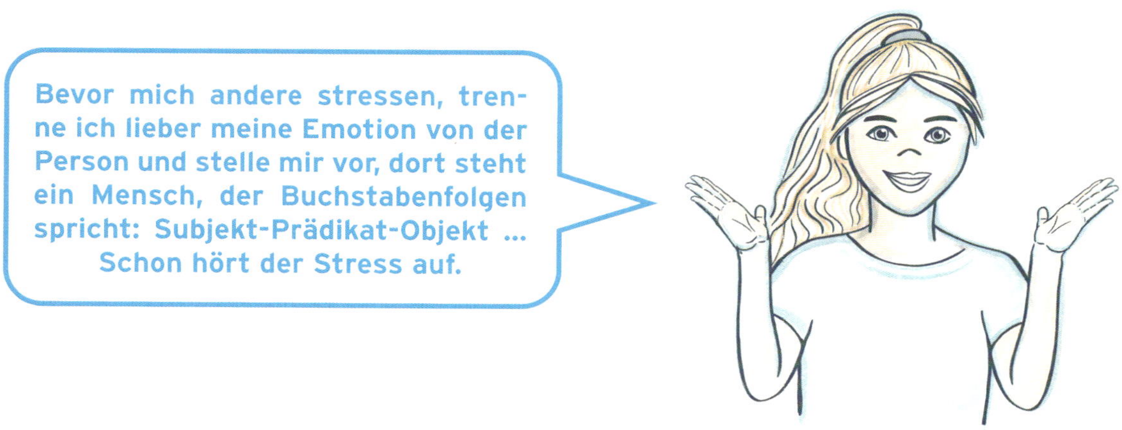

Wenn Lara denkt, dass Anna über sie denkt, dass sie eine eingebildete Dressurzicke sei, dann verurteilt sie Anna geistig für dieses ungehörige, absolut nichtzutreffende Denken über sie. Anna kommt in die Schublade „moralisch inakzeptabel". Das Ganze passiert nur in Laras Kopf.
Wenn Anna an der Bande steht und sich laut zu Lara gewandt über sie aufregt, dass sie es unverschämt findet, wie rücksichtslos sich Lara gegenüber anderen Reitern in der Bahn verhält, ihre Nase rümpft, die Augen verdreht, den Kopf schüttelt, merkt Lara sofort, Anna hat eine schlechte Meinung über sie.

Nun kann sie wählen:

1. Will sie auch in Annas Gefängnis und sich künftig nur noch Gedanken machen, was Anna über sie denkt?

2. Oder will sie sich rechtfertigen, in der Hoffnung, Anna ändere ihre Meinung? Was diese natürlich nicht tun wird, da Lara bereits in der Schublade „Ethisch im Reitsport nicht vertretbar, da Verstoß gegen die Bahnordnung" gelandet ist. Lara hat keinen Einfluss, die Gedanken anderer zu bestimmen.

3. Lara kann Anna wiederum gedanklich in eine neue Schublade stecken und Anna neu verurteilen, sich fortan Gedanken machen, wenn Anna an der Bande steht, was diese nun heute wieder über sie denkt.

4. Oder sie lässt sich nicht durch ihre eigenen Interpretationen diktieren, wie anderer ihre Energie bestimmen sollen.

Welches ist für dich die cleverste Lösung? Kreise ein und markiere sie.

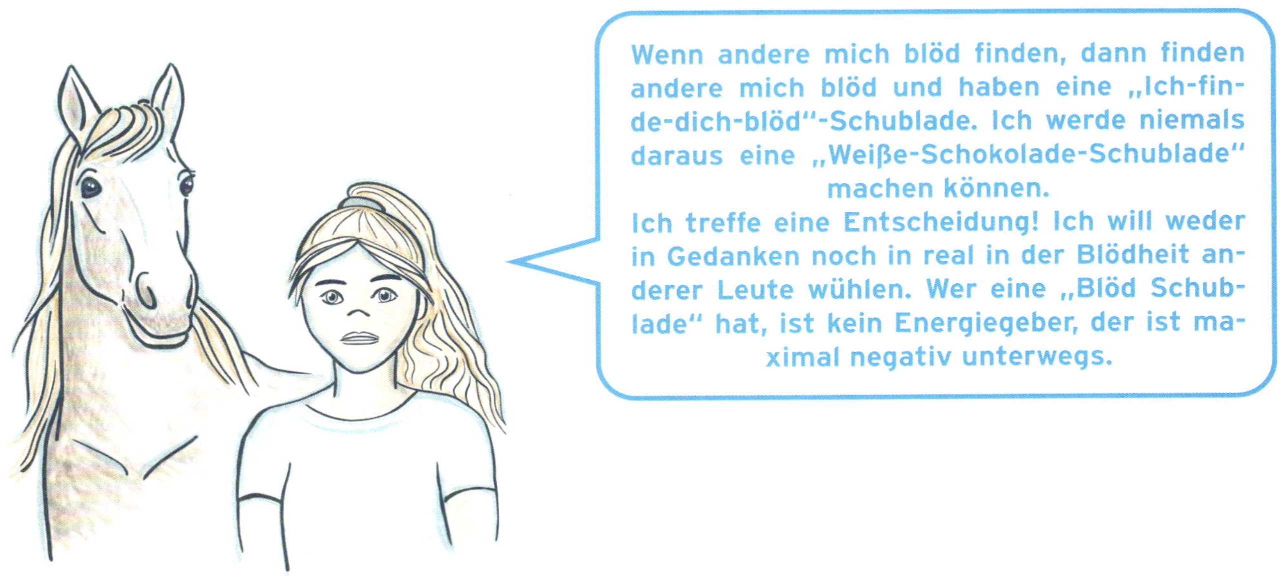

Nachdem Lara das erkannt hat, ist es ihr gar nicht mehr wichtig, was diese Menschentypen von ihr denken. Denn sie will anderen eine Inspiration sein und in selbiger Schublade landen. Sie steigt aus ihrer Gedankenspirale einfach aus und bleibt mit ihren Gedanken bei sich und nicht bei anderen. Es macht keinen Sinn, mit jemandem befreundet sein zu wollen, der einen ablehnt oder blöd findet. Nur weil jemand dich nicht will, heißt es nicht, dass du nichts wert bist.

Merke: Was andere von dir denken, kannst du weder bestimmen noch ändern. Was du nicht verändern kannst, sollte auch nicht deine Energie verbrauchen. Was du aber immer ändern kannst, sind deine eigenen Gedanken.

Es gibt noch einen wichtigen Grund, warum Lara sich keine Gedanken mehr über andere machen wird: **Denn, was hat Ruby davon, dass es Lara gibt, wenn Lara gedanklich gar nicht bei ihm ist?** Lara erkennt, dass Ruby definitiv wertvoller ist als Menschen, die eine negative Meinung über sie haben. Eigentlich grundsätzlich wertvoller als jegliche andere kontraproduktive Meinung. Ist sie erstmal in der Gedanken-über-die-Gedanken-anderer-Spirale gefangen, verzichtet Lara quasi auf ihre Ziele und ihre Träume.

Nur weil die anderen Reiter andere Prioritäten und Meinungen verfolgen, auf verschiedenen Lebens- und Reitwegen unterwegs sind, ihre Zeit vielleicht lieber mit Jammern und Lästern verbringen, muss ich doch nicht selbiges tun. Auf meine Ziele zu verzichten, ist für mein eigenes Wohlbefinden einfach nicht clever.

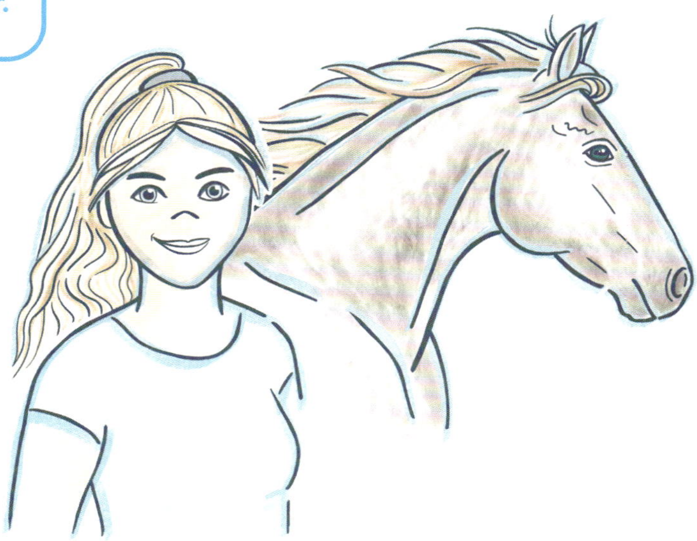

Was denken die anderen von mir?

Konzentriere dich zu 100 % auf deine Ziele, auf dein Reiten und auf dein Pferd. Das ist es, das all deine Konzentration wert ist. Gib deinem Pferd volle 100 % deiner Aufmerksamkeit und komme ins Handeln. Raus aus dem Kopf! Rein ins Fühlen und Reiten, sonst bleibst du im Kopf gefangen! Lasse nicht einen einzigen Prozentpunkt bei dem Gedanken über andere Menschen oder bei den Gedanken über die Gedanken anderer Menschen. Das macht beim Reiten einfach keinen Sinn.

Mache eine Liste. Notiere, wer dir guttut und wer dir Energie entzieht. Trenne dich mental von allen Menschen in deiner rechten Spalte.

Diese Menschen tun mir gut	Diese Menschen mit ihren Meinungen rauben mir Energie

Merke: Es ist nicht wichtig, was andere denken. Es ist wichtig, dass du zu dir stehst.

Dein Reiten ist nicht von der Meinung anderer abhängig. Deine Ansichten zählen, denn es ist dein Pferd. Achte dich selbst. **Du bist wichtig!** Deine Meinung zählt auch. Zeige dich mit deinen Talenten. Steh zu dir selbst. Zeige dich, wie du bist. Verstecke dich nicht. Es wird immer Menschen geben, die dich ablehnen oder dich feiern.

Prüfungsangst

Prüfungsangst ist reine Energie und überträgt sich direkt auf das Pferd. Pure Gedankenenergie. **Sie existiert nur im Kopf.** Konkret ist es die Angst zu versagen, bei dem Versuch zu beweisen, dass man endlich ein guter Reiter ist. Die Angst vorm Scheitern oder die eines direkten Vergleiches ist dermaßen blockierend, dass viele Reiter erst gar nicht an einem Turnier teilnehmen. Scheitert man, ist die Enttäuschung riesig, weil man einfach sehr viel Zeit und Energie in die Arbeit mit dem Pferd steckt. Selbst wenn man beschließt, heute nicht zu scheitern, kann das Pferd einer anderen Meinung sein und Verwirrung stiften. Dann fühlt sich das Scheitern zusätzlich auch noch nach totalem reiterlichem Unvermögen an.

Merke: Je niedriger das Selbstwertgefühl, desto höher die Versagensängste, desto intensiver wird die Prüfungsangst empfunden.

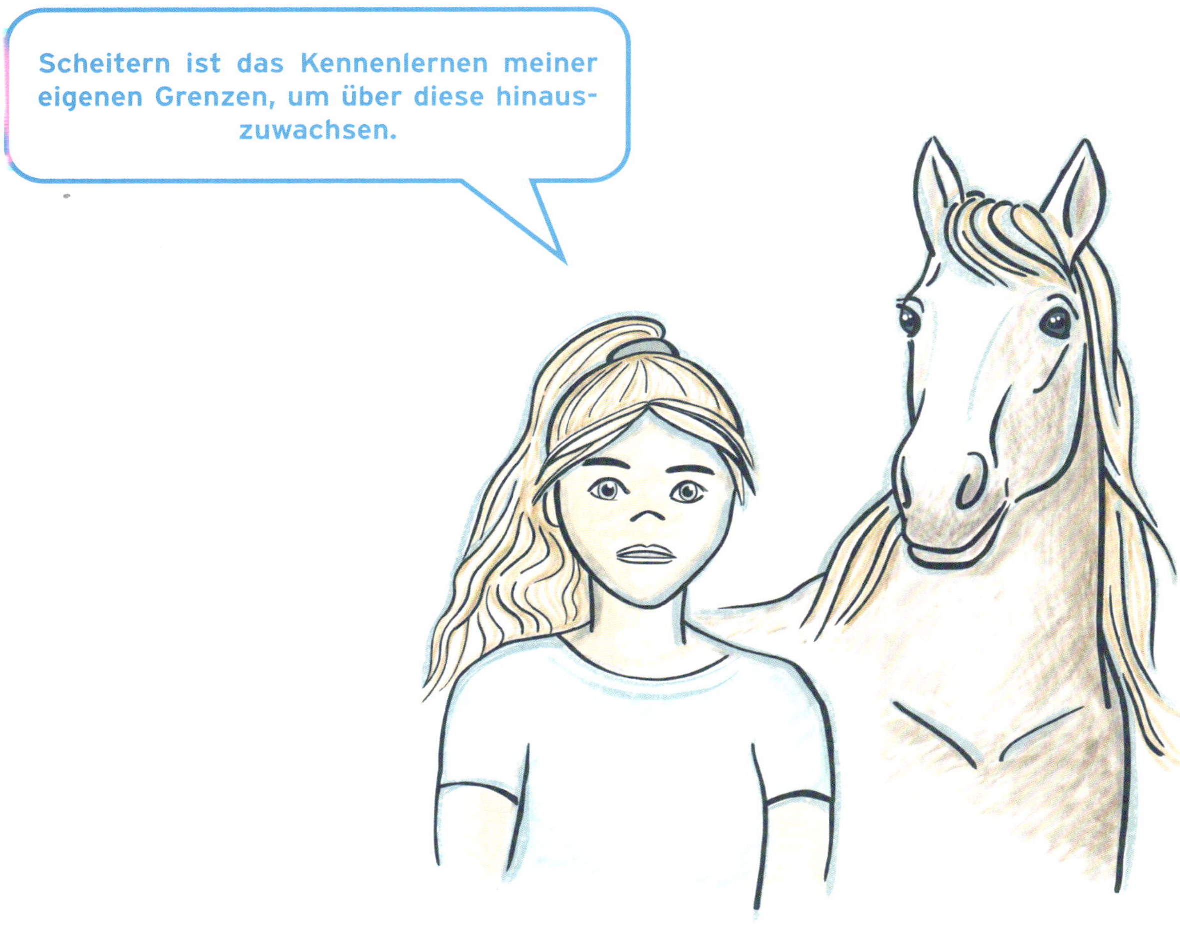

Anna braucht eine schnelle Lösung für dieses Thema. Deshalb sind die nächsten 3 Schritte Quick-Steps für Eilige wie Anna.

So löst du Prüfungsangst für Eilige. Nutze diese Bewusstseinsfragen:

1. **Hattest du schon immer Prüfungsangst? Wenn nein, was ist passiert? Und wie lange willst du noch in der Vergangenheit gefangen sein?**

____

____

____

2. **Wozu führt die Prüfungsangst? Wobei steht dir die Prüfungsangst im Weg? Was kannst du damit machen oder nicht machen?**

____

____

____

Jetzt kennst du den Zweck der Prüfungsangst. Wenn du den Zweck aufgibst, weil dir dein Ziel wichtiger ist, verschwindet die Prüfungsangst.

3. **Warum willst du das Ergebnis nicht, und die Prüfungsangst dient dir dazu?**

____

____

____

Mit deinen neuen Erkenntnissen bist du bereits viel handlungsfähiger. Meistens ist die Angst nun entmachtet. Falls nicht: Egal, was dein Gedanke, dein Glaubenssatz, deine Befürchtungen sind, wenn du sie nicht ablegen kannst oder willst. **Bist du bereit, auch mit Prüfungsangst erfolgreich zu sein? Das ist möglich, denn es gibt Reiter, die haben Prüfungsangst und sind trotzdem erfolgreich.** Dazu sag einfach „Ja, ich habe Prüfungsangst" zu deiner Prüfungsangst und heiße sie willkommen. Ab sofort gibt es keinen Grund mehr, dass deine Prüfungsangst dich blockiert.

Lara braucht das Thema Prüfungsangst oder Nervosität ein wenig ausführlicher:

Reiten vor Publikum oder vor Prüfern ist eine Katastrophe. Laras Gehirn setzt dann einfach aus. Sie hat sehr große Angst vor schlechten Benotungen und vor den Meinungen der anderen Beobachter.

Wenn es dir wie Lara geht, gehe die nächsten Schritte: Was befürchtest du?

Das befürchte ich, wenn ich Prüfungsangst habe	
☐ Ruf zu verlieren	☐ Versagen
☐ dass meine Fehlbarkeit ertappt wird	☐ nicht perfekt zu sein
☐ Druck zu bekommen	☐ Ablehnung
☐ ausgegrenzt zu werden	☐ ausgelacht zu werden
☐ durchzufallen	☐ Bestätigung, kein guter Reiter zu sein
☐ die Kontrolle zu verlieren	☐ es nicht drauf zu haben
☐ nicht gut genug zu sein	☐ bloßgestellt zu werden
☐ zu scheitern	☐ schlecht bewertet zu werden
☐ Scham	☐ Schande oder Schuld
☐ schmerzliche Folgen	☐ hilflos zu sein

Mit diesen 7 simplen Tricks hilfst du deiner Gehirnlähmung bei Prüfungsangst auf Turnieren wieder auf die Sprünge

- ✔ Na und? Was passiert dann schon?
- ✔ Na und? Ich kann noch ganz viele Prüfungen starten.
- ✔ Na und? Wenn es nicht klappt, komme ich wieder.
- ✔ Na und? Mein Pferd darf auch mitreden, und dann erlaube ich mir halt so viele Anläufe, wie mein Pferd braucht, bis wir über dasselbe Ziel reden.
- ✔ Na und? Ich mache mein Ding und glaube an uns. Auch wenn die Richter das noch nicht sehen können, ich kann es spüren. Und dann komme ich auf den Prüfungsplatz zurück, wenn es so weit ist, und die Richter können mich gar nicht mehr übersehen.
- ✔ Na und? Mein Glaube an mich/an mein Pferd ist so groß, dass ich jedem Blick standhalte, weil ich weiß, dass unsere Zeit kommen wird.
- ✔ Na und? Auch wenn nichts klappt, weiß ich nun bewusst, wie es nicht funktioniert und was ich aktiv nicht wiederhole.

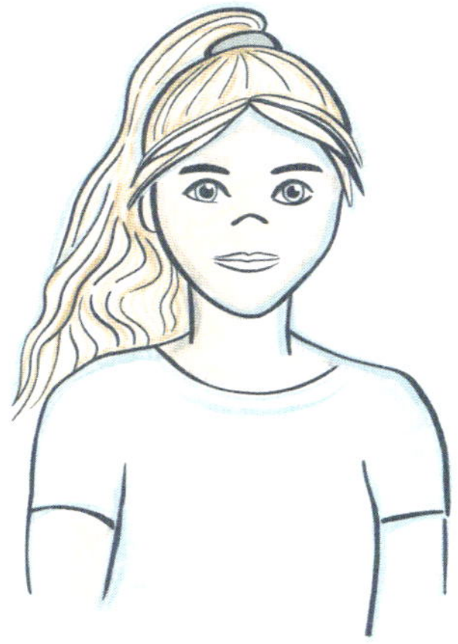

Es **darf** auch schief gehen!
Ich habe mir eine Sportart ausgewählt, die nicht fehlerfrei praktiziert werden kann.

Merke: Je häufiger du eine Situation meisterst, desto ruhiger wirst du. Du lernst, dass dir nichts passiert, weil du es überlebt hast.

Was musst du dir beweisen?

Ich muss mir beweisen ...	
☐ ... kompetent zu sein.	☐ ... es drauf zu haben/abzuliefern.
☐ ... Leistung zu bringen.	☐ ... ein guter/perfekter Reiter zu sein.
☐ ... mutig zu sein.	☐ ... dazuzugehören
☐ ... alles unter einen Hut zu bekommen. Familie, Pferd, Kind, Mann, Hobby, Job, etc.	☐ ... die Klasse schon reiten zu können.
☐ ... es wert zu sein.	☐
☐	☐
☐	☐
☐	☐

Lara ist überzeugt, keine gute Reiterin zu sein. Deshalb setzt sie alles daran, sich auf Turnieren das Gegenteil zu beweisen. Ihre Energie, ihre Angst, ihre Gedanken, ihre Körperhaltung sind in der Vermeidungshaltung „Ich bin kein guter Reiter – hoffentlich klappt alles!“ Sie **muss** ihr Können beweisen. **Ein Denkirrtum.** Da der Prozess des Reitenlernens nie abgeschlossen ist, gibt es kein finales Können, das sie beweisen kann. Es ist also an der Zeit, den Druck rauszunehmen. Bei Lara wirkt aber noch ein Glaubenssatz, der in ihr riesige Angst vor Ablehnung auslöst: Du musst es dir erst verdienen, als guter Reiter anerkannt zu werden. **Ein Irrglaube!** Aber auch der wirkt. Nur die Leistung gibt Lara einen Wert. So denkt zumindest Lara. Und in Kombination mit ihrem Perfektionismus und dem inneren Antreiber „Sei perfekt“, ist es bei Lara nie gut genug, nie die beste Leistung, nie Beweis genug! Lara steckt im Hamsterrad der Prüfungsangst.

Was erhoffst du dir von Prüfungsangst? Was versuchst du um jeden Preis zu vermeiden? Was macht dir wirklich so viel Stress vor einer Prüfung? Kreuze an und ergänze.

Keine Aufmerksamkeit mehr zu bekommen, wenn die Ergebnisse nicht außergewöhnlich sind	☐
Vermeidung, die Erwartungen von Eltern/dem Trainer nicht erfüllt zu haben	☐
Angst, die eigenen Erwartungen nicht zu erfüllen	☐
Angst, die Eltern/den Trainer zu enttäuschen	☐
Angst vor Liebesentzug, wenn keine Leistung erbracht wird	☐
Hoffnung, Anerkennung und Zustimmung für die reiterlichen Fähigkeiten zu bekommen	☐
Angst, den Beweis zu bekommen, wirklich untalentiert und fürs geliebte Reiten nicht geeignet zu sein	☐
Vermeidung, von Blamage und Scham bei Nicht-Bestehen des Reitabzeichens	☐
Ausgrenzung und deklassiert zu werden und bei Misserfolg allein zu sein, nicht dazuzugehören	☐
Verlassenheitsängste	☐
Ansehen und Rang zu verlieren, ein Niemand zu werden, eine Schande zu sein	☐
Existenzängste, keine Berittpferde, Kunden, Aufträge mehr zu bekommen	☐
Nicht die oder der Beste zu sein, die eigenen Erwartungen nicht erfüllen zu können	☐
Angst, nur zweitklassig zu sein, wenn andere besser sind	☐
Versagensängste, als Loser, Verlierer abgestempelt zu werden	☐
Zuneigung und Zuwendung anderer zu verlieren, wenn man nicht gut genug ist	☐

Angst vor dem öffentlichen Scheitern, an den Pranger gestellt zu werden	☐
Angst vor Überforderung, den Anforderungen nicht zu entsprechen, ihnen nicht gewachsen zu sein	☐
Angst, Fehler zu machen	☐
Angst haben, dass etwas schief geht	☐
Zweifel an den eigenen Fähigkeiten bekommen	☐
	☐
	☐
	☐
	☐

Diese Gedanken sind in Lara. Sie sind nicht in den anderen Menschen, die sie reiten sehen. Lara selbst löst die Selbstzweifel aus. Nicht die Prüfungsangst. Nicht die anderen. Sie hat in sich das schwarze Loch, den wunden Punkt.

Wer Prüfungsangst hat, lebt in einer Katastrophenstimmung. Er empfindet die oben aufgeführten Gründe hinter der Prüfungsangst tatsächlich als real und als wahr.

Drama regulieren, Katastrophe rausnehmen

Skala zum Relativieren der Unlogik

Wie wahrscheinlich ist es, dass die Katastrophe eintreten wird?

0 = gar keine Angst 10 = unerträgliche Todessangst

① ② ③ ④ ⑤ ⑥ ⑦ ⑧ ⑨ ⑩

Und wenn sie wirklich so hoch ist, glaubst du, das Problem trotzdem zu lösen, die Situation zu meistern, so, wie du schon unfassbar viele Situationen in deinem Leben gemeistert hast? Wenn nein, suche dir Hilfe und mache ein Coaching. Überlege mal rational: Ist deinem Pferd wirklich geholfen, wenn du im Katastrophendenken steckst? Bräuchte es nicht eher von dir positive Unterstützung, neue Ansätze, Lösungen, wie es gut ausgehen kann? Die findest du mit Vertrauen in dich selbst, deine negativen Emotionen regulieren zu können, um lösungsfokussiert unterwegs zu sein.

Nervosität beenden – Selbstvertrauen fokussieren

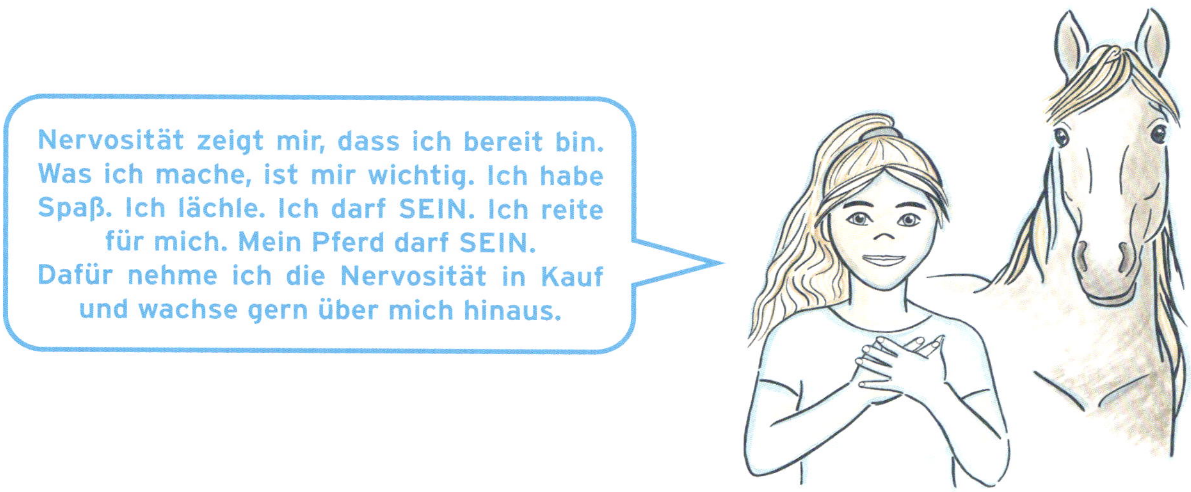

1. Obwohl-Satz

Lara hat eine Lieblingsmethode bei aufsteigender Nervosität, um die sogenannte internale Kontrollüberzeugung wiederherzustellen. Sie spricht laut einen „Obwohl-Satz“. Er ist ihr Plan, dem Verstand etwas anderes zu geben, an was er stattdessen denken soll; den Emotionen ein anderes Gefühl zu geben, welches sie stattdessen fühlen sollen: **Obwohl ich** aufgeregt bin, liebe ich mein Pferd und mich und **wähle,** ab sofort meinem Pferd die Sicherheit zu geben, die es von mir braucht, um zu leisten, was ich von ihm will. Da es verschiedene Situationen gibt, in denen Lara nervös wird, bleibt sie flexibel und hat mehrere Obwohl-Sätze, die sie situativ erstellt.

2. Ritual Gummiband

Vor jedem Einritt in das Prüfungsviereck oder in den Parcours hat Lara ein Ritual mit ihrem über das Handgelenk gestreiften, dünnen Haargummi erfunden. Es ist so schmal wie ein herkömmliches Gummiband oder ein Mähnengummi. Sie zieht fest an dem Haargummi auf dem Weg zum Einritt und löst so einen gedanklichen Anker an ihre **Glücksbotschaften** aus, welche Absicht sie nun im Viereck hat. Zum Beispiel: mein Pferd zum Strahlen bringen. Das klappt aber erst, seitdem sie sich bewusst gemacht hatte, wovor sie eigentlich genau Angst hatte.

3. Mentale Übungen

Die rein rationale Ebene nutzen, um gedanklich alle Lektionen in Echtzeit, im Schnelldurchlauf und Rückwärts oder spiegelverkehrt durchzugehen, wie Lara was und wo reiten will und wird. Alle mentalen Übungen sind auf ein Happy End ausgelegt. Sei ein Experte mit dem, was du reitest. Wisse, was du machst und komme in die Umsetzung.

4. Atemübungen, Visualisierungen, Körperressourcen nutzen

Mehr dazu in Schritt 4 ab Seite 142

5. Freude statt Angst

Emotionen können einfach ausgetauscht werden.

6. Richter denken über sich – nicht über dich

Auch Richter haben Erfolgsdruck, Versagensängste und stehen unter Beobachtung und Beweisdruck. Sie können auch Angst vor Fehlentscheidungen, für die sie später verantwortlich gemacht werden, Angst vor einer falschen Rangierung oder Angst, bei den Kollegen nicht anerkannt oder akzeptiert zu werden, haben.

7. Liste über Auslöser der Prüfungsangst erstellen

Lara erstellte eine Liste, was genau ihre Prüfungsangst auslöste. Wenn sie die Situationen vorher bewusst notiert, kann sie sich clever vorbereiten und in der Stresssituation viel gelassener bleiben, weil sie weiß, was sie tun muss. Führe die Liste fort. **Er wird dein mentaler PLAN.**

Reiz Reaktion, Liste Prüfungsangst	
Reiz	**Das mache ich**
☐ Die anderen Leute reden schlecht.	Ich bleibe mit meiner Energie bei mir und nicht bei anderen Leuten.
☐ Die Richter mögen mich nicht.	
☐ Ich werde abgelehnt.	
☐ Ich bin nicht so gut wie die anderen Reiter.	
☐ Mein Pferd ist nicht so gut wie die anderen Pferde.	
☐ Versagensangst	
☐ Die Aufgabe zu vergessen	
☐ Den Parcours zu vergessen	
☐ Falsch und ungerecht bewertet zu werden	

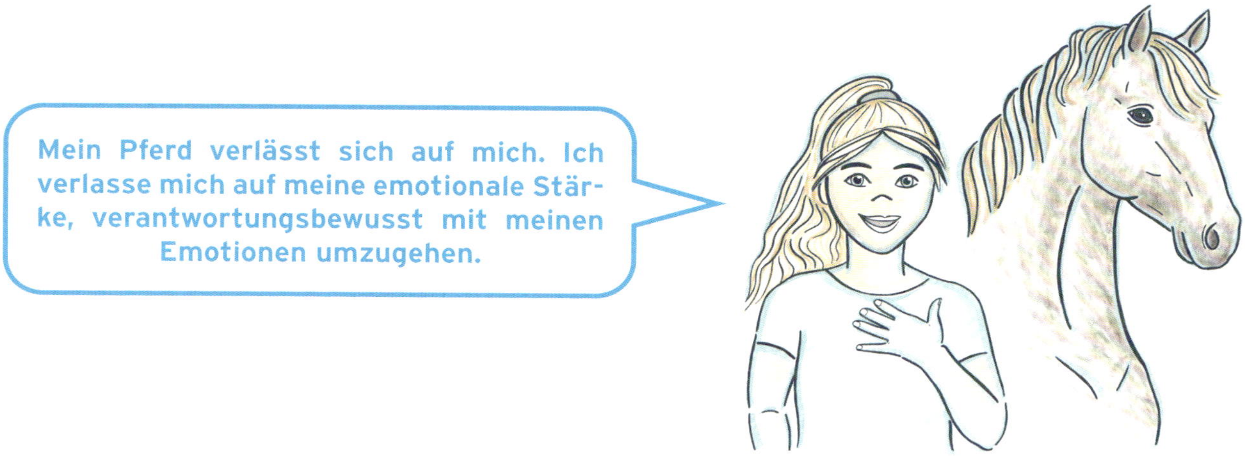

Nun drehe deine Prüfungsangst in folgende Provokativ-Sätze, um deinen Verstand wachzurütteln, was die Emotion anrichtet, solange er sich nicht bewusst einschaltet. Finde deine wahre Absicht, warum du die Prüfungsangst entweder abstellst oder aushalten lernst. Sprich die Sätze laut aus und spüre, wann und wo dein Verstand oder dein Unterbewusstsein sich einschaltet, weil er sich getriggert fühlt. Dann erkennst du bewusst dein wahres Thema:

- ✔ Ich fahre zum Turnier, damit ich Angst habe und es mir schlecht geht.
- ✔ Ich fahre zum Turnier, weil ich mich freue, zu versagen.
- ✔ Prüfungen sind dazu da, vor lauter Versagensangst den Sport aufzugeben, weil mein Leben in Gefahr ist und ich mich nirgends mehr blicken lassen kann, wenn ich versage.
- ✔ Prüfungen sind nur dafür da, ausschließlich zu zeigen, was ich alles nicht kann.
- ✔ Ich mag es, wenn mein Pferd sich für mich schämen muss, weil ich nur mit mir selbst oder mit Gedanken über die Gedanken andere Menschen beschäftigt bin, anstatt gemeinsam Großartiges für uns selbst zu erleben.
- ✔ Ich reite in das Viereck, weil ich gern zeige, dass mein Pferd sich nicht auf mich verlassen kann.
- ✔ Ich kann mir nichts Schöneres vorstellen, als den Parcours oder die Prüfungsaufgabe zu vergessen.
- ✔ Ich liebe meine Prüfungsangst, weil ich stolz bin, damit meinen persönlichen Erfolg zu verhindern.
- ✔ Ich nutze meine Zeit gern in der Umgebung von Menschen, von denen ich glaube, dass sie mich nicht mögen.
- ✔ Die Richter stehen auf der Richterliste, weil sie falsch und ungerecht bewerten müssen.
- ✔ Ich brauche meine Angst, weil ich so gern anderen vorjammere, wie schlecht es mir geht.
- ✔ Ich bin so gern armes Opfer meiner Umstände und rede mir die Dinge schön, statt aktiv für mein Wohlbefinden zu sorgen und mein Reiten zu verbessern.
- ✔ Ich liebe es, in der Prüfung zu erstarren, weil ich glaube, dass das der Richter sehen will und nehme dafür in Kauf, mein Pferd völlig unsicher zu machen.

Übung: **Augen öffnen mit Provokativ-Sätzen.** Suche dir in deiner nächsten Stresssituation einen Provokativsatz aus. Lebe ihn absichtlich. Richte dein Verhalten, dein Denken, deine Emotionen bewusst danach aus. Gib alles, lasse alles raus. Rede laut. Erzähle es allen Leuten. Dramatisiere, steigere, übertreibe. Mache es absichtlich. Du wirst merken, wie schnell du wieder rational denken wirst, weil dein Verstand einsieht, dass es Quatsch ist und er mit hysterischer Nervosität keinen Schritt vorwärtskommt.

Die Provokativ-Liste öffnete Lara die Augen. Es ergab keinen Sinn. Sie hatte sich vormals nie bewusst Gedanken gemacht, warum sie eigentlich zum Turnier fuhr. Dieses „Warum" aus dem Herzen. Sie erkannte, dass es für ihr Pferd keinen Sinn machte, wenn sie sich mit ihrer Prüfungsangst so sehr blockierte, dass sie die Bedürfnisse ihres Pferdes nicht mehr wahrnahm und ihn auch nicht so unterstützen konnte, wie er es brauchte. Sie tat doch eigentlich alles für sein Wohlbefinden. Aber sich selbst hatte sie nie hinterfragt. Im Gegenteil, sie sorgte dafür, dass ihr Pferd Turniere als Alptraum wahrnahm. Und in Wahrheit war es nur ihr Alptraum, den sie auf ihr Pferd übertrug.

Meine Absicht, mein Grund, meine Sinnhaftigkeit, die Angst ziehen zu lassen, ist:

____

____

____

____

____

____

Wie knackt man den Knoten im Kopf?

Kopfknoten

Wer das Kopfkino beenden will, muss BEWUSSTHEIT haben über sein **unterbewusstes BEWUSSTSEIN.** Wenn du bis hierher mit diesem Buch an dir gearbeitet hast, dann hast du sie bereits.
Wer fühlen will, muss die Konzentration abstellen! Der Kopf muss das Grundbedürfnis nach Kontrolle, Chef im Haus sein zu müssen, alles erst verstehen zu müssen, alles beherrschen zu müssen, zumindest für den Moment des Fühlen-Wollens loslassen.

Weitere Optionen:

Befolge diese 3 LEICHTEN Tipps und dein Knoten im Kopf ist gelöst!

- Stehe zu deinen Ängsten und Gedanken.
  - Ja, ich habe Kopfchaos und fühle mich dumm. Ja, ich habe Angst zu versagen. Ja, ich habe Angst, in der Prüfung nicht abzuliefern. Ja, ich habe Angst, nicht gut genug zu sein. Ja, ich habe Angst, abgelehnt zu werden.

- Nimm jede Angst und jeden Gedanken liebevoll an.
  - Sie gehören zu dir und sind ein Teil von dir. Hör auf, sie wegzudrücken! Sie werden wiederkommen, bis du sie willkommen heißt.

- Flüchte nicht vor deinen Problemen. Stelle dich ihnen.
  - Negative Emotionen und Kopfkino sind der Beweis, dass du bereits in einem unterbewussten Problem steckst.
  - Etwas im Außen beweisen zu müssen, ist der Beweis, dass du mental und emotional auf der Ebene des Bewusstseins tiefe Probleme hast.

Das war der leichte Teil. Jetzt kommt der schwerste Teil.

Befolge diese 7 Tipps und dein Knoten im Kopf kommt nicht wieder

- Stelle die Konzentration ab.
- Lenke deinen Verstand um auf die Bewusstheit über dein Bewusstsein und darauf, wie es funktioniert.
- Sag **„Ja"** zu endloser Unsicherheit. Es gibt keine Sicherheitsgarantie im Reitsport. Auch dann nicht, wenn du alles hinterfragst oder erst verstehen willst.
- Lasse los, um dich einzulassen. Lasse deinen Kontrollzwang los, um dich auf das Gefühl einzulassen.
- Tue einfach mal nichts.
- Komme runter von deinem Ego. Verlasse die Ebene der Logik. Damit hast du nämlich nur die Bewusstheit über dein Problem im Außen. Kopfknoten sind Emotionsprobleme und lösen sich auf der Ebene des Gefühls. Dafür brauchst du Bewusstsein über die Lösung des Problems im Innen.

Möglichkeit 1: **Für Macher**

Je erfahrener ein Reiter ist, umso mehr Wissen und Fertigkeiten hat er. Er hat sie einfach, er muss es nicht mehr beweisen. Wenn er sich selbst und anderen **nichts mehr beweisen muss,** dann hat er Zeit. Und das ist der Breakpoint. Diese Zeit investiert er, seinem Pferd mehr Aufgaben zu übertragen. Er gibt die über Jahre antrainierte Kontrolle vertrauensvoll ab. Er überträgt endlich den anderen Teil einer funktionierenden **Partnerschaft** an sein Pferd. Es geht nicht mehr um Belehrung und Lehre. Es geht um das Sein und SEIN zu dürfen. Endlich wird das Pferd in seinen persönlichen Bedürfnissen wahrgenommen. Es blüht auf, will gefallen, will sich einbringen, will Aufgaben übernehmen. Der Reiter gewinnt noch mehr **Zeit,** kann sich beim Reiten mal entspannen. Optisch einfach mal nur drauf sitzen und die **Leichtigkeit** genießen. Und alles nur, weil er Lerndruck losgelassen und Lernfreude bekommen hat – und zwar die von seinem Pferd.

Möglichkeit 2: **Für Nörgler**

Je mehr du im Reiten weißt, desto mehr hat dein Kopf, um zu grübeln, abzuwägen, sich nicht zu entscheiden, wie er sich verhalten soll. Er steckt im Grübeln fest, weil er alle Optionen erst einmal durchgehen muss, alte Lösungen zu Rate zieht, checkt, was er neuronal noch alles anwenden kann. Der Arme! Das dauert. Emotionen sind da schneller. Während er noch grübelt, sind sie da. Der große Knoten entsteht, weil Emotionen sein Nervensystem verstauen. Wie an einer großen Kreuzung. Überall Stau und am Ende ist der Verkehrsknoten in der Mitte. Jetzt hat der Verstand ein neues Problem. Zusätzlich muss er das Problem des Emotionsstaus lösen. Weil die Emotionen so mächtig sind, gibt der Verstand auf. Sein rationales Denken ist ausgeschaltet. Der Reiter verzweifelt nur noch mehr, weil er die Lösung für sein eigentliches Problem haben will, sein Verstand ihn aber im Stich lässt. Davon bekommt er aber nichts mit. Sonst könnte er selbst aktiv seine Emotion wahrnehmen, erkennen, dass sie den Stau im System verursacht, und erst die Emotion beruhigen, damit sein Verstand wieder funktioniert. Tut der Reiter aber nicht. **Der Reiter hängt mit seiner Energie im Kopf fest.** Er denkt: Der Fehler liegt immer am Reiter. Der Reiter ist ein Fehler. Er macht alles falsch. Der Knoten zieht sich zu. Die Emotionen fahren mit dem Reiter Achterbahn. Und er bekommt es immer noch nicht mit. Er steht kurz vor einem Systemerror. Der Reiter muss mehr Bewusstheit über sein Bewusstsein bekommen. Bewusste Klarheit, was neben dem logischen Denken noch an unendlich vielen eigenen und äußeren Ressourcen da ist. Bewusstheit über seine innere Stärke, seine Ressourcen, seine Unterstützer, seine powervollen Kräfte, seine Emotionen, seine Gedanken, sein Verhalten, seine Psyche. Dann kann der Reiter sich immer selbst helfen, weil er sich hellwach bewusst ist, was unterbewusst in seinem Bewusstsein wirkt.

Möglichkeit 3: **Für Perfektionisten**

Pferde sind emotionale Wesen. Gefühlswesen. Keine Bücherwürmer, keine Besserwisser. Und Gefühle folgen keiner Logik. Reitergefühl auch nicht. Dosierung von Kraft und Einwirkungsdauer kann messbar gemacht werden, Gefühle nicht. Das will der Verstand nicht akzeptieren. Schließlich machen es so viele Reiter vor, wie Erfolg auch ohne Gefühl geht. Nur durch **technisch korrektes Reiten.** Ja, es ist möglich ohne Reitergefühl zu siegen. Schalte dazu deine Emotionen aus. Stelle sie ab. Sei Neurotiker, wo du es brauchst und spüre sie einfach nicht mehr. Dann gibt es auch keinen Knoten im Kopf. Dann funktioniert das Pferdebusiness mit Kalkül.

Möglichkeit 4: **Für Reiter wie Lara mit ihrem neuen Mindset**

Laras Trainerin fordert von ihr, einfach mal nichts zu tun. Geht nicht, denkt Lara. Hat sie nicht gelernt. Auf was soll sie sich bitteschön konzentrieren beim Gar-Nichts-Tun? Ihr Kopf sucht Lösungen für ein nicht vorhandenes Problem. Was tut man beim Gar-Nichts-Tun? Alles wegwerfen? Die Hilfen aufgeben? Schmollen? Füße hochlegen? Sie findet keine Antwort. Panik! Noch mehr Grübeln. Noch mehr neuronale Knoten, weil das Gehirn einfach noch nie eine Lösung für Gar-Nichts-Tun in ihrem ganzen Reiterleben abgespeichert hat, besonders nicht bei Leistungsmenschen wie Lara. Fatale Zwickmühle. Denn Gar-Nichts-Tun ist ein aktives TUN. Es ist die Lehre vom aktiven Passiveinwirken. Es ist nicht gleichbedeutend mit beispielsweise „Zügel wegwerfen". Das korrekte aktive Passiveinwirken sorgt stets für maximale Flexibilität, die eigene Sicherheit allzeit mit minimalem Aufwand mit Hilfe optimaler Stressfreiheit herzustellen bei gleichzeitig aktiver Selbstwirksamkeit und glasklarem Bewusstsein seiner ganzheitlichen Ressourcen, die weit über die mentale Konzentrationsfähigkeit hinausgehen, wie du bereits in diesem Buch erfahren hast. Es ist eine Hingabe in den Moment des Augenblicks bei einfach mal aktiv aushaltender Passivität und Kontinuität. Es ist keine Aufgabe der Sicherheit. Aktiv Passiveinwirken löst den starken inneren, unterbewusst ablaufenden Konflikt vieler Reiter zwischen Autonomie und Hilflosigkeit, Anpassung und Abgrenzung, Hyperaktivität und Kopfknoten und ist als Brücke zu verstehen, den Kopf mit dem Gefühl zu verbinden.

Laras Geheimnis für das Loslassen, um GAR-NICHTS-TUN zu lernen

- ★ Alle technischen Ansprüche im Bedarfsmoment loslassen, sobald Sitz und Einwirkung gefestigt sind. Nur wer sie loslässt, hat wieder Kapazität im Gehirn frei, Neues zu erschaffen.
- ★ Installiere das Programm „Gar-Nichts-Tun". Schalte im größten Kopfknoten eines sicheren Moments deinen Kopf aus. Stelle bewusst keine Ansprüche mehr an dich oder dein Reiten. Das Pferd wird dich die Lösung fühlen lassen. Hüte dich davor, deinen Kopf zu früh wieder einzuschalten, weil er schon wieder alles verstehen will und sich fragt, wie er das denn jetzt gemacht hat, dass er das Gefühl spüren konnte, als plötzlich alles so leicht war. Sobald er wieder grübelt, bist du in der falschen Datei.
- ★ Konzentration loslassen. Konzentration verhindert, den Körper fühlen zu können. Einfach mal SEIN auf dem Pferd. Atmen und fühlen, wie das Pferd in Resonanz tritt. Sich Zeit geben. Denn die Leitungen in die Fühlprozesse müssen nicht dieselben sein wie die eines Blitzdenkers.
- ★ Zeitgleich sein Technikwissen und Technikstreben mit den Emotionen, den Gedanken, den Körperressourcen und seinem Reitergefühl verbinden.
- ★ Kontrollzwang und Misstrauen loslassen, damit Vertrauen in dein Pferd und in den Prozess kommen kann. Erst dann steckt Lara den Rahmen, in dem Pferd und Reiter sich gegenseitig vertrauen dürfen und können.
- ★ Ängste und Selbstzweifel loslassen, um sich selbst zu erlauben, technisch in der eigenen Königsklasse ankommen zu dürfen. Gedanklich frei zu sein, um Reiten genießen zu dürfen, um sich mit dem Gefühl von Leichtigkeit verbinden zu können.
- ★ Loslassen des Festhaltens an Illusionen und Idealbilder, um sein zu dürfen, wie sie als Reiterin wirklich ist. Um sich und dem Reitsport die Chance zu geben, durch ihr Sein, neue Maßstäbe zu setzen.
- ★ Jedes Paar bildet neben zwei Unikaten ein Unikat. Bisher hat noch niemand eine Schablone für Unikate erfunden. Nimm dir den Stress raus. Es gibt Reiter an der Weltspitze, die sind Unikate, aber entsprechen bei weitem nicht einem Ideal. Sie nehmen sich an, wie sie sind und reiten trotzdem harmonisch und erfolgreich.

Rätsel M: Was vergessen fast alle Menschen auf dem Weg zum Glück?

Anmerkung: Wenn sich ein Schock im System als Trauma manifestiert hat, welches emotional nicht verarbeitet wurde oder verarbeitet werden durfte, und rational zum Problem wird, hat es sich in das emotionale Gedächtnis eingebrannt. Obwohl man rational weiß, was zu tun wäre, hindern die „gestauten Emotionsmoleküle" den Reiter daran, sich rational zu verhalten. Man spricht auch davon, dass sich eine Affekthandlung eingebrannt hat, die den inneren Kompass bestimmt, wonach alle zukünftigen Handlungen wie mit einem unbewussten Programm, dem sogenannten Automatismus, stattfinden. Der Schock muss Schicht für Schicht, wie bei einer Zwiebel, von den Schutz- und Vermeidungsstrategien des Verstandes freigelegt werden, um zuerst das Leiden aufzulösen, dann die Gefühle zu verarbeiten, um dann das unterbewusste Programm umzuprogrammieren. Nimm ein Coaching in Anspruch oder wende dich **direkt** an eine therapeutische Fachkraft.

SCHRITT 4
TRAINIERE DICH ZUFRIEDEN

Alles, was du für dein Selbstbewusstsein brauchst, ist der feste Glaube, dass es sich lohnt, an dich zu glauben. Dein Pferd wird dann über sich hinauswachsen und dir Lieblingsgefühle schenken.

MICHAELA KRONENBERGER

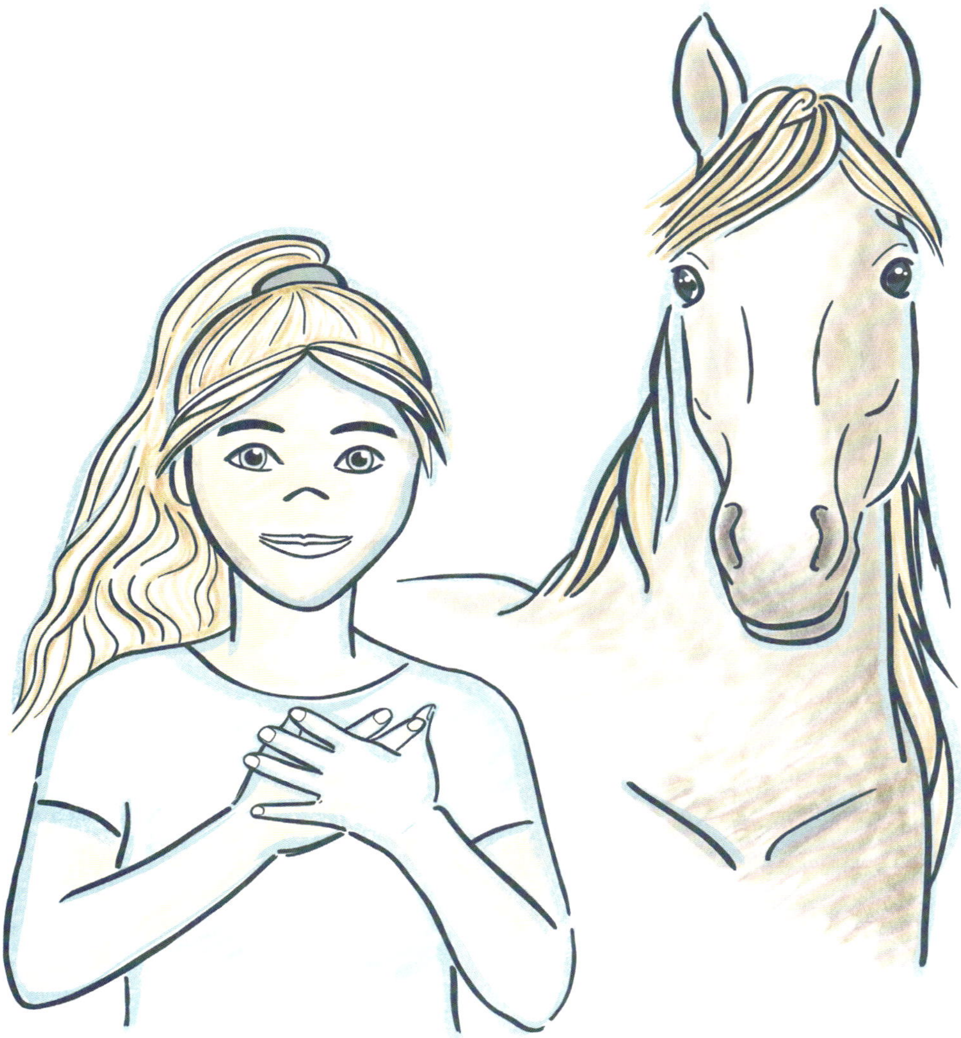

Höre auf dein Herz

In diesem letzten und vierten Schritt **Trainiere dich zufrieden** erlebst du deinen mentalen und emotionalen Durchbruch! Du lernst, wieder an dich zu glauben oder deinen Glauben in dich zu verdreifachen. Du wirst alle Erkenntnisse vereinen und im Alltag abrufbar und trainierbar machen. Du wirst dein Selbstbewusstsein steigern und mit allen Tools deinen Stress minimieren. Lieblingsgefühle weisen dir den Weg zu deinen Zielen. Innere Zufriedenheit macht dich zu einem Glücksreiter, der es versteht, emotional korrekt zu reiten. Du erkennst, dass die emotionale Stärke das Ergebnis aller vier Schritte dieses Buchs ist. Mit ihr bist du Chef über deine Emotionen, weil du gelernt hast, jetzt und für deine Zukunft dein Bewusstsein zu aktivieren und deine Emotionen für deine Ziele zu wandeln.

Das größte Geschenk, das ein Pferd seinem Reiter geben kann, ist sein Vertrauen. Es ist dieser wunderbare Moment, in dem das Pferd sein Herz öffnet und den Reiter willkommen heißt. Verbinde dich mit seinem Herzen und gehe raus in dein Viereck, deinen Parcours, deine Geländestrecke, deinen Wald, wohin auch immer. Bringe dem Pferdesport seinen wahren Glanz zurück: Die Liebe zum Pferd.

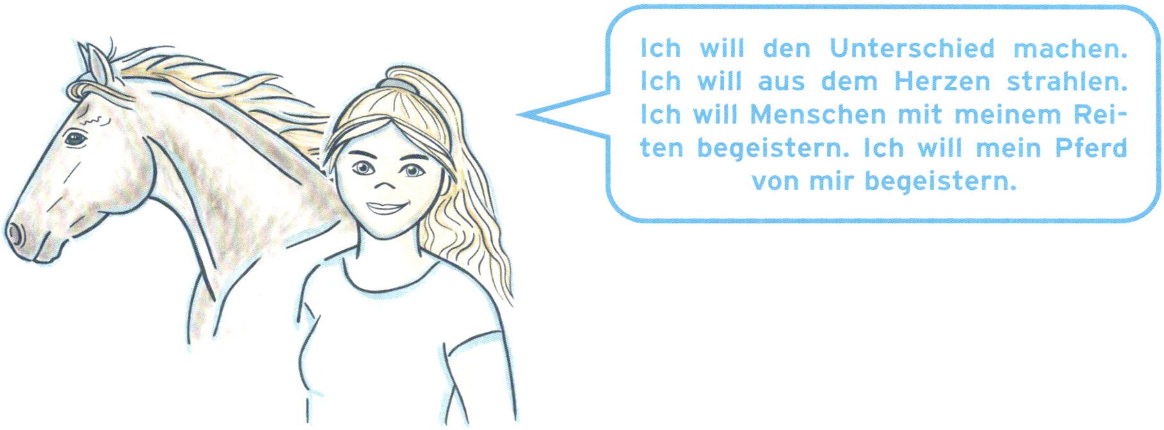

Schicke deinen grübelnden Verstand in den Urlaub und gönne ihm eine Auszeit. Öffne dein Herz! Lasse los, was dein Herz traurig werden lässt und tue auch emotional alles dafür, dass du und dein Pferd an einem Strang ziehen. Spüre mit der Kraft deines Herzens, dass die Energie der Liebe, Freude und Dankbarkeit immer stärker ist als alle Ängste und Selbstzweifel. Egal wie schwer deine Vergangenheit war, du kannst dich immer entscheiden, trotzdem glücklich zu sein und dein Bestes daraus zu machen.

Öffne all die wunderbaren Zugänge zu deiner Psyche, zu deinen inneren Ressourcen, versteckten Potenzialen, die du schon immer in dir trägst, es nur vergessen hast. Erinnere dich an die Zeit voller Neugier und Mut, voller Tatendrang und Spontanität. Frei, ohne Zwänge, ohne hinderliche Gedanken. Erinnere dich an die Zeit, in der deine

Emotionen, deine Glaubenssätze und deine Erfahrungen noch nicht deinen Verstand getrübt haben. Du alles ausprobiert hast, ohne lange zu Grübeln. Beginne endlich, deine eigene fantastische Erfolgsgeschichte zu schreiben.

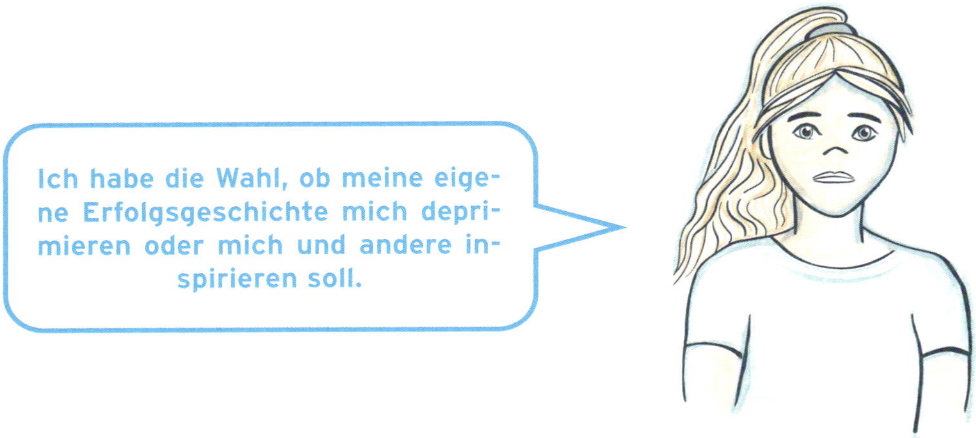

Merke: Triff Herzensentscheidungen für das, was dir wirklich wichtig ist und halte dein Wort.

Lieblingsreitgefühle manifestieren

Manifestiere deine Lieblingsreitgefühle jeden Tag in deinem **emotionalen Gedächtnis.** Denke sie, fühle sie, koppele sie an ein gewünschtes Verhalten. Rufe dir so oft es geht innere Bilder hervor, die das Lieblingsgefühl auslösen. Setze neue Maßstäbe und inspiriere andere Reiter, ihre Lieblingsreitgefühle ebenfalls zu entdecken, um emotional und mental ein besserer Reiter zu werden. Werde zum Magneten für Lieblingsgefühle und zeige anderen, wie es geht! **#lieblingsreitgefühle**

Übung: **Trainiere Lieblingsgefühle.** Mache es wie Lara. Lara hat sich viele ausgewählte Lieblingsreitgefühle auf kleine Karteikarten geschrieben. Jeden Tag zieht sie eine Karte und beschließt, mit diesem Lieblingsgefühl ihr gesamtes Training zu gestalten. Sie ruft es sich mehrmals ins Gedächtnis, spürt der Emotion nach und schickt sie an ihr Unterbewusstsein mit dem Wort „Behüten“, damit sie es sofort parat hat, sobald sie zu kopflastig, zu emotionalisiert, zu ehrgeizig, zu willensstark, zu festgefahren ist. Ihre Lieblingsgefühle sollen sie immer in die Gelassenheit, Leichtigkeit, Freiwilligkeit und Freude zurückbringen.

Kreuze an, welchen neuen Lieblingsgefühlen du mehr Raum geben möchtest. Füge deine eigenen hinzu. Trainiere sie in deinem mentalen und emotionalen Gedächtnis durch tägliche Anwendung. Verschaffe dir zu dem Wort so viele positive Erlebnisse, wie es nur geht. So kannst du die Lieblingsgefühle auch auf dein Turnierreiten übertragen, indem du durch die Worte deine psychischen Prozesse aktivierst.

Lieblingsreitgefühle

☐ fröhlich	☐ Liebe	☐ Freude	☐ Spaß
☐ dankbar	☐ kraftvoll	☐ freundlich	☐ gelöst
☐ verzaubert	☐ aufgeblüht	☐ aufmerksam	☐ ausgeglichen
☐ energetisiert	☐ energisch	☐ engagiert	☐ erfreut
☐ entschlossen	☐ erfüllt	☐ harmonisch	☐ hellwach
☐ hocherfreut	☐ selbstsicher	☐ vertrauensvoll	☐ voller Energie
☐ wertschätzend	☐ selbstzufrieden	☐ wohlwollend	☐ wach
☐ entspannt	☐ voller Turnierlust	☐ vergnügt	☐ verbunden
☐ euphorisch	☐ locker	☐ gefasst	☐ inspiriert
☐ leicht	☐ liebevoll	☐ gelassen	☐ jubelnd
☐ Lust haben	☐ munter	☐ sorglos	☐ souverän
☐ sonnig	☐ spritzig	☐ stark	☐ stolz
☐ strahlend	☐ tapfer	☐ mutig	☐ tatkräftig
☐ glücklich	☐ überglücklich	☐ überwältigt	☐ überströmend
☐ unbeschwert	☐ unbesorgt	☐ unbekümmert	☐ überwältigt
☐ genießend	☐ Gemeinsamkeit	☐ Teamspirit	☐ Inspiration geben
☐	☐	☐	☐
☐	☐	☐	☐

Notiere dir hier deine drei wichtigsten Lieblingsgefühle, die du ab sofort als Notfallanker gegen eine negative Emotion tauschen wirst. Formuliere sie in einem Satz: Obwohl ich eine negative Emotion habe, wähle ich stattdessen mein Lieblingsgefühl. Lara macht es vor:

Auf dem Turnier:

Obwohl ich nervös bin vor meiner Prüfung, wähle ich ab sofort, die Verbundenheit zu meinem Pferd zu genießen.

Beim Ausritt:

Obwohl ich Angst habe, dass Ruby scheut, wähle ich stattdessen, ihm entschlossen Sicherheit zu geben.

Im Training:

Obwohl ich mich mal wieder über mich selbst ärgere und gleichzeitig Angst habe, mich zu blamieren, wähle ich ab sofort, wertschätzend und wohlwollend mit mir selbst zu sein und anderen souverän eine Inspiration zu sein.

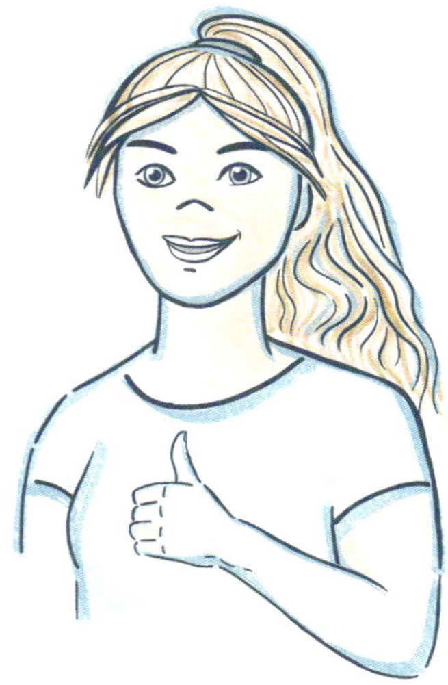

JETZT DU!
Tausche deine negative Emotion beim Reiten gegen dein Lieblingsreitgefühl:

Eine Schatztruhe voller Stärken und Ressourcen

Wenn Lara ihre Stärken kennt, kann sie ihre innersten Potenziale und Fähigkeiten bewusst und optimal sinnvoll einsetzen, um mit ihren Herausforderungen clever umzugehen. Sie kann sich dadurch in Stresssituationen selbst stabilisieren und stärkt ihr Selbstwertgefühl und nebenbei auch ihre gesunde Selbstbehauptung. Sofort verändert sich ihre Stimmungslage und ihr Bewusstsein konzentriert sich auf ihre Stärken statt auf den Mangel, den Fehler, die Angst.

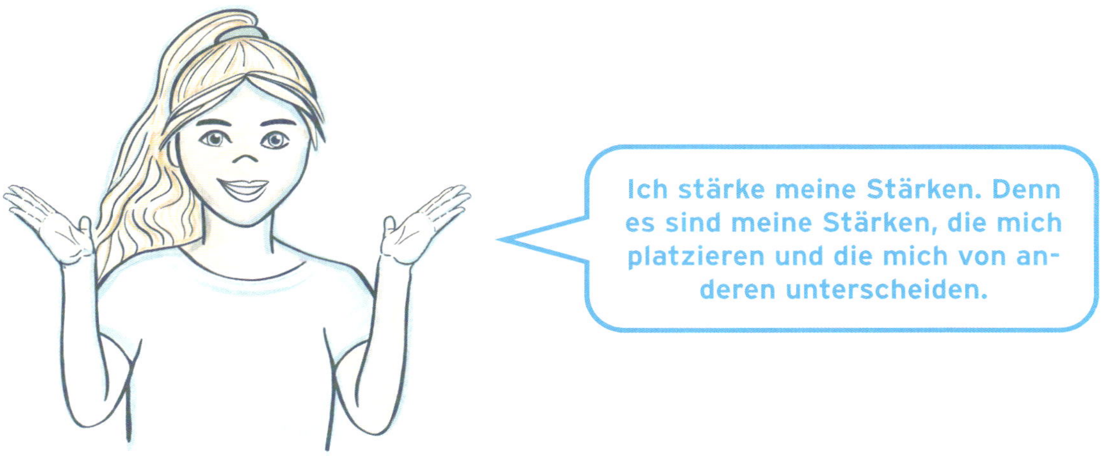

Ressourcen

Ressourcen sind eigene Reserven für die Erschaffung des eigenen Glücks. Sie geben sofort verfügbare Energie und sind jederzeit abrufbar.

Finde deine inneren und äußeren Ressourcen. Kreise sie ein.

1. Innere Ressourcen	2. Äußere Ressourcen
♥ Freude	♥ Spazieren gehen
♥ Mut	♥ Stille suchen
♥ Gelassenheit	♥ Musik machen oder hören
♥ Vertrauen	♥ Hobbys
♥ Geduld	♥ Tiere
♥ Zuversicht	♥ Sport
♥ Durchhaltevermögen	♥ Naturbeschäftigungen
♥ Optimismus	♥ Freunde treffen
♥ Liebe	♥ Finanzen
♥ Kreativität	♥ Bedürfnisse und Träume erfüllen
♥ Selbstfürsorge	♥ Entspannungstechniken anwenden
♥ Selbstakzeptanz	♥ Familie/Partner
♥	♥
♥	♥
♥	♥
♥	♥

Was ist deine Hauptkraftquelle, wenn es nicht dein Pferd ist? Denn du solltest dein Pferd nicht als Kraftquelle nutzen, sondern ihm eine Kraftquelle sein. Markiere deine Hauptkraftquelle in der obigen Tabelle.

Stärken

Mache deine Stärken und die deines Pferdes noch stärker! Es sind die Stärken, die dich zum Sieg und ins Ziel bringen. Hast du nur deine Schwächen im Blick, bist du schneller frustriert und kannst dich nicht weiter verbessern. Die Stärkenbrille verändert so rapide deine Wahrnehmung, und du machst riesige Fortschritte, weil du mit dem Prinzip der positiven Verstärkung arbeitest. Dein Pferd liebt es! Eure Schwächen werden mitwachsen, progressiv zum Wachstum der Stärken, sie bleiben nicht klein. Sie sollen auch nicht schrumpfen, sondern aufgefüllt und angenommen werden. So werden sie auch bald keine mehr sein, weil ihr ganz natürlich über eure Grenzen hinauswachst, statt mit Fokus auf die Schwächen euch Grenzen zu setzen.

Merke: Stärken sprengen Grenzen, wo Schwächen welche setzen. Arbeite an deinen Stärken, dann wirst du innerhalb deines Rahmens keine Grenzen haben.

Erstelle eine „Das bin ich Liste" mit deinen Stärken. Ergänze die Liste mit weiteren positiven Eigenschaften. Suche dir deine 10 wichtigsten Eigenschaften aus, indem du sie bunt markierst.

Meine positiven Eigenschaften

ehrlich	authentisch	freundlich	gefühlvoll
einfühlsam	fröhlich	entspannt	gelassen
diszipliniert	hilfsbereit	strukturiert	organisiert
fair	gewissenhaft	durchsetzungsfähig	kreativ
respektvoll	ausgeglichen	Geborgenheit bietend	achtsam mit sich sein
flexibel	empathisch	zuversichtlich	lernbereit
geduldig	verantwortungsbewusst	zuverlässig	selbstbewusst
gesellig	zielstrebig	fokussiert	belastbar
mutig	neugierig	aufgeschlossen	starke Nerven
herzlich	verständnisvoll	perfektionistisch	ehrgeizig

Weitere positive Eigenschaften, die dir einfallen:

Rangiere nun deine 10 wichtigsten Stärken. 1 ist die für dich wichtigste, 10 ist die am wenigsten wichtige Eigenschaft.

Rangierung meiner 10 wichtigsten Stärken

Wichtigkeit	Stärke
1	
2	
3	
4	
5	
6	
7	
8	
9	
10	

A. **Welche dieser ausgewählten Stärken ist FÜR DEIN PFERD die stärkste Kraftquelle? Speichere dir das Wort, indem du deinem Gedächtnis 7-mal laut deine Kraftquelle und das Wort „Behüten" sagst. Sage „Finde", wenn du dich erinnern willst.**

DIE WICHTIGSTE MEINER KRAFTQUELLEN AUS DER SICHT MEINES PFERDES IST:

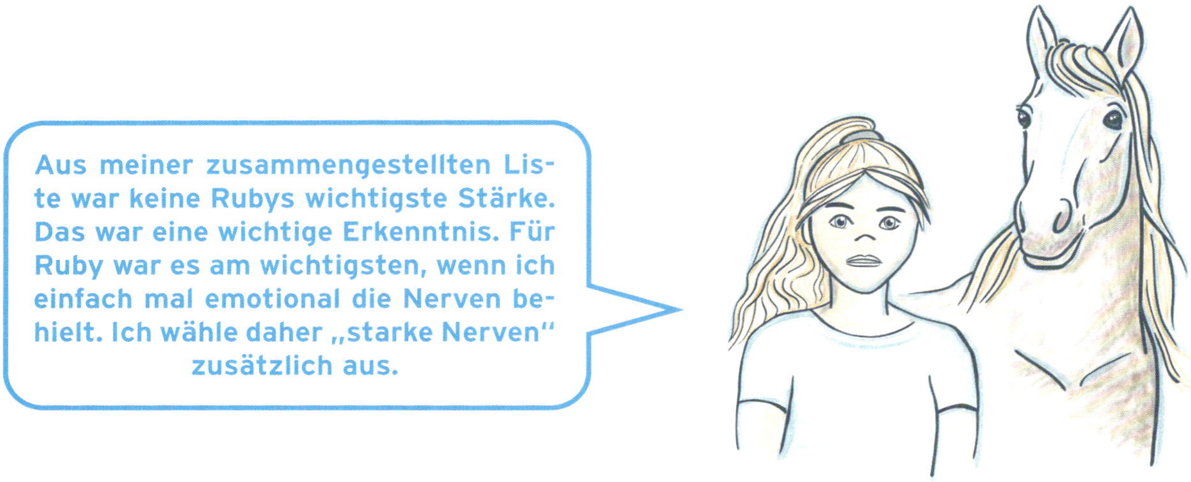

B. **Was kann dein Pferd am WENIGSTEN gebrauchen, was du allerdings als Stärke empfindest? Mache es dir bewusst. Mache dir bewusst, womit du dein Pferd blockierst und in Wahrheit glaubst, es sei etwas Gutes. Es kann auch weiterhin gut sein, nur vielleicht woanders oder bei einem anderen Pferd.**

MEIN PFERD KANN DAS AM WENIGSTEN GEBRAUCHEN, OBWOHL ICH DACHTE, DASS ES GUT SEI:

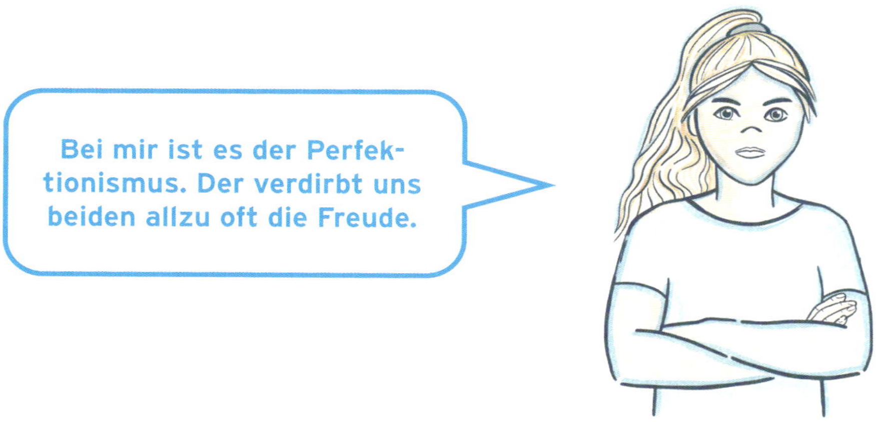

C. **Wechsle jetzt deine ganzheitliche Sichtweise. Betrachte dein Reiten aus der Sicht deines Pferdes. Mache dir Gedanken, was dein Pferd konkret mental besser unterstützen würde. Du findest in der Tabelle Notizen von Lara und Ruby. Fülle die Tabellen weiter aus. Für welche schwierigen Situationen sind deine Stärken gut? Wo kannst du sie gegen Schwächen austauschen, weil du mit den Stärken besser oder leichter ans Ziel kommst?**

Mit diesen inneren und äußeren Ressourcen helfe ich meinem Pferd in konkreten Situationen:

Konkrete Situation	Mein bisheriges Verhalten	Neue Lösung mit meiner Stärke
Angst vor den/vor neuen Natursprüngen		Mutig sein
Unsicherheit beim Verladen	Verzweifeln, wütend werden, unfair werden	Experten um Hilfe bitten
Richtertisch	Hilflosigkeit, Scham	Gelassenheit, Situation im Training üben
Angst vor Unbekanntem	Unsicher geworden, abgestiegen, aufgegeben	Unterstützer holen, Ruhe behalten
Unruhe beim Halten/kein ruhiges Stehen		
Zuschauertribüne		
Schreckhaftigkeit		

Vieles davon kannst du durch fachliche Sicherheit bestimmt lösen. Frage deinen Reitlehrer um Rat, wenn er dir einen Tipp geben soll, mit welcher deiner Stärken du deine Probleme noch gezielter lösen kannst.

Merke: Störende Schwächen verhindern Ziele. Entweder du suchst dir neue Ziele oder du änderst deine Einstellung zu deinen Schwächen.

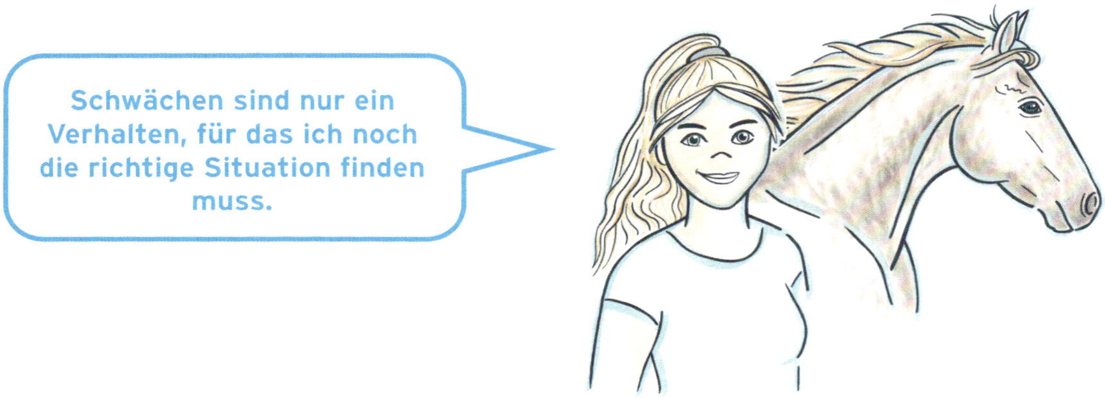

Unterstützer ins Team holen

Trenne dich von Energiefressern. Hole dir Unterstützer in dein Team, die deine Energie anheben und dich nicht den letzten Nerv kosten. Lara wurde bewusst, dass es in ihrem Leben um sie geht, nicht um die negative Energie anderer. Sie muss sich selbst um ihren positiven Energieschub kümmern. Dieses Learning war schwer. Bewusst zu entscheiden, wer und was zu ihrer äußeren Ressource gehörte. Denn auch unter Familie und Freunden, Hobbys und Job und besonders am Stall lauerten viele Energiefallen, die an ihrer Energie zehrten, statt ihr welche zu geben.

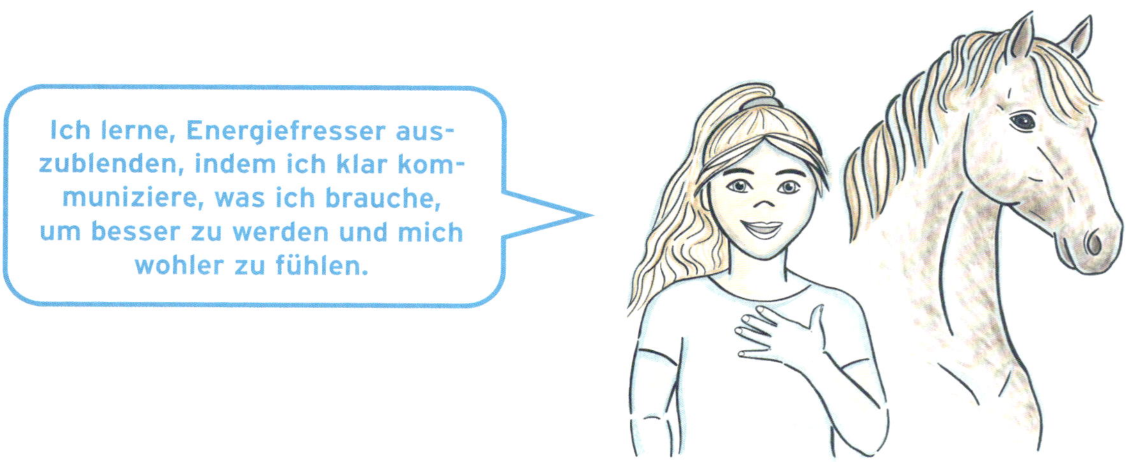

7 wichtige Learnings, mit denen du innerhalb kürzester Zeit dein Level anhebst. Kreuze an, was auch du umsetzen wirst.

Unterstützer ins Team holen:

- ☐ Wechsle den Trainer, wenn er für deine Reise nicht der Richtige ist.
- ☐ Prüfe, wen du während eines Turniers in deiner direkten Nähe haben möchtest.
- ☐ Lehne ungefragte Kritik ab, weil du dir ab sofort deine Feedbackgeber selbst aussuchst.
- ☐ Sprich mit Freunden, Eltern, deiner Stallgemeinschaft, wie sie dich konkret mit positiver Energie unterstützen können, weil du weißt, was du brauchst.
- ☐ Stelle klar, dass du dich ab sofort von allem, was dich aus deinem Umfeld runterzieht, mental und vielleicht auch physisch distanzieren wirst. Du kannst die Menschen weiterhin liebhaben UND du kannst dich um dein eigenes Wohlbefinden kümmern.
- ☐ Wenn dein Selbstvertrauen sinkt, weil du an einen Punkt in deiner Reiterei kommst, an dem du kompetente Unterstützung brauchst, dann hole sie dir. Das kann die Vorbereitung auf ein Turnier sein, das kann die mentale und emotionale Vorbereitung sein, das kann die Erarbeitung einer schwierigen Lektion sein, das kann eine neue Trainingsmethode sein. Überall im Reitsport gibt es Menschen, die dir mit ihrer Expertise dein Reiterleben leichter machen können. Hole sie dir als äußere Ressource ins Team.
- ☐ Bedanke dich bei Menschen für die schöne gemeinsame Zeit, wenn eure Wege sich trennen. Deine Ziele sind nun andere. Deine Reise geht mit anderen Prioritäten und anderen Befürwortern weiter. Sie können dich gern ein Stück begleiten, du wirst aber nicht auf sie warten oder dich blockieren lassen.

Finde deine Energiegeber. Liste hier alles auf, was und wer dir guttut und warum.

Wer oder was gibt mir Energie?	Warum gibt mir diese äußere Ressource Energie?

Die Reserven des Körpers nutzen lernen

Achte auf deinen Körper. Er ist ein Wunder. Gib ihm Sauerstoff, Schlaf, Erholung und gute Ernährung, damit er die hochkomplexen Anforderungen des Reitens aushalten kann. Der Körper hält viele Strapazen aus. Er kann von Natur aus Stress abbauen und Emotionen regulieren. Das hat die Natur so eingerichtet. Dafür stehen ihm zahlreiche eigene Ressourcen wie Bewegung, Lachen, Mimik, Atmung, Vorstellungskraft, alle Sinneswahrnehmungen etc. zur Verfügung. Muss Laras Körper diese Reserven allerdings zur Selbstabwertung oder zum Stressabbau nutzen, sabotiert sich Lara gewissermaßen selbst durch ihre eigene Nachlässigkeit.

Sag deinem Körper DANKE. Was kannst du ihm Gutes tun? Was kannst du ihm als Dank zurückgeben?

____

____

____

____

____

____

____

____

Der Körper beeinflusst die Psyche und die Psyche beeinflusst den Körper. Die Körperhaltung hat einen großen Einfluss auf Gefühle und Gedanken. Er spiegelt seelische Balance oder Dysbalance. Eigentlich ist er eine geheime **Notfallressource,** die Lara immer und überall zur Verfügung hat, um sich in eine andere Stimmung oder in andere Gedanken zu versetzen.

Übung: **Körperzusammenhänge selbst erfassen lernen**
Übung 1 (von 2): Stelle dich mit hängenden Schultern hin, senke deinen Kopf zu Boden, beuge leicht die Knie, lasse die Arme spannungsfrei hängen, krümme deinen Rücken dezent und beuge dich leicht nach vorn, ziehe die Mundwinkel nach unten, schaue auf deine Füße. Du wirst merken, dass sich deine Stimmung wandelt. Sprich nun laut den Satz: „Mit geht es schlecht." Spüre, wie deine Laune schlechter wird und du dich unwohl fühlst. Beende die Übung.

Mache direkt weiter mit Übung 2. Für die zweite Übung stelle dich aufrecht hin, Kopf Richtung Himmel, strecke die Arme nach oben aus, als würdest du die Sterne erreichen wollen, greife mit deinen Fingern immer wieder nach den Sternen, ziehe deine Mundwinkel leicht nach oben und beginne zu hüpfen. Bereits hier wirst du eine Aufheiterung spüren. Sprich nun laut und mehrmals den Satz: „Ich liiiiebe Reiten." Hüpfe dabei weiter. Du wirst merken, dass sich die Wirkung positiv verstärkt. Beende die Übung mit einem herzhaften Lachen.
Als Lara die Übung machte, stellte sie fest, dass alles miteinander schwingt. Verändert Lara das eine, verändert sich das andere. Ihr Körper konnte noch vor dem verstärkenden Gedanken ihre Emotionen beeinflussen. Kam dann der ausgesprochene Gedanke hinzu, verstärkte sich das Gefühl. Fügte sie ein inneres Bild hinzu, verdoppelte sich die emotionale Wirkung. Nun wollte sie es wissen und **kombinierte** die Übungen. Hüpfte sie und sprach laut den negativen Satz, war die Kraft der Körperhaltung stärker. War sie in einer traurigen Körperhaltung und produzierte positive Gedanken und Emotionen, waren sie stärker und brachten den Körper aus seiner schlechten Haltung heraus. **Die positive Energie siegte immer über die negative Energie.**

Merke: Eine positive Emotion verdrängt eine negative Emotion. Eine positive Körperhaltung verdrängt eine negative Emotion. Der Körper kann mit reiner Vorstellungskraft beeinflusst werden.

Diese Ressourcen deines Körpers kannst du bewusst nutzen lernen, um Stress abzubauen:

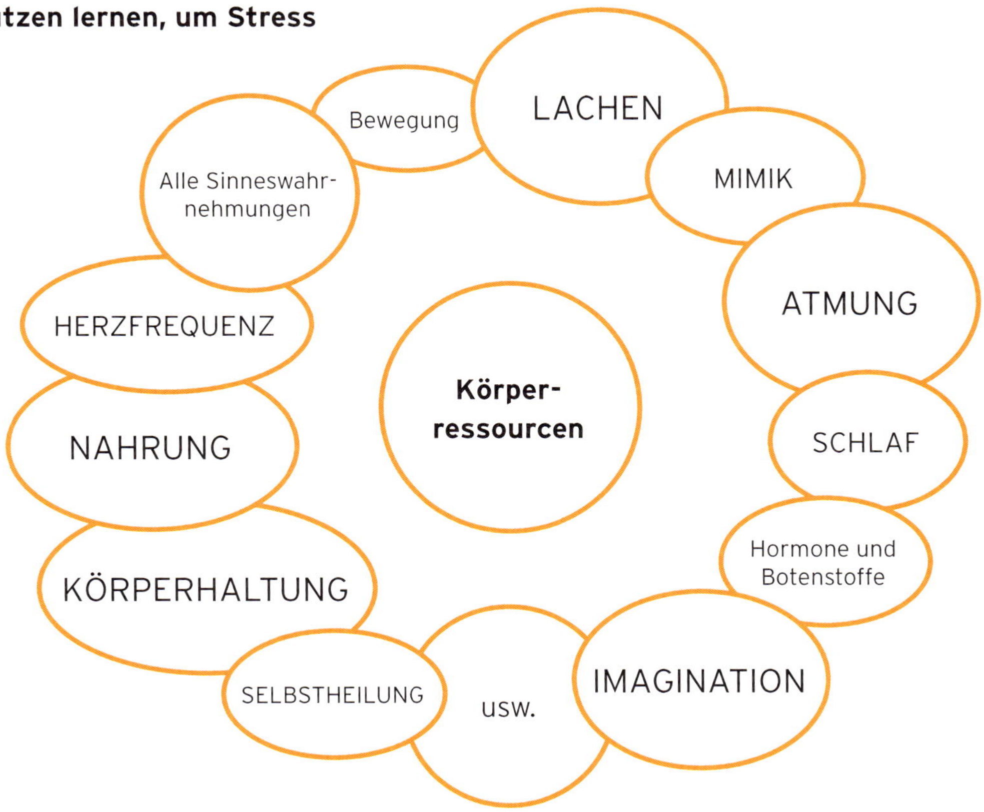

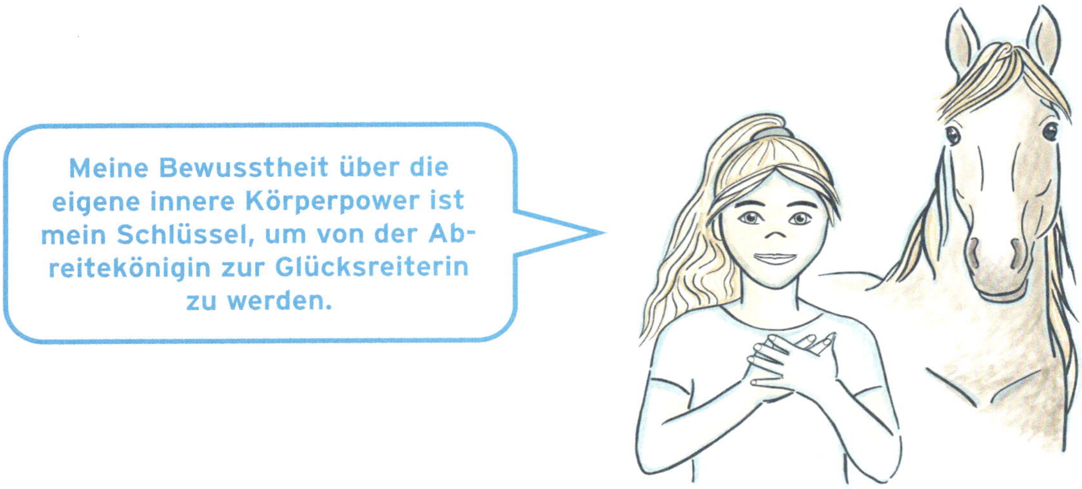

Der ausbalancierte Reitersitz ist deshalb so wichtig, weil er, je besser und korrekter er in seiner Form trainiert und gefestigt ist, dem Reiter den Zugang zu diesen **Selbstregulationsreserven** öffnet. Zum Beispiel: Verändert sich das Gehen des Pferdes, kontrolliert Lara also zuerst, in welcher inneren und äußeren Körperhaltung sie ist, ob sie erstarrt ist, ob sie sich aktiv lockern muss, was sie denkt, wie sie sich fühlt, ob sie lacht, wie ihre Kopfhaltung ist, wie ihre Schultern, ihre Mundwinkel, ihre Blickrichtungen sind und bei welchem „Luftanhalte-Syndrom" sie sich jetzt wieder ertappt … Dann erinnert sie sich an ihre Körperressourcen und hält so ihren Verstand fit, bevor noch eine negative Emotion aktiv werden kann.

Abstecher in das Luftanhalte-Syndrom

Lara hält beim Reiten oft die Luft an, sobald sie sich konzentriert. Der Körper verliert Kraftreserven, schaltet auf Notzustand um, verkrampft in der Körperhaltung, das logische Denken wird heruntergefahren. Schnappatmung oder Schnaufen sind die ersten Rettungsversuche des Körpers. Lara bekommt davon nichts mit. Sie ärgert sich nur noch mehr, dass ihr nichts mehr gelingen mag. Lara ist sich gar nicht bewusst, was sie mit dieser Angewohnheit auslöst. Anders formuliert: Lara hat keinen Bezug zu ihrem Körper. Immer nur dreht sich alles um den vermaledeiten Kopf. Lara ist wieder in ihrem Gedankengefängnis. Sie wird sich noch mehr auf den perfekten Sitz konzentrieren und noch mehr „Ich-muss-aber-Gedanken" haben, die über die mitgelieferten Emotionen im Körper Reaktionen auslösen werden. Sie wird noch mehr negative Emotionen produzieren, noch mehr ihren Antreiber „Sei perfekt" zu Rate ziehen, noch mehr Wille und Ehrgeiz aus dem Ego ziehen, noch mehr die Luft anhalten, noch verspannter sitzen, noch mehr Knoten im Kopf bekommen, noch mehr Fokus auf den Kopf legen, und ihre Glaubenssätze anfeuern: „Du musst belastbar sein …", „Du musst durchhalten – bloß nicht abbrechen …", „Sei ein Kämpfertyp!", „Zeige keine Schwächen …", „Halte mit deinen eigenen Leistungsansprüchen Schritt …" Lara entgeht, wie Ruby auch die Luft anhält und selbst fester und verspannter wird. Endlich. Die Trainerin merkt's. Mit der Aufforderung zum Luftholen beginnt alles nach drei hektischen Atemzügen kurze Zeit später von vorn. Unterbrechen kann sie das Prozedere mit **bewusster Lockerung.** Raus aus der gängigen Lehrmeinung. Rein in die aktive, konträre Lockerung. Sitzhaltung aufgeben, Lektionspedanterie aufgeben.

Aus Körpersicht bleibt den physiologischen Prozessen nichts anderes übrig, als Lara zu einer Pause zu zwingen, weil sie einfach nicht auf die Erholungsbedürfnisse ihres Körpers hört. Der Körper wird überdeutlich: Er lässt sie nicht mehr sitzen, sie wird kraftlos. Er aktiviert stoßweise seine Not-Luftzufuhr, stört die Konzentrationsfähigkeit und setzt in allerletzter Konsequenz die Koordination der Reiterhilfen außer Gefecht. Endlich reitet Lara Schritt. Aber statt sich zu entspannen, sich auf die Atmung zu fokussieren, dem Körper für seinen cleveren Einsatz zu danken, rasen weitere Gedanken in ihrem Kopf herum. Um ihr gefühltes sportliches Versagen zu tarnen, fängt Lara an rechtfertigend zu sprechen und verbraucht dadurch noch mehr Sauerstoff. Hier stirbt das letzte kleine Fünkchen Hoffnung des Körpers. Lara kann dieses Hamsterrad nur verlassen, wenn sie endlich zulässt, dass es beim Reiten weit mehr gibt als die Kopfkonzentration, dass es gerade der Kopf ist, der ihr den Zugang zu vielen weiteren Ressourcen verwehrt. Sie darf bewusst atmen lernen. Dazu muss sie nur eines tun: sich ertappen und auf Atmung umstellen! **Einfach mal bewusst atmen!**

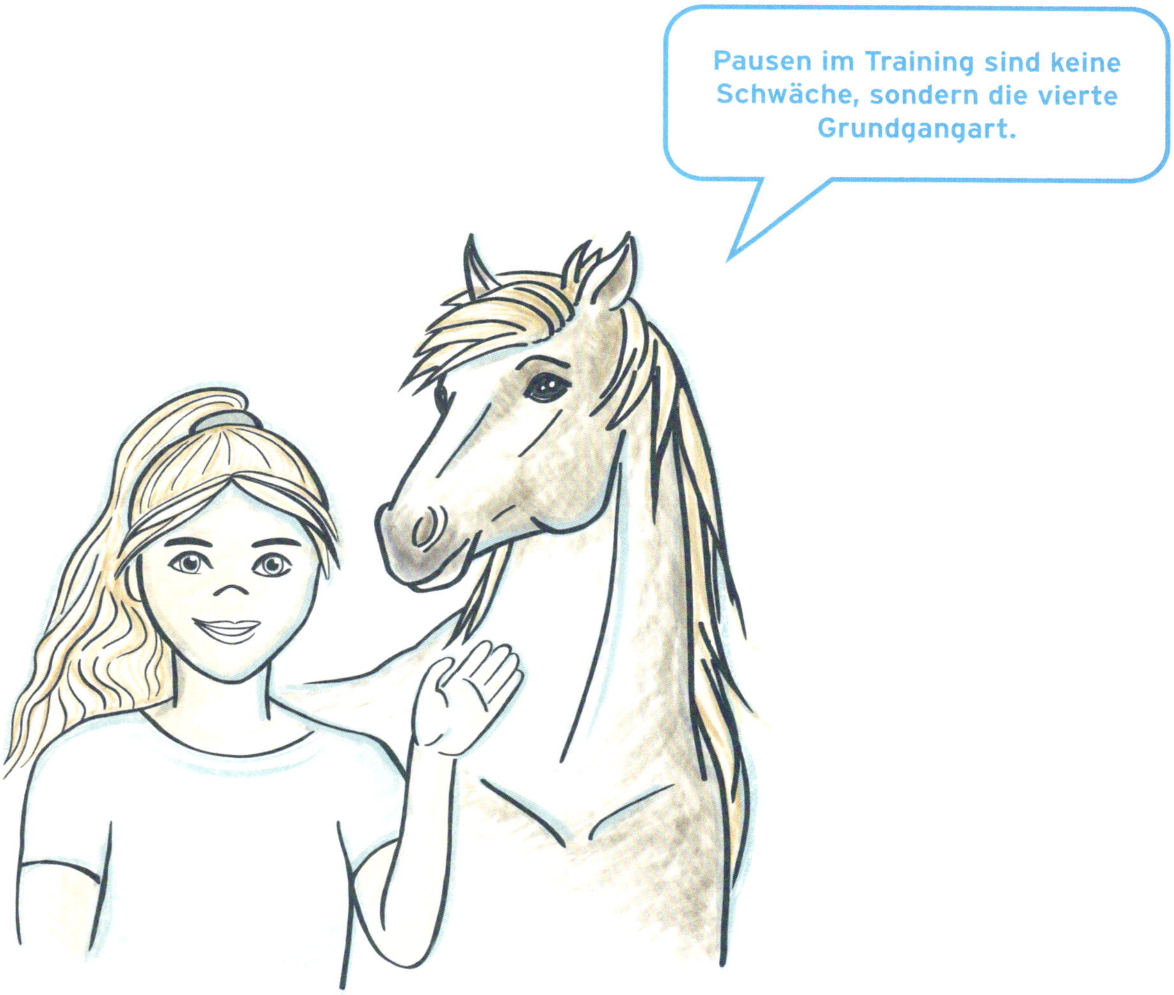

Körpersprache für mehr Selbstbewusstsein

1. **Wandle Deine Körperhaltung.**

- ♥ Präge dich auf eine selbstsichere Körperhaltung.
- ♥ Laras Übung: **Recke und strecke dich auf dem Pferd. Bewege dich.** Anfangs kannst du dein Pferd von jemandem festhalten lassen. Merke, wie sehr dich vielleicht ein innerer Sitz-Ruhig-Zwang blockiert. Nimm wahr, wie verkopft du bist. Strecke dich mit allem, was geht, nach oben. Stell dir vor, du bist Magic. Dein Name ist Magic Lara (tausche ihn natürlich gegen deinen Namen). Richte dich auf wie eine Magic Lara. Spüre die Energie. Setze dich mit aufrechtem Rücken, einem kräftigen Nackenmuskel, der jeder Anforderung die Stirn bietet, mit hellwachen Augen, die dir zielgerichtet deinen Weg leuchten, und mit einem Magic-Lara-Lächeln in den Sattel zurück. Rufe laut oder lächelnd: „Magic Lara". Übertrage Magic-Lara-Energie auf dein Pferd. Du bist neugierig und kannst es nicht abwarten, zu zeigen, was in dir steckt. Go for it! Denke an deinen Anker. Der mental-energetische Anker ist „Magic Lara". Sobald du Tatkraft und eine selbstsichere Körperhaltung brauchst, drücke deinen Anker, indem du beispielsweise deine Nasenspitze oder deine Stirn tätschelst und löse so deinen mental-energetischen Anker aus. Übe „Magic-Lara" auch im Alltag. Du wirst staunen, was es bewirken kann. Lasse dich ganz darauf ein und wandle deine Körperhaltung sichtbar.

2. **Lache oder lächle. Lachen produziert Glückhormone.**

- ♥ Lächle und lache öfter, erst recht, wenn dir nicht nach Lachen zumute ist, du aber leistungsfähig bleiben musst.
- ♥ Übung: **Ziehe nur deinen Gesichtsmuskel zu einem Lachen hoch.** Dem Gehirn genügt dieses Signal des Körpers, um Glückshormone auszuschütten.
- ♥ Lachen stärkt auch dein Immunsystem. Teile diese Energie mit anderen. Übertrage sie im Training und in der Prüfung auf dein Pferd. Genieße, was du liebst. Auch dein Pferd mag für fröhliche Menschen lieber Leistung bringen.
- ♥ Gute Stimmung fördert lösungsorientierte Denkprozesse, gibt Inspiration, Leichtigkeit und mehr Motivation.

3. **Übe Powerposen, wie beispielsweise „Magic-Lara".**

- Denke immer daran, mit der Körperhaltung kannst du deine Energie von der einen zur anderen Sekunde verändern.

- Super-Übung: **In den Himmel schauen.** Mit jeder Blickrichtung nach oben, hebst du deine Stimmung. Blicke einfach für ein paar Sekunden nach oben. Ertappe dich beim Starren auf den Pferdehals mit gesenktem Kopf! Du spiegelst dabei, was du denkst und wie du dich fühlst: schlecht!

4. **Nutze Gute-Laune-Übungen** zur Vermeidung von Grimassen, bösen Blicken, entglittenen Gesichtszügen, puterroten Wangen, Stressaffekten, Zornesfalten, Grübelfalten.

- Übung: **Hüpfen.** Stelle dich aufrecht hin. Hüpfe mit beiden Beinen in die Luft, nimm die Arme und deinen Kopf gen Himmel. Schau nach oben. Wedele mit deinen Handgelenken, hüpfe schneller und höher. Rufe so laut du kannst: „Miii-miii-miii-miii." Höre auf, wenn du vor lauter Lachen nicht mehr hüpfen kannst. Viel Spaß.

Entspann doch mal

So viele Trainer haben Lara geraten, doch mal locker zu bleiben. Sie mache zu viel Druck. Schön und gut. Nur wie? Sie ist doch entspannt. Sie braucht doch auch eine gewisse Körperspannung beim Reiten. Ja, aber positive – nicht negative. Druck kann nicht positiv sein; auch kein Leistungsdruck.

In welchen Situationen machst du zu viel Druck?

Entspann doch mal

Gemeint ist, Lara soll ihre innere Haltung entspannen. Den Gedankendruck stoppen, das Reiten fließen lassen. Körperlich, mental, emotional ausbalanciert sein.

Die Körperhaltung verändert sich und verliert sofort negative Spannung. Das Pferd verändert sich und die neue Form der entspannten Haltung öffnet Lara den Zugang zum Gefühl. Der Kopf braucht mal nichts zu tun. Sie kann sich plötzlich ohne viel Anstrengung ganz auf Ruby und seinen Bewegungsapparat einlassen. Reiten ist plötzlich ganz leicht. Ist nur ein Teil ihres Systems wieder im Ungleichgewicht, weil sie beispielsweise wieder zu viel nachdenkt, kann sie schon nicht mehr entspannt sein. Im Spiegel des Pferdes merkt dann der Trainer: „Lara, entspann doch mal ..." Idealerweise weist er auch auf die mental-emotionale Dysbalance hin. In einem festen Körper oder blockierten Kopf kann nichts schwingen, fühlen oder mitschwingen. Gefühle sind Energie. Energie schwingt. Schwingt die Energie, kann der Reiter fühlen. Schwingt sie nicht mehr, weil alles fest ist, helfen **Pausen**!

**Ich entspanne in das Ungewisse hinein. Ich muss nicht ständig alles beim Pferd kontrollieren. Ich muss nicht ständig alles an mir im Griff haben.
Ich kann auch einfach mal nur schwingen.**

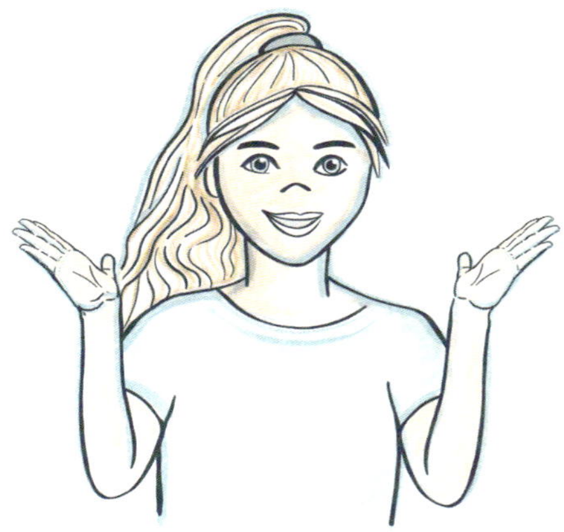

Merke: Je größer die Entspannungsfähigkeit, desto machtloser wird die Angst. Je entspannter das Reiten, desto qualitätvoller ist die Harmonie und Leichtigkeit.

Die 7 hilfreichsten Entspannungstechniken, die du kennen solltest. Suche dir aus, welche du auch können willst, damit du deinem Körper eine Pause gibst und Harmonie im Kopf gewinnst:

Atemtechniken	Autogenes Training	Yoga	Meditation
PMR (Progressive Muskelrelaxation)	Thai Chi	Qi Gong	

Atme mal wieder richtig durch

Die **Atmung** ist der Game Changer Nummer 1 für Reiter! Atmung reguliert Emotionen, aktiviert den Körper, lockert den Sitz, befreit den Kopf von Grübeleien. Sie gibt deinem Körper Saurestoff. Und mit Sauerstoff soll es tatsächlich leichter sein, Reittechniken anwenden zu können ... Lara sollte mal wieder richtig durchatmen.

Merke: Atme beim Reiten bewusst weiter. Konzentration ist auch mit Atmung möglich und viele Probleme lassen sich lösen, wenn das Gehirn und der Körper wieder Sauerstoff bekommen.

Wer flach atmet, fühlt weniger. Wenn Lara gestresst ist, atmet sie flach und hektisch. Sie wird fest in der Mittelpositur, in den Schultern, Armen, Handgelenken und im Nacken. Sie atmet mit hochgezogenen Schultern und bekommt viel weniger Sauerstoff. Ihre Luft geht nur bis in den Brustkorb. Das nennt sich Brustatmung. Mit bewusstem Training hat sie gelernt, die deutlich effektivere und Entspannung fördernde **Bauchatmung** anzuwenden. Hier ist das Zwerchfell beteiligt.
Anna hat ein ähnliches Problem mit der Atmung. Sie schämt sich so sehr für ihre Oberweite. Ihr Rücken ist rund und fest, sie versteckt ihre Brust. Der Schulter-Nackengürtel ist total verspannt. Sie atmet so flach, dass sie ihren Körper maximal kontrollieren kann, damit die Oberweite sich keinen Millimeter zu viel bewegt. Das glaubt sie zumindest. Bindegewebe kann leider nicht durch Muskelkraft gesteuert werden. Anna sollte stattdessen an ihrer Selbstannahme und an ihrem Selbstwertgefühl arbeiten.
So trainierten Lara und Anna Runde um Runde, Stunde um Stunde, Tag für Tag an der Losgelassenheit der Pferde, obwohl beide weiter die Luft anhalten. Sie forderten von ihren Pferden, was sie selbst nicht zeigten – Losgelassenheit.

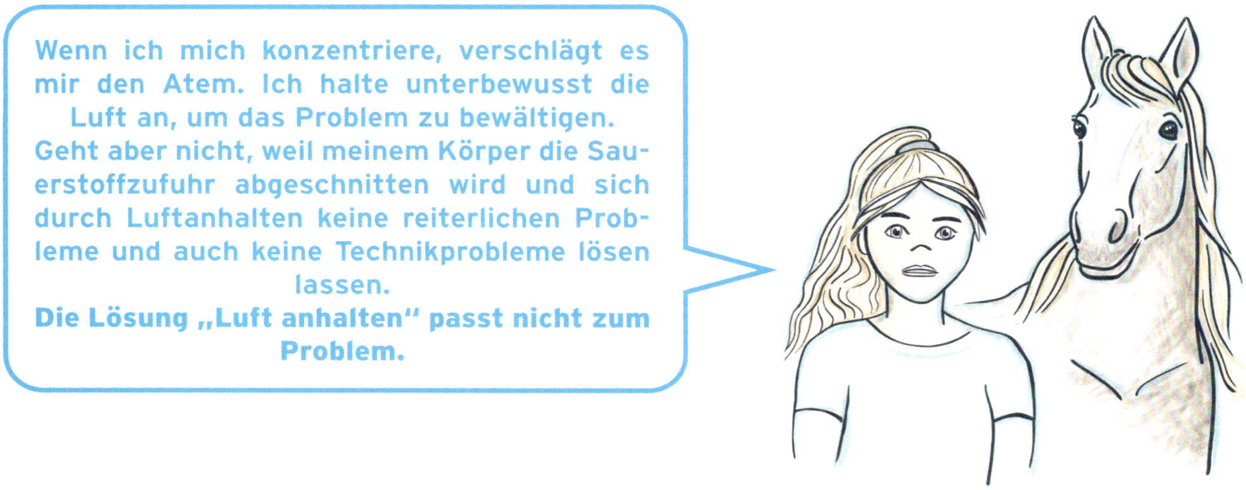

Bauchatmung 4-8-4

Du darfst dir immer Zeit nehmen, dich in Balance zu atmen. Die Bauchatmung gibt dir viel Luftvolumen, senkt deinen Stress, Nervosität und Ängste. Eine bewusste Bauchatmung beruhigt gestresste Pferde!

Übung: **Bauchatmung 4 8 4.** Sobald du Aufregung verspürst, mache die Atemübung. Stelle dich fürs Training vor einen Spiegel. So kannst du die Übung am besten spüren und beobachten, um sie später überall leichter anzuwenden. Entspanne deine Schultern. Lege eine Handfläche auf deinen oberen Bauch, wo dein Zwerchfell ist. Atme nun tief ein und tief aus. Spüre, wie deine Hand von deinem Bauch ganz natürlich weggedrückt wird. Schau in den Spiegel, ziehe die Mundwinkel zu einem Lächeln hoch und beobachte deine Schultern. Lasse sie bewusst entspannt hängen, sonst kommst du in die Hochatmung. Diese ist für Reiter wegen ihres kleineren Lungenvolumens eher ungeeignet. Atme langsam und tief durch die Nase ein und zähle gedanklich bis vier. Atme langsam durch den Mund aus und zähle bis acht. Wiederhole die Übung mindestens 4-mal. 4-8-4. Für einen stärkeren Effekt steigere sie auf 4-10-7. Mit jeder Ausatmung lasse ziehen, was deine Herzenergie so blockiert, wie dein Körper die verbrauchte Luft einfach loslässt. Atme Vertrauen ein. Puste deine akute Angst mit jedem Ausatmen aus deinem Kopf und Körper heraus. Atme Selbstbewusstsein ein. Nimm bewusst wahr, dass Atmung nur im Hier und Jetzt stattfinden kann. Spreche mental mit jedem Ausatmen eines deiner Powerworte oder Lieblingsreitgefühle. Stelle dir vor, dein Zauberatmen kann Zweifel wegblasen. **Atme mal wieder richtig durch.**

Merke: Ändere deine Atmung, dann ändern sich deine Emotionen, ändert sich dein Reiten. Beginne grundsätzlich die Lösung deiner reiterlichen Probleme mit deiner bewussten Atmung.

Lara muss manchmal schmunzeln. Sie hat eigentlich technisch nichts verändert, nur geatmet und es kommt ein lautes: „Sooooo. Fühlst du das? Jetzt ist es richtig. Jaaa, genau sooooo" von ihrer Trainerin. Witzig. Dabei macht sie doch nichts anders. Doch. Sie atmet! Und Ruby kann plötzlich auch seine Atmung anpassen und losgelassener schwingen. Das ist der Moment, in dem Lara **Fühlen** lernt. **Für das Reitergefühl muss der Kopf bereit sein, mit dem Denken aufzuhören, und der Körper muss atmen dürfen, damit er seine Körperressourcen anzapfen kann.** Auf gewisse aktiv-passive Art macht der Reiter dann tatsächlich gar nichts. Mit magischem Effekt: Er macht sich nicht fest und weder Kopf noch Körper, noch eine negative Emotion blockieren das Reiten. Er ist frei. Alles fließt, alles läuft zusammen, alles ergibt eine **Synergie,** alles macht plötzlich Sinn. Nicht, weil der Reiter denkt, sondern weil er es endlich fühlen kann. Kaum geht der Kopf wieder an, ist bei Lara das positive Gefühl weg. Wie ging das nochmal? Was habe ich da gemacht? Oh Gott, das schaffe ich nie! Die **Emotion Versagensangst** blockiert sie. Der Kreislauf beginnt von vorn. Laras Verstand will unbedingt nachvollziehen, was er da Tolles gemacht hat, der Körper reagiert direkt mit einem Körperknoten. Der Kopf mit einem neuen Gehirnknoten, die Emotion macht, was sie am besten kann: Die Hormone und Botenstoffe fahren Achterbahn. Alles ausgelöst durch Lara selbst, weil sie einfach keine Bewusstheit über ihr Bewusstsein hat, warum ihr das alles widerfährt.

Dankbarkeit

Du bist vom Glück geküsst! Sei dankbar für die Zeit und all die Möglichkeiten, mit Pferden leben zu dürfen. Dankbarkeit stellt **Positivität** her. Sie wirkt sich stärkend auf deinen Herz-Kreislauf-Rhythmus und dein Immunsystem aus. Jedes Mal, wenn du dankbar bist, erreichst du nicht nur dein Pferd, sondern auch dein eigenes Herz!

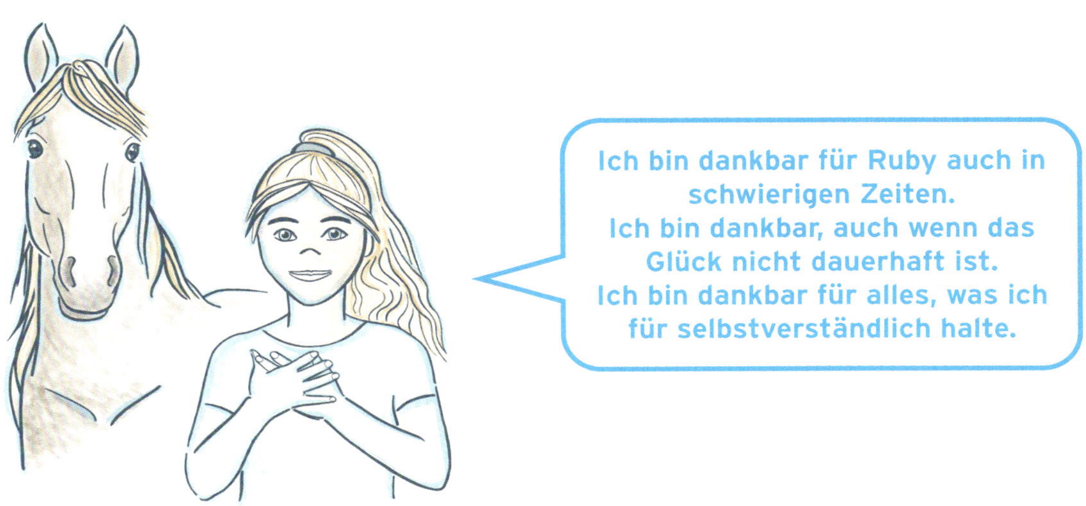

Ruby trägt Lara auf Wolken. Er tanzt mit ihr durch das Viereck, er passt auf sie auf, er geht auch mal mutig voran, wenn sie zögerlich wird. Dafür ist Lara sehr dankbar. Sie weiß, nichts hält ewig. Kein Moment ist für die Ewigkeit. Lara sammelt **Glücksmomente.**

Sammle Glücksmomente. Zähle schöne Momente auf.

✔ ☐ Ich bin dankbar für jeden kleinen, einzelnen Moment mit meinem Pferd. Sei er noch so unscheinbar.
✔ ☐ Ich bin dankbar, wenn ich in den Stall komme und sich alle bester Gesundheit erfreuen.
✔ ☐ Ich bin dankbar, dass ich mein Pferd wieder antrainieren darf.
✔ ☐ Ich bin dankbar, dass mein Pferd (wieder) fit ist.
✔ ☐ Ich bin so dankbar, dass mich meine Familie mit meinem Pferd unterstützt.
✔ ☐ Ich bin zufrieden und dankbar für alle Glücksmomente.
✔ ☐ Ich empfinde Dankbarkeit für alles, was ich von meinem Pferd lernen darf.
✔ ☐ Ich bin dankbar für das Wertvollste, das ich spüren darf: Vertrauen.

Wofür empfindest du Dankbarkeit? Für was bist du dankbar? Ergänze auf deinem Notizblock oder Zettel, wenn der Platz nicht reicht. Schreibe so ausführlich wie möglich und lies es deinem Pferd vor.

✓ ____________________

✓ ____________________

✓ ____________________

✓ ____________________

✓ ____________________

✓ ____________________

✓ ____________________

Merke: Hilf dir selbst: Dankbarkeit kann nicht zeitgleich mit einer negativen Emotion stattfinden. Das Gehirn kann nur eins – entweder positiv oder negativ. Dankbarkeit ist immer stärker als jeder negative Gedanke.

Übung: **Pferdedankbarkeitschallenge.** Stelle dich neben dein Pferd, strahle es an, berühre es, schau ihm tief in die Augen, sende deine Dankbarkeit aus deinem tiefsten Herzen und sage zu ihm 3 Dinge, für die du heute allgemein/im Training/auf dem Turnier etc. dankbar bist. Beende mit dem Satz: Danke, dass du mein Freund bist und wir eine Zeitlang gemeinsam durchs Leben gehen! Du bist ein Geschenk auf Zeit. Ich sorge für meine Lieblingsgefühle und behüte unsere Glücksmomente. **Dein Pferd wird deine Dankbarkeit spüren.** Schicke die #pferdedankbarkeitschallenge auf eine digitale Reise und inspiriere so viele Freunde, wie du erreichen kannst, neben dem wichtigen technischen Reitanspruch auch mehr Dankbarkeit, Freude, Intuition, Freundschaft, Liebe und Zufriedenheit für unseren Reitsport zum Ausdruck zu bringen. Trage dazu bei, dass mehr Menschen ihre negativen Emotionen wahrnehmen und durch Dankbarkeit shiften.

Selbstwertgefühl

Lara ist mit einem positiven Selbstwertgefühl auf die Welt gekommen. In den ersten Lebensjahren hat keiner etwas an ihrem SEIN und ihrem Verhalten in Frage gestellt. Sie selbst auch nicht. Dann fing es plötzlich an. Ihre Eltern und Menschen, die sie liebte, nörgelten an ihr herum, bewerteten sie, prägten sie. Lara machte schlechte Erfahrungen, wie sie nicht zu sein hat. Sie bezog alles auf sich und ihr „Sein". Sie veränderte ihr eigenes Selbstbild und festigte über die Jahre eine negative Annahme über sich selbst. Sie lernte die Worte **„ICH BIN"**, die fortan ihr Selbstbild prägen sollten.

Seit wann denkst du negativ über dich?

☐ Kindheit ☐ Jugend ☐ Junger Erwachsener

☐ Erst seit dem Reiten ☐ Erwachsener

Bist du dir bewusst, wie schlecht oder bestenfalls wie gut du über dich selbst denkst?

☐ Jetzt erst ☐ Ja ☐ Nein

Merke: Irgendwann hast du angefangen, etwas Schlechtes über dich zu glauben, was in Wahrheit gar nicht stimmt. Das prägt und leitet dein Selbstbewusstsein.

Lara veränderte sich, wie andere sie haben wollten. Sie lernte schnell, die Liebe und Zuneigung ihrer Eltern zu bekommen, wenn sie sich besonders angepasst, brav, selbstlos verhielt. Sie lernte auch, was passierte, wenn sie rebellisch wurde. Hat sie etwas schlecht gemacht, wurde die Liebe entsagt. So eiferte Lara der Anerkennung hinterher, um emotional satt zu werden. Bis heute ist sie abhängig von der Liebe und Anerkennung anderer Menschen: ihrem Freund, dem Reitlehrer, den Stallnachbarn, den Arbeitskollegen, ihrer Chefin, den Richtern auf dem Turnier, neuen Bekanntschaften oder Familienmitgliedern. Lara geht nicht ihren eigenen individuellen Weg, sondern den der anderen, weil sie sich völlig am Umfeld orientiert und ihr wichtiger ist, was andere sagen, statt auf sich achtzugeben. Heute hat sie sich mit diesem angeeigneten Idealbild so sehr identifiziert, dass es zum Selbstbild geworden ist. Sie hat gelernt, sich auf eine bestimmte Art zu verhalten und hat darüber völlig den Bezug zu sich selbst verloren. Sie weiß gar nicht mehr richtig, warum sie so unsicher ist, so wenig Selbstwertgefühl hat, sich so oft in Frage stellt, ihr Reiten anzweifelt, nicht an sich glaubt, so viele Selbstzweifel und Ängste in sich trägt.
Ihre Unsicherheit ist immer präsent, obwohl sie technisch wirklich gut reitet. Die anderen sagen ihr oft, dass es immer so schön ausschaut, aber innerlich ist sie ein nervliches Wrack. Lara wäre gern entschiedener und selbstbestimmter mit weniger Angst.

Wo hast du angefangen, dich nicht mehr anzunehmen, wie du bist? Welche Schlussfolgerung hast du daraus gezogen? Formuliere alle Sätze mit ICH BIN:

Ich bin ______________________________

Ich bin ______________________________

Ich bin ______________________________

Ich bin ______________________________

Merke: Selbstwert ist die innere Überzeugung, die du dir gibst, als Mensch wertvoll zu sein. Erinnere dich: Du bist immer unendlich wertvoll.

So viele Jahre hat Lara sich ein negatives Selbstbild erschaffen. Damit ist jetzt Schluss. Sie erschafft sich nun ein schönes Selbstbild. Sie liebt und schätzt sich und ihre Fortschritte im Training und auf den Turnieren wert. Lara hat die Nase voll, nur das Negative an sich zu sehen, nur Lektionen wahrzunehmen, die noch nicht klappen, nur Angst zu haben, nicht abzuliefern, weil eine einzige Lektion vielleicht gerade noch nicht perfekt ist. Lara lässt ihre negative Sicht auf sich los.

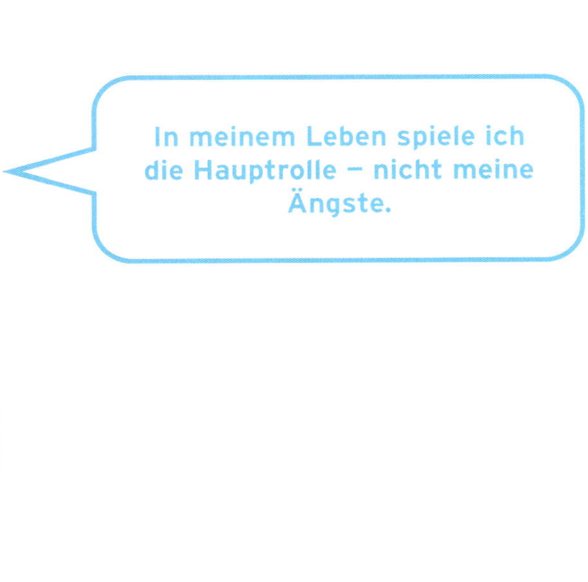

2 goldene Regeln für mehr Selbstwertgefühl

- ★ WEIL ICH ES MIR WERT BIN.
- ★ WEIL ES MEIN PFERD WERT IST.

Ihre eigene Wertschätzung für sich selbst ist der Schlüssel zu mehr Selbstwertgefühl. Seitdem kann Lara viel besser mit Misserfolgen, Kränkungen oder Rückschlägen umgehen. Denn ihr Selbstwert hat rein gar nichts mit Turniererfolgen oder den Meinungen anderer zu tun. Es ist der eigene Wert, den sie sich und ihrem Reiten gibt. Und dieser Wert ist allein im Sinne von Ruby unendlich. Und dieses neue Selbstbild will sie ab sofort in ihr Reiten mitnehmen und ausstrahlen. Seitdem hat Lara mehr sportliche Erfolge!

Merke: Das Selbstwertgefühl steigt in dem gleichen Maße, in dem du dich selbst annimmst und wertschätzt. Selbstwert kann man nur durch sich selbst bekommen – nicht durch Erfolge.

Stelle dir vor, ab morgen ist das Verfallsdatum für dein negatives Selbstbild. Lasse die alten ICH BIN-Überzeugungen einfach los. Sie sind zu einer Zeit entstanden, wo du dir nicht besser zu helfen wusstest. Was käme morgen zum Vorschein, wie du wirklich bist?

____

____

____

____

____

____

____

Nimm deine Bedürfnisse jeden Tag ein bisschen mehr an. Gib dir selbst das Gefühl, die oder der Größte zu sein. Denn du bist etwas Besonderes! Von Geburt an. Genaugenommen schon neun Monate vorher. Du bist ein Siegertyp. Zeige es endlich. Du bist es! Du hast es geschafft, dich gegen Millionen anderer erfolgreich durchzusetzen. Du bist ein Wunder. Benimm dich endlich wie eines. Es hat nie und wird auch nie jemanden auf der ganzen Welt geben, der so ist wie du!

ICH BIN

Du kannst jeden Tag neu entscheiden, dir ein neues ICH BIN ... zu erschaffen. Jeden Tag neu. Es gibt niemanden, der dich zwingt, dein altes ICH BIN ... zu behalten. Es geht. Du kannst loslassen. Deine alten Überzeugungen einfach loslassen. Schreibe ein neues Kapitel. Beginne mit einem ICH BIN ..., das du genauso schreibst, wie du künftig als Reiter sein möchtest. Lasse dein neues „ICH BIN ... zu deinem inneren Bild werden. Sei dein neues Bild, dein neues Kapitel; sei du selbst und nicht dein schlechter Glaube über dich. Identifiziere dich mit deinem neuen „ICH BIN ... und starte in deiner Reiterei durch!

Selbstabwertung

Wenn dein Ego unbedingt an dir etwas finden will, dann soll es das Gute finden. Suche bewusst das Positive an dir und öffne all die vielen Schutzschichten, die du mit deiner Selbstabwertung um dich gelegt hast. Dahinter verbirgt sich ein verletzliches Wesen, das irgendwann einmal beschlossen hat, nicht gut genug zu sein, nichts wert zu sein, weil es ihm so eingeredet wurde. Und je älter dieses reine Wesen wurde, desto mehr analysierte, „zerdachte" der Verstand jedes noch zu mutige Aufbegehren und erstickte es im Keim. Vor lauter Selbstabwertung vergisst dann das Ego, sich selbst etwas zuzutrauen.

Womit fütterst du deine inneren Emotionspiranhas? Womit erlaubst du ihnen, deinen Selbstwert zu zerstören? Reflektiere deine Selbstabwertungsspirale. Was ist der wahre Grund deiner Selbstabwertung?

____

____

____

____

____

____

Zu welchem Verhalten führt die Selbstabwertung bei dir?

Die Selbstabwertung führt bei mir zu ...	Die Selbstabwertung führt bei meinem Pferd zu ...

Aktiviere dein Bewusstsein. Wobei hilft dir deine Selbstabwertung konkret beim Reiten? Wobei hilft sie deinem Pferd?

Selbstreflektion bedeutet nicht, sich selbst abzuwerten. Das macht Lara aber. Besonders nach dem Training und nach Prüfungen, spätestens jedoch, wenn sie in den Sozialen Medien einen Turnierbericht, ein Trainingsvideo ein Prüfungsvideo oder sonst einen Beitrag postet oder mit Anna darüber spricht. Lara wertet sich ab. Reiterinnen häufiger als Reiter. Auch Reiterinnen dürfen sich selbst feiern. Sich selbst – nicht einen errungenen Erfolg! Sie mäkeln an sich und anderen herum, müssen erst noch wochenlang sich selbst madig analysieren, um zu dem Ergebnis zu kommen, dass sie es hätten doch besser machen können.

Merke: Selbstreflektion ist die Kunst, die Früchte seines einzigartigen reiterlichen Weges zu erkennen, zu ernten und zu präsentieren, statt zu warten, bis sie wie Fallobst herunterpurzeln, nur um dann herummotzen zu können, dass sie auf der falschen Seite vom eigenen Baum gefallen sind oder im Schatten anderer verfaulen. Mit Selbstreflektion wirst du die Sonnenseite erkennen und reifen. Und solltest du doch mal fallen, lande einfach auf der Sonnenseite oder kugle dich aus dem Schatten heraus.

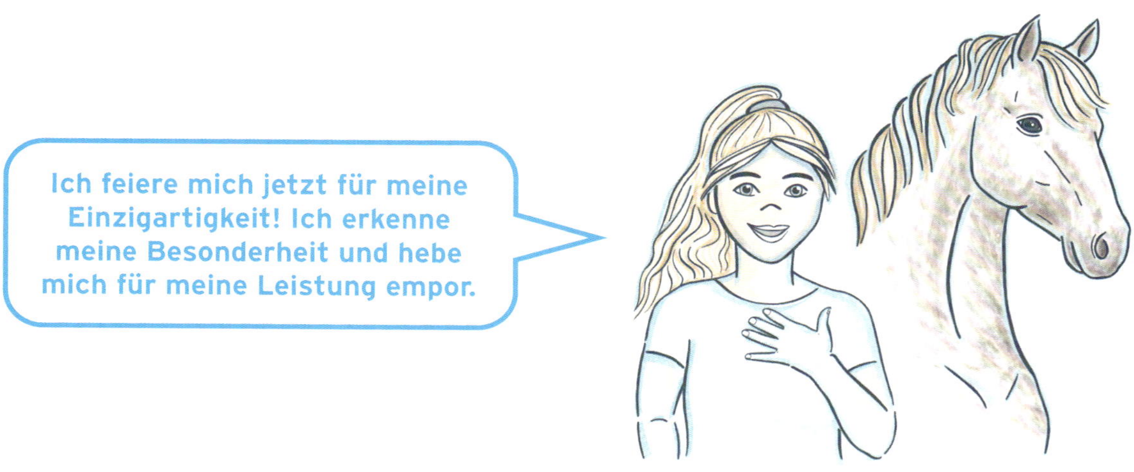

Was ist an dir besonders? Notiere mindestens 7 Stichworte. Wenn dir zu wenige wunderbare Besonderheiten einfallen, frage deine Freunde und Bekannte. Welche Antwort bekommst du? Wofür bekommst du als Reiter Komplimente? Wofür feierst du dich?

Das ist an mir und meinem Pferd wunderbar/Das ist besonders:

1. ______________________________
2. ______________________________
3. ______________________________
4. ______________________________
5. ______________________________
6. ______________________________
7. ______________________________

Der Glaube an dich

Dein Selbstbild bestimmt dein Reiten. Das, was du über dich glaubst, spiegelst du mit deinem Pferd. Nimm dein Reiten an. Nimm an, wie du selbst in deiner Weise reitest. Sei nicht mehr im Widerstand gegen dich oder dein Reiten. Mache dein Reiten vollständig. Finde deinen eigenen Weg und erkenne, dass es unfassbar viele erfolgreiche Reiter, national wie international, gibt, die ihre eigene Philosophie leben. Ja, es gibt sogar welche, die nicht mit einem guten Stil auf dem Pferd sitzen und dennoch oben mitreiten. Nimm dich selbst vollständig an. Dir wird es leichter fallen, die Reitkunst schneller und entspannter zu erlernen.

Glaub an dich. Gib nicht auf, kämpfe für dich. Alles beginnt mit dem Glauben an dich selbst. Wenn du nicht an dich glaubst, dann wird es auch kein anderer tun, weil Menschen Begeisterung brauchen, um Menschen zu folgen und sie zu unterstützen. Auch dein Pferd braucht Begeisterung, warum es sich für dich freiweilig anstrengen soll, wenn du dich aus deinem Herzen für die Freundschaft mit deinem Pferd und gegen den Weg von Zwang und Strafe entschieden hast.

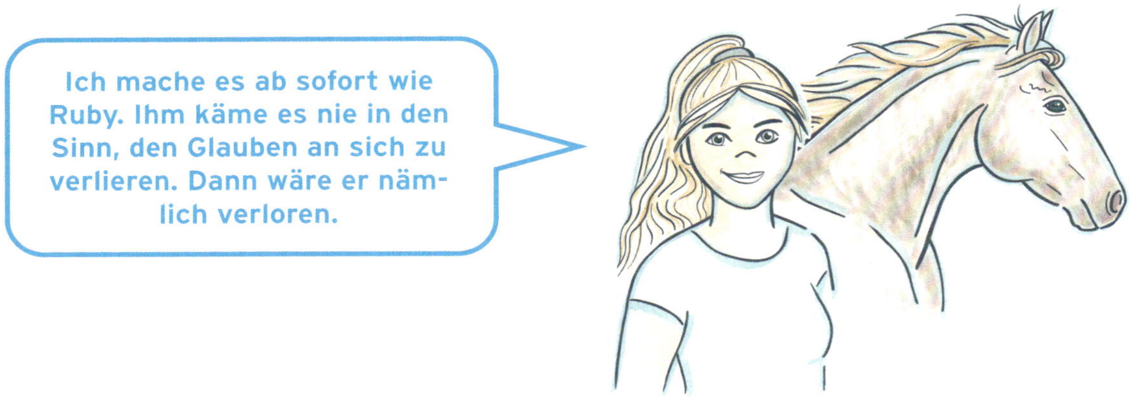

Lara hält sich von Leuten fern, die ihr glauben machen wollen, sie tauge nichts. Sie will nicht länger schweigen, sich einschüchtern lassen, es nie zu lernen, nicht reiten zu können. Denn Lara hat eine Verabredung mit dem Erfolg.

Sie ist achtsam in dem Glauben an sich, denn es gibt zwei Arten von Glauben über sich, die beide mit den Worten „ICH BIN ..." anfangen und zur Wirklichkeit werden: Der Glaube an die eigene Unfähigkeit und der Glaube an die eigenen Starqualitäten.

Der Glaube an dich. Welcher Typ bist du?

Nörgler	Macher
☐ Der Glaube an die eigene Unfähigkeit	☐ Der Glaube an die eigenen Starqualitäten
☐ Kritik an dem, was der Macher macht	☐ Folgt seiner Herzensstimme
Ich bin unfähig.	Ich hab's drauf.

Wer möchtest du sein? Willst du dein Geschenk für den Reitsport verbergen, aus Angst, du könntest nicht gefallen, oder willst du es raus in die Welt bringen und dem Reitsport durch deinen Unterschied zu ein bisschen mehr Wärme verhelfen? Schalte mal deine innere, kritische Stimme aus. Hör mal auf dein Herz, welche Art Reiter und Mensch du sein möchtest.

ICH BIN ... sind kraftvolle und machtvolle Worte, die dein Selbstbild beeinflussen. Wenn dir immer wieder von Menschen in deinem Leben, die du liebst, gesagt wird, was du nicht draufhast, was besser für dich ist oder was gefährlich und nicht gut für dich ist, verlierst du zuerst das Vertrauen in dich selbst und schließlich den Glauben in dich selbst, weil du deinem **Bauchgefühl** nicht mehr vertraust. Du wirst unzufrieden und zum Nörgler. Du glaubst an deine eigene Unfähigkeit, obwohl du in derselben Zeit auch an deine eigene Fähigkeit denken könntest. Das ist auch bei Lara geschehen. Sie hat gelernt, im Zweifelsfall den anderen zu glauben, was richtig oder falsch ist, aber nicht sich selbst. Was der Ausbilder sagt, ist Gesetz. So war es schon bei den Eltern. Sie irrten nie. Wenn sich jemand irrte, dann war es Lara. Murrte Lara auf, hieß es, sie meinten es ja nur gut mit ihr, sie wäre nur zu empfindlich. Tödlich für Laras Glaube an sich selbst, weil sie noch unsicherer wurde, ihrem eigenen Gefühl zu vertrauen.
Lara hat es mit Hilfe des Trainingsbuchs geschafft. Sie hat sich von der Nörglerin zur Macherin gewandelt. Sie hat eine Lieblingsaffirmation, die ihr die Augen geöffnet hat: „Ich liebe mich und verdiene in jeder Hinsicht nur das Beste!" Ihr ist glasklar geworden: Nörgeln ist zweifelsohne nicht das Beste. Genauso wenig wie nicht an sich zu glauben. Beides ist ein Reiterleben im Opferprinzip.
Macherinnen wie Lara und Anna glauben an sich. Sie wissen, jede Situation für sich positiv zu meistern. Selbst wenn niemand um Lara herum an sie glaubt, sie glaubt an sich, an ihre Vision und an ihr Pferd. Der Glaube an sich selbst verleiht Lara einen Energieschub. Sie zweifelt nicht länger an ihren Qualitäten. Sie liebt sich und Ruby und verdient deshalb nur das Beste. Daran lassen sie im Viereck und Anna im Parcours keinen Zweifel mehr. Ihre Pferde spüren das und öffnen ihre kleinen Kämpferherzen für ihre Reiterinnen.

Erstelle eine Vision von dir selbst mit mehr Glauben an dich selbst. Was fühlst du dann? Wie ist dein Selbstbild, und was könnten andere wahrnehmen?

Meine Vision meiner SELBST mit mehr Glauben an mich selbst			
Vision	**Gefühl**	**Selbstbild**	**Fremdbild**
Freundlichkeit	Spaß	Zwanglos sein, mit böser Mimik aufhören, Zuversicht ausstrahlen	Angenehmer Mensch, mit dem man gern zusammen ist
Sich selbst mögen	Freude	Innere Stärke ausstrahlen, sichtbar werden	Sie hat es drauf!
In schwierigen Situationen mit dem Pferd gelassen bleiben	Stolz		

Nun überlege, was dein Pferd fühlen würde, sobald du mehr an dich glaubst. Wie würde es sein Verhalten verändern? Was würde sich in eurer Beziehung verändern?

Wenn ich an mich glauben würde, veränderte sich ...	
So fühlt sich dann mein Pferd:	**Das verändert sich:**
Es hat Vertrauen in mich.	Es geht am gefährlichen Richtertisch vertrauensvoll vorbei.
Es fühlt sich sicher.	Es folgt mir und lässt sich auf mich als Leader ein.
Es freut sich, mit mir was zu unternehmen.	Es wendet sich mir freudig zu, auch ohne Leckerli.
Es sieht in mir einen Freund.	Es weiß, dass ich Kompromisse mache und es sich mitteilen darf, statt immer nur meinen Plan zu erfüllen. Es wird motivierter.
Es hat Spaß, Leistung zu zeigen.	Es wächst über sich hinaus und bietet freiwillig viele neue Dinge an.
Es kann endlich selbst strahlen, weil das grübelnde Elend weg ist.	Wir beide strahlen und nutzen endlich unsere Stärken, statt in Schwächen zu dümpeln.

8 Weisheiten, wie du den Glauben an dich zurückbekommst

1. Du musst dir so wichtig sein, dass deine Energie ungeahnte Kräfte freilegt.
2. Du musst deinem Selbstbewusstsein mehr Kompetenz geben, als nur deine reiterliche Kompetenz beweisen zu wollen. Selbstbewussten Reitern werden viele technische Fehler verziehen.
3. Du musst für dich selbst reiten, anstelle andere beeindrucken zu wollen.
4. Du musst dich selbst am meisten mögen, um dir Wert zu geben. Völlig egal was der Richter oder andere Menschen sehen oder von dir denken.
5. Du musst niemandem etwas beweisen. Du darfst SEIN.
6. Lasse dein Herz leuchten für das, was du reitest. Ruhe in der Kraft deines Herzens, weil du liebst, was du tust.
7. Höre auf, dass sich alles um deinen Kopf dreht. Du bist weit mehr als dein Kopf. Hole dir dein SEIN und deine Intuition zurück, die dich in frühen Jahren durchs Leben geführt haben, vielleicht auch durch deine Reitanfänge. Erst seitdem du auf die Geschichten deines Kopfes gehört hast, sind das SEIN, die Intuition und die Körperressourcen, also alles, was der Mensch noch neben seinem Kopf hat, verstummt.
8. Sei eine Möglichkeit für dein Pferd, mit dir gemeinsam zu wachsen. Sei eine Inspiration.

Selbstbewusstsein

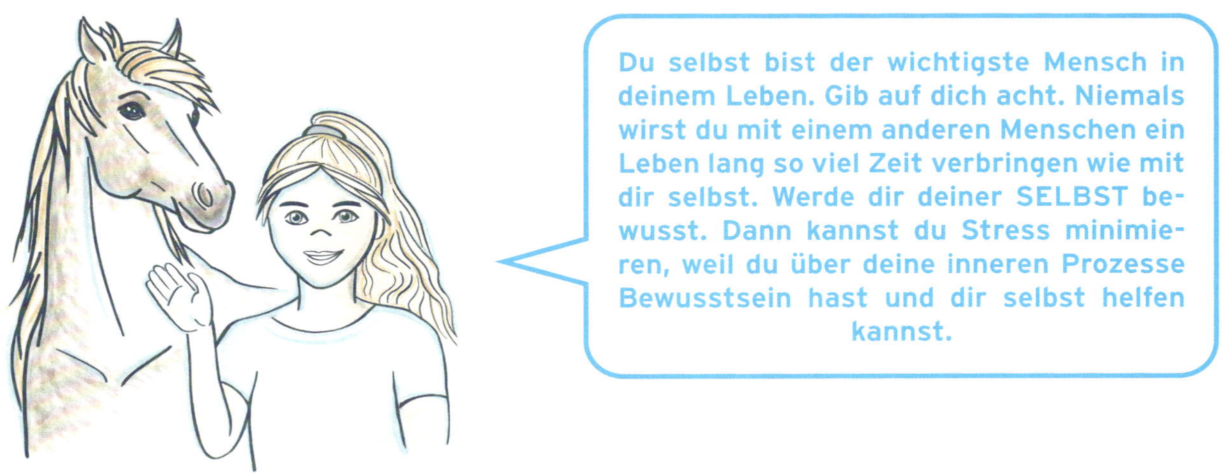

Selbstbewusstsein beginnt, wo das Erfolgs- und Leistungsdenken aufhört. Dann bekommt der Reiter Bewusstsein über sich selbst und er erfährt zum ersten Mal, dass er Erfolge und Ergebnisse in seinem Reiterleben hat, er diese aber nicht ist. Laras Ego glaubt, die Summe ihrer Turnierschleifen zu sein: Reitet Lara schlecht, ist sie per se und in allen Lektionen schlecht und kann nicht reiten. Ist Lara platziert, ist sie per se und in jeglicher Hinsicht eine gute Reiterin. Nun ist logisch, dass sich jeder Misserfolg noch dramatischer anfühlt, als er ist. Aber, der Weltuntergang muss warten. Laras Selbstbewusstsein besteht aus so viel mehr als nur aus den Geschichten ihres Egos oder Turniererfolgen via Ergebnislisten. Sie möchte Turniererfolge haben, weil sie wirklich viel Zeit und viel Energie investiert, immer zu Rubys Bestem entscheidet und weil sie sich selbst und Ruby zu ihrer Priorität macht. Keine Schleifen, kein Richterurteil, keine Bandenprofi-Meinungen. Einfach, weil sie es liebt, das beste Hobby auf der ganzen Welt auszuüben. **Sie will erfolgreich sein, nicht weil sie sich einredet, es zu müssen, sondern weil sie sich erlaubt, Erfolge zu haben.** Und die messen sich nicht unbedingt an der Summe ihrer Schleifen, sondern an der Freundschaft zu ihrem Pferd.

Merke: Mangelndes Selbstbewusstsein kann schnell Stress auslösen. Wenn du dir bewusst bist, dass du es meistern wirst, gibt es keinen Stress, sondern Freude.

Hat Lara auf dem Turnier Erfolg, wachsen zweifelsohne ihr Selbstvertrauen und ihr Stolz. Muss sie Fehlschläge verkraften, hat sie plötzlich gar kein Selbstbewusstsein mehr. Sie fühlt sich verloren und nichts wert. Da hilft auch kein Selbstvertrauen in die eigenen reiterlichen Fähigkeiten mehr. **Sich seiner selbst bewusst sein, das ist Selbst Bewusstsein.** Dann braucht Lara sich nicht mehr verstecken, im Reiten erstarren, vom Mut verlassen sein, um sich hinterher zu bemitleiden. Ist sie sich ihrer Macht und Kraft, ihrer mentalen und emotionalen Stärke bewusst, kann sie sich immer selbst mit Lösungen gegen Kopfkino und Emotionschaos helfen. Mit Selbstbewusstsein hat sie den inneren Schlüssel zu ihrer Psyche und Selbstwirksamkeit, positive Dinge wahrzunehmen, an sich zu glauben, sich Ergebnisse zuzutrauen und das positive Learning aus all ihren positiven wie negativen Erfahrungen und Erlebnissen zu erkennen, weil sie Bewusstheit über ihre inneren Prozesse hat, die zu dem Knoten im Kopf führen. Das Ergebnis ist, dass die stark empfundene Hilflosigkeit beendet wird. Mit Selbstvertrauen vertraut sie sich selbst, aus der Summe ihrer Reitfähigkeiten und Reitfertigkeiten sowie ihrem Fachwissen, in jeder Situation handlungsfähig zu bleiben und den Knoten im Kopf jederzeit lösen zu können.

Merke: Du bist nicht Opfer der äußeren Umstände oder Opfer des Verhaltens deines Pferdes. Du bist Creator deines Reitens. Erschaffe dir, wie du reiten möchtest. Nur du selbst bist für dein Selbstbewusstsein verantwortlich und kannst es jeden Tag neu erschaffen oder mit Füßen treten.

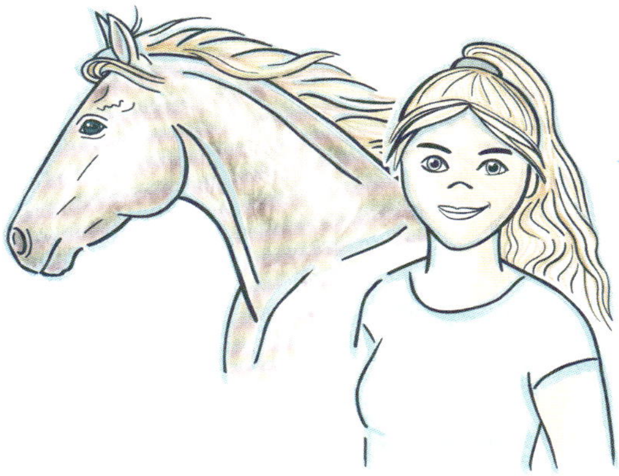

> Ich gehe raus aus meiner Komfortzone. Ich weiß, dass mein Selbstbewusstsein auf der anderen Seite der Komfortzone wächst. Ich weiß, dass es sich lohnt für mein Ziel, die **Komfortzone zu verlassen,** weil mir mein Ergebnis wichtiger ist als meine Ausreden.

Gehe in einen inneren Dialog mit dir. Stelle dir vor, du bist 10 oder 20 Jahre älter, selbstbewusst, erfolgreich, zufrieden. Was würdest du deinem jüngeren ICH heute helfend sagen?

Ich gebe meinem jüngeren ICH diese Tipps für sein Selbstbewusstsein

An deinem Lebensgefühl, deinem Reiterbewusstsein, der Einstellung zu dir selbst und zu deinem Reiten kannst auch nur du selbst etwas ändern: **Selbst Bewusstsein. Erlange Bewusstheit über dich selbst, dann bist du immer in der Position, dir dein Selbstbewusstsein zu erschaffen und mit der Selbstsabotage aufzuhören.**

Trainiere diese 3 GOLDENEN REGELN für mehr Selbstbewusstsein

1. **Etabliere ein positives Selbstbild.** Schätze dich für alles wert, was du schon erreicht hast und noch alles erreichen wirst. Klebe dir überall kleine Notizen hin, die dich an deine positive Ausrichtung erinnern.

2. **Wer möchtest du sein?** Entscheide jeden Tag neu, wer du als Mensch und als Reiter sein möchtest. Nörgler, Zweifler, Angstreiter oder Macher und Glücksreiter? Du bist so viel mehr als nur „so bin ich eben". Du bist eine Person, aber du hast viele Facetten und Emotionen, die dein Reiten entscheidend weiterbringen.

3. **Streiche Selbstverurteilungen.** Mache dich selbst zur Priorität. Höre auf mit den selbstsabotierenden Gedanken. Du kannst jedem Gedanken, der schlecht ist, verbieten zu bleiben, bis derjenige Gedanke kommt, der dir guttut.

Übung: **Für die Stärkung deines Selbstbewusstseins.** Trainiere dir ein tägliches Ritual an, wie du in kleinen Schritten dein positives Selbstbild etablierst. Lara macht es bewusst mit ihrer Freundin Anna. Sie helfen sich gegenseitig, aus der Opferrolle herauszukommen und sich in ihren negativen Gedanken zu ertappen. In gemeinsamer Reflektion der Trainings- und Turnierritte achten sie auf ihre Sprache, ihre Gedanken, ihre Selbstabwertung, ihre Emotionen, ihre vorgeschobenen Schutzstrategien, ertappen ihre Selbstzweifel und aktiven Trigger. Dazu gehört viel Offenheit und die Bereitschaft, an sich zu arbeiten, ohne gekränkt zu sein. Ihr kleinster Schritt ist das Ritual **„sich selbst loben"** (wie zuvor beschrieben). Lara schreibt sich zusätzlich am Ende des Tages noch eine Stärke auf, die ihr beim Reiten am meisten geholfen hat.

Struktur, klare Visionen und Ziele

Lara will Struktur im Kopf. Sie weiß nur nicht zu welchem Zweck. Sie weiß nicht, welches Ergebnis ihr die Struktur bringen soll. Viele Menschen glauben, reiten lernt man durch Struktur im Kopf. Lara will mehr Gefühl. Bekommt sie das mit mehr Struktur? Nein. Sie vertraut der Kontrolle durch Struktur mehr als dem Prozess der Entwicklung. Der Prozess beim Reiten ist wie ein Puzzle. Stück für Stück nähert man sich dem Ziel und viele Puzzleteile verknüpfen sich untereinander und werden eine Einheit, ein großes und Ganzes. Vertraue dir.

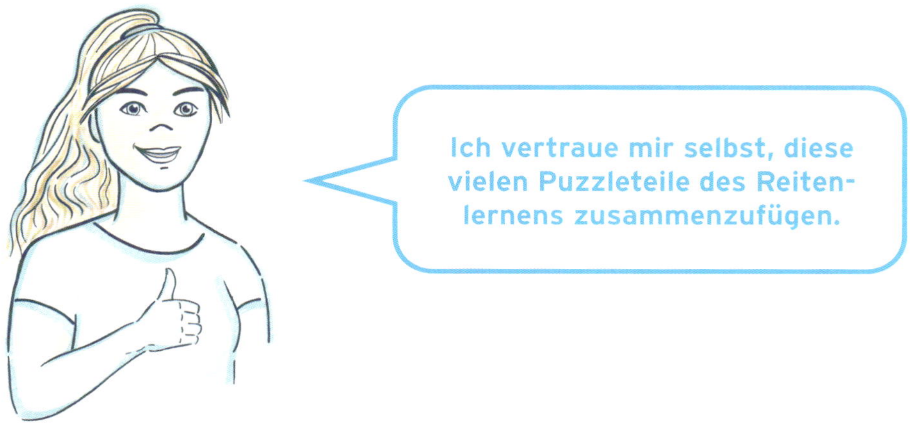

Lara hat den Wunsch nach Struktur gewandelt in **Vertrauen in den Prozess** und ist erfolgreicher denn je.

Das Ziel wird Lara nicht verändern können, aber den Weg dahin kann sie jederzeit verändern. Manchmal bedarf es für die Erreichung eines großen Zieles vieler kleiner Ziele. Sie stellen alle unterschiedliche Anforderungen. Für jeden Weg, den sie wählt, gilt es, dessen Bedingungen gern zu erfüllen, wenn sie ihn denn wirklich gehen will. Hat Lara Misserfolg, betrachtet sie also vier Faktoren: den **Weg** und die **Bedingung,** die **eigene Handlungskompetenz** und mögliche weitere **Unterstützer.**

Faktoranalyse der Bedingungen für das Ziel und den Weg dorthin

A. Ist es der richtige (Teil-)Weg?
B. Habe ich tatsächlich zu 100 % alle Bedingungen für einen (Teil-)Erfolg auf diesem Weg erfüllt?
C. Kann ich in meinem Handlungsspielraum mit meinen Möglichkeiten die Bedingungen grundsätzlich erfüllen?
D. Wessen Expertise brauche ich noch im Team?

Übung: **Mache dir eine Liste und betrachte dein Ziel, den Weg und seine Bedingungen.** Reflektiere ehrlich, ob du wirklich jede nötige Bedingung für einen Erfolg erfüllt hast.

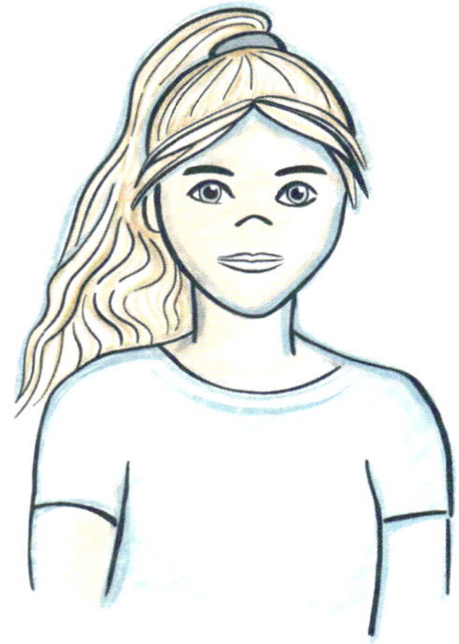

Für die Zielformulierung gibt es diese 5 klaren Regeln, aber auch diese 4 typischen Fehler:

➤ **Formuliere dein Ziel in Gegenwartsform,** klar, eindeutig und positiv.

○ **VERMEIDE** unbedingt negative Sprache wie: „Ich will NICHT mehr XY…" oder „Ich will KEINE Angst mehr haben".

➤ **Mache konkrete Angaben hinsichtlich der Zeit.** Ab wann oder wann genau tritt dein Ziel ein? „Ich reite im Juni des Jahres XY meine erste internationale Prüfung im Springen."

○ **VERMEIDE:** „Ich will, ich werde, ich wünsche, ich möchte", denn dann bleibt es nämlich beim Wollen, Werden, Wünschen, Möchten. Etwas zu wollen, heißt nicht, auch dafür loszugehen.

➤ **Ein „Hin-zu"-Ziel ist realistisch, aus eigener Kraft erreichbar, attraktiv und messbar.**

○ **VERMEIDE** „Weg-von"-Formulierungen oder „Um-zu"-Ziele.

➤ **Mache einen sogenannten Öko-Check:** Wer oder was steht dir im Weg? Wessen Hilfe brauchst du? Gibt es negative Auswirkungen, die du unbewusst nicht bereit bist, einzugehen?

➤ **Glaube an dein Ziel. Glaube an dich. Glaube an dein Pferd.**

○ **VERMEIDE** nur an deinen Trainer zu glauben. Denn dann hast du kein Selbstvertrauen, sondern Fremdvertrauen und machst dein Ziel abhängig von fremden Menschen.

Was sind deine drei größten Ziele? Welches Reiterleben möchtest du dir erschaffen? Notiere deine Zukunftsvision.

1. ______________________________

2. ______________________________

3. ______________________________

Was braucht es von dir, dieses Ziel zu erreichen? Wer oder was steht dir im Weg, deine Ziele zu erreichen? Welche Hindernisse könnte es auf deinem Weg geben?

Öko-Check	
Mir steht im Weg, mein Ziel zu erreichen:	Das muss ich erfüllen, um es aus dem Weg zu räumen:

Bist du bereit, diese Bedingungen deines eigenen Reiterweges zu erfüllen? Bei „Nein", streiche das Ziel und suche dir ein anderes. Dann steht es nämlich nicht im Einklang mit deinem persönlichen Lebensplan.

☐ Ja ☐ Nein

Gibst du dir dein eigenes Wort, dein Ziel zu erreichen?

☐ Ja ☐ Nein

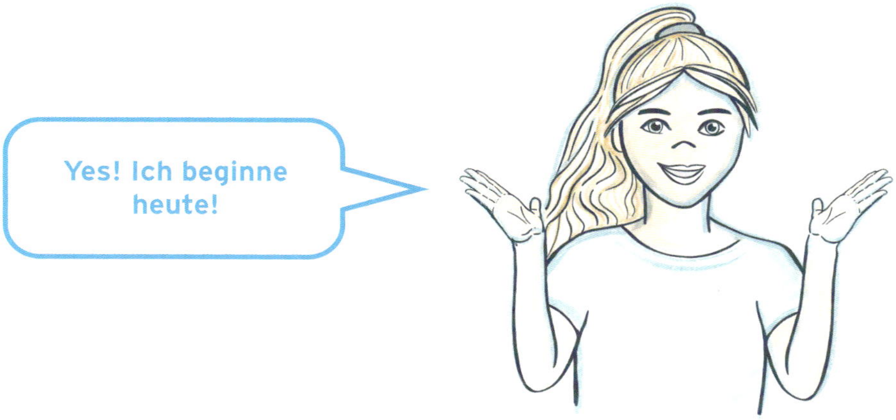

Wann fängst du an?

Stelle dir vor, dass das, was du erlebst, nur ein Teil, ein Kapitel in deiner Reitgeschichte ist. Manchmal passen die Ziele nicht mehr zu einem vergangenen Kapitel. Es bedeutet ja dann nicht gleich, dass dein ganzes Buch des Reitens zu Ende ist. Schlage einfach ein neues Kapitel auf und schreibe deine Geschichte um.

Übung: **Schreibe jetzt ein Kapitel deiner Reitgeschichte auf einen Extrazettel.** Es wird dein Vertrag. Notiere 10 kleine und kleinste Ziele, die du erreichen willst und was du dafür tun wirst. Verpflichte dich mit deiner Unterschrift, diesen Vertrag mit dir selbst einzuhalten. Zeige und lese ihn deinem Pferd feierlich vor. Klebe ihn danach in deinen Spind.

Lara hat es sich zum festen Ritual gemacht, vor jedem Turnier solch einen Vertrag immer wieder neu zu verfassen und ihn in den Pferdetransporter zu kleben. Dort, wo die Trense hängt. Für einen Moment hält sie dann inne, liest den Vertrag, schmunzelt glücklich und bestätigt sich noch einmal laut, ihn umzusetzen. Sie gibt sich selbst ihr

Wort. In ihrem Vertrag stehen für jedes Turnier neu aufgestellte 10 Ziele (Klein- und Kleinstziele), die sie in einer ihr wichtigen Reihenfolge rangiert. **Der 10. Punkt lautet: Wenn alle Ziele zu scheitern drohen, weil das Pferd andere Pläne hat, gehe zu Ziel Nummer 1: Lachen und flexibel bleiben.**

Damit sich die Ziele mit ihrem positiven Gefühl verbinden, weil es die Emotionen sind, die den Erfolg oder Misserfolg steuern, hat sich Lara die Ziele-Visualisierung angeeignet. Mit ihr kann sie all ihren Fokus, ihre Energie, ihre Wahrnehmung, ihre innere und äußere Körperhaltung und ihr Verhalten so ausrichten, dass sie mit positiven Emotionen tatsächlich positive Ergebnisse in ihr Leben zieht. Ihr ganzes System ist auf Erfolg ausgerichtet. Alles ergänzt sich wechselseitig. Alles ist in Balance. Auch Laras Kopf tanzt nicht aus der Reihe. So hat es Ruby gern.

Ziele-Visualisierung mit allen 5 Sinnen

1. Erstelle einen mental-emotional-visualisierten, sehr positiven Film von final 1 bis 4 Minuten Länge. Benutze alle Sinne: Sehen, Hören, Riechen, Fühlen, Schmecken. Gehe tief in die Szenerie hinein und erlebe deinen eigenen Erfolgsfilm. Gehe alle Lektionen, Sprünge, Wege, Reaktionen deines Pferdes, Hilfengebung, Sitz, Vorbereitungen mental optimal durch.

   a. Stelle dir alles vor, was du tun musst, um dein Ziel zu erreichen.
   b. Stelle dir vor, wie es sich anfühlt, das Ziel erreicht zu haben.
   c. Stelle dir vor, was du siehst, was du schmeckst, was du riechst, was du hörst.
   d. Stelle dir vor, wie sich dein Umfeld, die Zuschauer, die Richter mit dir freuen.
   e. Fühle Dankbarkeit, dein Ziel erreicht zu haben; danke allen deinen Unterstützern; danke deinem Pferd.

2. Schließe deine Augen und entspanne. Atme 3-mal tief ein und wieder aus. Entspanne dein Gesicht, deinen Kiefer, deine Stirn. Atme. Lasse deinen inneren Film nun 3-mal 3 bis 5 Minuten vollständig mit allen Details abspielen. Spüre und genieße jede einzelne positive Emotion.

3. Nun erstelle deinen Film im Schnelldurchlauf von der Dauer von einer Minute. Spiele ihn dir mehrmals täglich bis zu deinem Zieltermin vor deinem inneren Auge ab. Nutze dein emotionales Gedächtnis und durchlebe diese eine Minute intensiv. Rufe dir die starken und positiven Emotionen auf, die du schon einmal erlebt hast. Koppele sie an deine Szenerie, indem du das Gefühl verdoppelst.

4. Erstelle einen zweiten Film. Gehe deinen Film nun mit dem **maximalen** Ergebnis noch einmal durch. Stelle dir dabei vor, wie clever und maximal geschickt du reagierst, wenn Eventualitäten auftreten. Richte dich völlig positiv aus. Dieser Film soll dich ermächtigen, in unvorhergesehenen Situationen, maximal positiv zu reagieren.

Erfolg braucht einen starken Partner. Lara hat Ruby. Wen hat Ruby? Im Reitsport gibt es nur zusammen Erfolg. Und weil das Pferd kein Gerät ist, sondern mit seiner Leistung und Persönlichkeit am Erfolg beteiligt ist, hat es auch ein berechtigtes Interesse, einen starken Partner an seiner Seite zu haben. Dieser Blickwinkel verändert alles. Lara greift zu ihrem Notizblock und notiert sich aus der Sicht von Ruby, was er von einem starken Partner braucht.

Rätsel F: Was siehst du nicht auf dem Weg zum Erfolg?

Was braucht dein Pferd von dir, um einen starken Partner an seiner Seite zu wissen? Erstelle eine Liste, wie du die mentale Fitness deines Pferdes stärken kannst:

Mein Pferd braucht von einem starken Partner an seiner Seite		
✓ Nicht zögerlich sein, sondern beherzt vorangehen	✓ Nicht abwarten, sondern aktiv werden	✓ Deutliche Hilfen geben, statt undeutlich zu verzagen
✓ Klar sein, welche Vision wir haben	✓ Entschlossenheit zeigen	✓ Sicherheit übertragen und energetisch spiegeln
✓ Innen wie außen mit selbstbewusster Körperhaltung meinem Pferd positive Spannung geben	✓ Perfekt ist, wenn mein Pferd freiwillig Leistung zeigt, weil es sich freut, mich als Reiter zu haben	✓ Mein Pferd hat es verdient, in der Prüfung zu glänzen. Ich unterstütze ihn bestärkend.
✓ Übersicht haben, damit mein Pferd sie nicht haben muss	✓ Mein Herz vorausschicken, damit mein Pferd hinterherspringt	✓ Mir selbst vertrauen, damit auch mein Pferd mir vertraut
✓	✓	✓
✓	✓	✓
✓	✓	✓

Ziele loslassen

Lasse deine Ziele los. So verrückt es auch klingt, Ziele dürfen dir keinen Stress machen. Je mehr du an dem Ziel festhältst, weil du es unbedingt erreichen willst, desto mehr steigt dein Cortisolspiegel, der für Stress zuständig ist. Lässt du es los, als seist du schon ein Gewinner, steigt dein Testosteron und du bist offen und frei für einen gelassenen Weg zum Ziel. Vertraue darauf, dass das Ziel in einer für dich richtigen Zeit zu dir zurückkommt. Es wird geschehen, was geschehen soll. Dein Ziel steht! Alles, was du bis dahin machen kannst, ist, dir klar zu werden, dass alles Erforderliche auf diesem Weg zum Ziel nur Trainingsritte, Trainingsziele, Trainingsturniere sind. Trenne den Stress. Fokussiere dich auf das schöne Gefühl danach. Lasse deine Ziele und deinen Stress los. Sei positiv in deiner inneren Ausrichtung. Mental wie emotional. Erfülle in der Zeit zum Ziel deine Bedingungen, deine Trainingsritte, gern.

Selbstdisziplin

Selbstdisziplin ist der Respekt deinen Träumen gegenüber. Kein Schönreden, keine Ausreden, kein Ausweichen. Gib dir dein Wort, die erste und oberste Priorität in deinem Reiten zu sein und brich dein Wort nicht. Mehr nicht. Kein eiserner Wille, kein Kampf, kein Druck, kein Drama, kein Stress. Nur dein Wort. Dein Versprechen zu dir und deinem Pferd. Leicht und ohne Selbstbetrug. Respektiere deine Ziele und Träume. Respektiere deine Worte, wie du einen Freund respektierst. Wie enttäuscht bist du, wenn dieser Freund nicht sein Wort hält? Halte Wort dir selbst gegenüber. **Gib deinem Pferd dein Wort und halte es.** Das ist Selbstdisziplin.

Merke: Halte dein Wort dir selbst gegenüber. Denn je häufiger du es brichst, desto mehr schwindet dein Selbstbewusstsein.

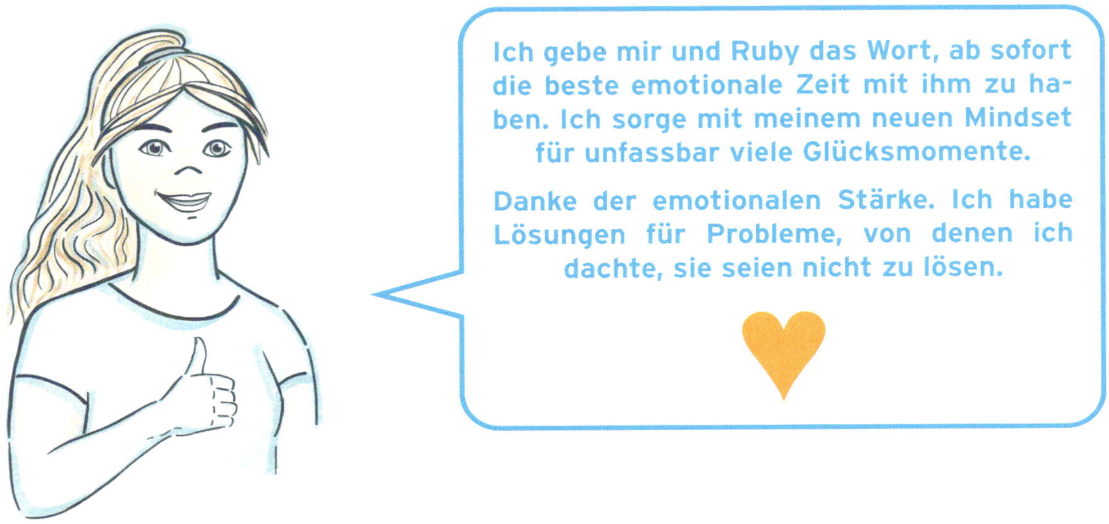

FAZIT EMOTIONALE STÄRKE IST DER SCHLÜSSEL ZU SELBSTBEWUSSTEM REITEN

Wenn du dir sicher bist, dass es dir in deiner reiterlichen Entwicklung hilft, dann wirst du darüber Recht behalten. Wenn du dir sicher bist, dass es dir in deiner reiterlichen Entwicklung nicht hilft, dann wirst du darüber auch Recht behalten wollen. Wähle also in deinem Reiten stets, worüber du Recht behalten willst. Durch diese Filter wirst du dann deine Wirklichkeit wahrnehmen. Sie wird zu deiner Sprache und zu deinen Gedanken, zu deinem Verhalten und zu deinen Emotionen und Problemen.

Sei mental und emotional das, was du von deinem Pferd haben willst. Werde zum besten Reiter, den dein Pferd sich emotional aussuchen würde. Nutze ab jetzt deine fachliche Stärke, um technisch korrekt zu reiten. Nutze deine mentale Stärke, um fokussierter zu reiten. Nutze deine emotionale Stärke, um emotional korrekt zu reiten! Baue dir Stück für Stück die richtigen Routinen auf, überwinde deine Blockaden mit den gelernten einfachen Übungen, entwickle dich reiterlich bestmöglich weiter. Du wirst Gelassenheit auch unter dem größten Leistungsdruck spüren und kannst mit emotionaler Stärke die schönsten Ziele erreichen. Trainingsweltmeister sind ab sofort andere – du nicht mehr! Du bist mit deinen neuen Strategien immer maximal erfolgreich.

Zukünftige Emotionen kannst du vielleicht nicht allumfassend verhindern, aber in ihrer Dramatik so reduzieren, dass die Heftigkeit deiner Reaktion gemildert wird und du immer handlungsfähig bleibst und emotional einen kühlen Kopf behältst.

Du hast gelernt, deine Denkmuster und Verhaltensweisen, die dir oder deinem Pferd Probleme bereiten, positiv zu verändern, dein Selbstbewusstsein zu maximieren, deine Selbstwirksamkeit zu optimieren. Du hast nun viele Strategien, Tools, Tipps, vielleicht auch neue Erkenntnisse, die dir helfen, mit deinen emotionalen Verstrickungen besser zurechtzukommen, damit du sie nicht auf dein Pferd überträgst.

Du weißt, wie du mit Bewusstheit über deine psychischen Prozesse und Wirkmechanismen dein Reiten zum durchschlagenden Erfolg führst. Mache solange neue Erfahrungen, bis du derjenigen Emotion erlaubst, in deinem System einzuziehen, die dein Pferd und dich leistungsfähig macht. Lasse bis dahin jede negative, störende, ungünstige, dysfunktionale Emotion weiterziehen. Behalte nur die, die du für dich wandeln kannst. Validiere deine emotionale Reaktion und prüfe stets, was bei dir im Hintergrund tatsächlich wirkt. Gib dem Kopf Schweigepause.

Erinnere dich in schwierigen Momenten an die Kraft aus deinem Herzen (die sogenannte Herzratenvariabilität, die sich wechselseitig beruhigend und verstärkend auf das vegetative Nervensystem von Pferd und Reiter auswirkt) und die Liebe zu dem, was du tust. Triff eine Entscheidung. Unterstütze dein Pferd mit deiner positiven Energie durch deine persönliche Bewusstseinsaktivierung. Du erreichst sie durch deine klare und hellwache Bewusstheit über deine Psyche. Mit Bewusstseinsaktivierung wirst du an deinem schlechtesten Tag besser als alle anderen an ihrem besten Tag sein, weil du ab jetzt weißt, wie du deine mentalen und emotionalen Prozesse für dich und deine Persönlichkeit nutzt und für deine Ziele steuerst. Du weißt ab sofort, was du tun musst, wenn der „eiserne Wille“ zwar da ist, du dennoch nicht in die Umsetzung kommst. Du hast erkannt, dass es nicht am Willen liegt, sondern an deinen blockierenden unterbewussten Prozessen.

Nie mehr Selbstsabotage. Sei der Traum eines jeden Pferdes! Sei der Traum eines jeden Reiters, weil sie dich wissbegierig fragen werden, wie du das geschafft hast! Öffne deine Schatztruhe auch für andere, damit auch sie das Wohlbefinden ihres Pferdes durch ihre eigene, beständige Zufriedenheit verbessern können. Baue dir deine eigene Schatztruhe weiter aus, mit der du immer konstruktive Lösungen und Strategien parat hast. Nutze sie! Du hast Einfluss auf deine Emotionen. Kein anderer kann deine unangenehmen Gefühle „wegmachen".

Du hast nun viele Basics aus der Psychologie, dem Mentaltraining, der Neurowissenschaft und Neurolinguistik, der Emotions- und Erinnerungsforschung bekommen und kannst sie mit dem Wissen der Reitlehre und vielen anderen Erkenntnissen kombinieren, mit denen du dir jederzeit deine Selbstwirksamkeit herstellen und dein gefühlte emotionale Hilflosigkeit beenden kannst. Du kennst nun deine innere Programmierung, mit der du durch dein Leben läufst und du weißt ab jetzt, wie du deine Automatismen umprogrammieren kannst. Denn, dein Selbstbewusstsein bestimmt die Qualität deines Reitens.

Du bist ein Unikat. Starte jetzt. Stärke dich selbst.

Viel Spaß mit deinem neuen Selbstbewusstsein!

Deine *Michaela*

ANHANG

LÖSUNGEN RÄTSEL

Antwort A: Lara antwortet: „Nichts. Ich habe mich nicht angesprochen gefühlt."

Antwort F: Die Erfahrungen der Zeit dazwischen

Antwort B: Verbitterung

Antwort K: Der Umweg!

Antwort M: Das Glücklichsein!

Antwort C: Es ist der einzige Lichtblick, den Perfektionisten wie Lara haben: Sie können alles noch viel besser machen ... Laras Freude ist die Erkenntnis, dass sie es noch besser hätte machen können.

LÖSUNGEN ÜBUNGEN

Laras Erfolgs-Verhinderer-Glaubenssätze:

☐ Man unterbricht Erwachsene beim Reden nicht.	Irrational, da emotionale Erpressung. Es funktioniert nur im Kindesalter, wenn Schutzbeauftragte den Schutzbefohlenen unterwerfen wollen, dieser es zulässt, weil er weiß, dass er sonst den Schutz verliert, auf den er als Kind angewiesen ist.
☐ Das passiert halt mal/das passiert einfach.	Irrational unlogisch, weil einer höheren Macht zugeschrieben wird, dass es einfach so mit dem Verstand passiert. Laut nachgewiesener Quantenphysik passiert nichts einfach so. Alles hat seinen Ursprung.
☐ Mit der Zeit lebt man einfach damit.	Irrational, da es emotionale Wahrnehmungsbrillen sind. Wäre es rational, müssten alle Menschen sich mit der Zeit irgendeinem Schicksal ergeben. Stimmt aber nicht. Es gibt Menschen, die aus Schicksalsschlägen nachweislich noch kraftvoller hervorgingen wie Mutter Theresa, Martin Luther, Holocaust-Überlebende, Parasportler.
☐ Morgen ist wieder alles beim Alten.	Irrationaler, logischer Denkfehler, da das Morgen nie das ALTE sein kann. Das Gestern ist immer das Alte.
☐ Schlechte Tage muss es geben.	Irrational, da emotionale Verfärbung der Wahrnehmungsbrille. Tage sind immer neutral. Erst emotionale Bewertungen machen sie zu gut oder schlecht.
☐ Das war schon immer so.	Irrational, da bisher noch keiner erfunden hat, die Zeit zurückzudrehen. Menschen sind wissenschaftlich bewiesen Evolution. Evolution ist Entwicklung. Nichts bleibt immer so.
☐ Das ist ganz normal.	Irrational, da es kein „Normal" gibt. Normal ist ein austauschbarer Gedanke, ein ersetzbarer Wert, eine höchst flexible Norm, je nach historischem Zeitalter, um sich in der Gesellschaft zurechtzufinden.

Laras Selbstabwertungsspirale

Prüfe die negative Wortwahl, checke die fachlichen Defizite, finde die Selbstabwertung und Rechtfertigungsgeschichte, entdecke die unbewussten Glaubenssätze, decke den verteidigenden Selbstschutz auf, filtere die dramatisierende und katastrophisierende Selbstwahrnehmung, ertappe die Selbstzweifel, Emotionen, das Jammern und Laras Hilflosigkeit und Hoffnungslosigkeit.

✓ Glaubenssatz 1: Ich bin dumm. ✓ Emotion: Angst, Fehler zu machen	☹ Hier mein erster dummer Fehler.
✓ Negative Wortwahl	☹ Ich überfalle ihn.
✓ Negative Wortwahl ✓ Dramatisierung und Katastrophisierung ✓ Vergleichsdenken ✓ Scham, Angst, nicht dazuzugehören; Angst, kein Reiter zu sein	☹ Da quetsche ich unendlich viel wie der absolute Anfänger.
✓ Glaubenssatz 1 wird bestätigt und sich noch mehr eingeredet. ✓ Rechtfertigungsgeschichte ✓ Negative Wortwahl	☹ Und schon wieder festgehalten im Schritt, deshalb habe ich ihn mal deutlich in die Rippen gepufft.
✓ Mut zuredend ✓ Etwas probieren = nicht wissen wie es technisch besser geht ✓ Glaubenssatz 2: Ich bin nicht gut genug. ✓ Hilflosigkeit, Frust, Traurigkeit	☹ Ich habe wirklich probiert, das Hochdrücken etwas zu verhindern. Es geht halt nicht besser.
✓ Glaubenssatz 1 wird bestätigt und sich noch mehr eingeredet. ✓ Selbstabwertung ✓ Negative Wortwahl ✓ Hoffnungslosigkeit ✓ Glaubenssatz 3: Ich lerne es nie.	☹ Hier habe ich mich wieder nicht getraut. Lasse mich einfach da oben hängen. Ich lerne es nie.
✓ Negative Wortwahl und fachliche Defizite ✓ Hilflosigkeit ✓ Selbstzweifel ✓ Glaubenssatz 1 wird bestätigt und sich noch mehr eingeredet. ✓ Scham, Traurigkeit	☹ Übergang schlecht vorbereitet. Und dann noch weggesprungen. Es ist zum Verzweifeln. Ich bekomme ihn einfach nicht an meine Hilfen.

✓ Glaubenssatz 1 wird bestätigt und sich noch mehr eingeredet. ✓ Angst, Fehler zu machen, wird erneut bestätigt ✓ Selbstschutz und Rechtfertigungsgeschichten ✓ Selbstabwertung ✓ Scham ✓ Angst Fehler zu machen	☹ Und hier einfach alles meine Fehler – zu lockere Verbindung, ich klemme und naja, mehr muss ich dazu nicht sagen.
✓ Jammern ✓ Selbstverteidigung ✓ Negative Wortwahl ✓ Glaubenssatz 2 manifestiert sich: Ich bin nicht gut genug. ✓ Wut	☹ Hier kam leider auch nicht viel. Das können wir mehr. Verdammt. Auch das können wir deutlich besser.
✓ Katastrophisieren ✓ Fachliche Defizite ✓ Dramatisieren ✓ Dasselbe = Alle Glaubenssätze werden bestätigt und Glaubenssatz 4: Ich bin nichts wert. ✓ Hoffnungslosigkeit ✓ Frust, Ärger, Scham	☹ Ich weiß doch nie, was ich machen soll. Ständig dasselbe. Er muss doch mal endlich reagieren.
✓ Hoffnungslosigkeit ✓ Glaubenssatz 1 und 3 werden wieder bestätigt und noch mehr eingeredet. ✓ Traurigkeit ✓ Ärger	☹ Zu viel Druck, kann mich einfach nicht entspannen.
✓ Hoffnungslosigkeit plus Hilflosigkeit plus fachliche Defizite ✓ Negative Wortwahl und Dramatisieren ✓ Glaubenssatz 1 und 2 und 3 werden wieder bestätigt und noch mehr eingeredet. ✓ Dramatisieren + Katastrophisieren ✓ Selbstzweifel ✓ Angst, nicht gut genug zu sein	☹ Hier habe ich es dann gelassen. Wir müssen einfach mehr trainieren. Vielleicht muss ich zu drastischeren Mitteln greifen. (Ja, das sollte Lara. Und zwar zum Mittel einer indiskutablen und radikalen Ent-sabotage ihres Kopfes!)

Reminder: Unsere Gedanken werden unsere Worte. Unsere Worte werden unsere Sprache. Unsere Sprache wird zu unserer Wirklichkeit. Unsere Wirklichkeit spiegelt das Pferd. Unsere Gedanken und Emotionen liefern immer unser Verhalten. Dein Mindset ist die Qualität deines Reitens.

Rätsel C für Clevere: Wo ist die Freude? Hast du sie erkannt? Ganz ehrlich, ist das der Sinn unseres Pferdesports? Wie oft erlebst du das? Wie oft hörst du solche Gespräche? Wie oft liest du diese Selbstabwertungen? Wie oft, bist du es selbst? Stoppe die Abwärtsspirale und bringe Freude in den Sport zurück.

Zur Vertiefung

Zur Vertiefung der Thematik emotionale Stärke empfehle ich das Buch: *Glücklich mit meinem Pferd – Die 7 Schlüssel zum emotionalen Erfolg.* Warendorf: **FN***verlag*, 2021.

Haftung
Die Benutzung dieses Buches und die Umsetzung der darin enthaltenen Informationen erfolgt ausdrücklich auf eigenes Risiko. Alle textlichen, tabellarischen, grafischen und bildlichen Darstellungen in diesem Buch, insbesondere Angaben, Anregungen und Empfehlungen zu Thematik und Sachverhalt des Werkes erfolgen nach bestem Wissen und Gewissen. Die Übungen sind sorgfältig geprüfte Anregungen für emotionale Veränderungsarbeit. Sie sind als Beispiele zu verstehen und entbinden alle, die mit Pferden umgehen, nicht von jeglicher Eigenverantwortung. Jede Umsetzung muss individuell und aktuell geprüft werden.

Das Buch ersetzt keine Psychotherapie und es wird weder ein medizinischer noch ein therapeutischer Rat gegeben. Der Inhalt dient ausschließlich Bildungszwecken und stellt eine Hilfe zur Selbsthilfe dar. Es werden keine Heilversprechen gegeben. Verlag und Autor übernehmen keine Gewähr für die Aktualität, Korrektheit, Vollständigkeit und Qualität der bereitgestellten Informationen. Druckfehler und Falschinformationen können nicht vollständig ausgeschlossen werden. Verlag und Autor übernehmen keinerlei Haftung für Schäden die sich aus solchen ergeben. Alle Zeichnungen der Figuren, Personen, Pferde dienen illustrativen Zwecken. Alle Situationen sind wahre, aber anonymisierte Geschichten. Alle Zeichnungen sind frei erfunden und bilden keine lebenden Personen ab. Alle sonstigen und weiteren Ähnlichkeiten mit lebenden Personen sind rein zufällig.

Haftung für Links
Unser Angebot enthält Links zu externen Webseiten Dritter, auf deren Inhalte wir keinen Einfluss haben. Deshalb können wir für diese fremden Inhalte auch keine Gewähr übernehmen. Für die Inhalte der verlinkten Seiten ist stets der jeweilige Anbieter oder Betreiber der Seite verantwortlich. Die verlinkten Seiten wurden zum Zeitpunkt der Verlinkung auf mögliche Rechtsverstöße überprüft. Rechtswidrige Inhalte waren zum Zeitpunkt der Verlinkung nicht erkennbar. Eine permanente inhaltliche Kontrolle der verlinkten Seiten ist jedoch ohne konkrete Anhaltspunkte einer Rechtsverletzung nicht zumutbar. Bei bekannt werden von Rechtsverletzungen werden wir derartige Links umgehend entfernen.

Haftung für Inhalte
Als Diensteanbieter sind wir gemäß § 7 Abs. 1 TMG für eigene Inhalte auf diesen Seiten nach den allgemeinen Gesetzen verantwortlich. Nach §§ 8 bis 10 TMG sind wir als Diensteanbieter jedoch nicht verpflichtet, übermittelte oder gespeicherte fremde Informationen zu überwachen oder nach Umständen zu forschen, die auf eine rechtswidrige Tätigkeit hinweisen.

Verpflichtungen zur Entfernung oder Sperrung der Nutzung von Informationen nach den allgemeinen Gesetzen bleiben hiervon unberührt. Eine diesbezügliche Haftung ist jedoch erst ab dem Zeitpunkt der Kenntnis einer konkreten Rechtsverletzung möglich. Bei bekannt werden von entsprechenden Rechtsverletzungen werden wir diese Inhalte umgehend entfernen.

Hinweis
Wenn die männliche Form verwendet wird, meint sie die Funktion und nicht die konkrete Person und spricht gleichberechtigte Angehörige jeden Geschlechts an. Alle erwähnten Bestimmungen gelten für Pferde und Ponys, sofern für Ponys nicht ausdrücklich eine andere Regelung aufgeführt ist.